# 中国土地政策创新实践研究

连宏萍◎著

RESEARCH ON THE PRACTICE OF LAND POLICY INNOVATION IN CHINA

中国经济出版社
CHINA ECONOMIC PUBLISHING HOUSE
北 京

**图书在版编目（CIP）数据**

中国土地政策创新实践研究 / 连宏萍著 . —北京：中国经济出版社，2021. 10
ISBN 978-7-5136-6111-9

Ⅰ. ①中… Ⅱ. ①连… Ⅲ. ①土地政策-研究-中国 Ⅳ. ①F321. 1

**中国版本图书馆 CIP 数据核字（2020）第 053698 号**

责任编辑　王西琨
责任印制　马小宾
封面设计　久品轩

**出版发行**　中国经济出版社
**印 刷 者**　北京中石油彩色印刷有限责任公司
**经 销 者**　各地新华书店
**开　　本**　710mm×1000mm　1/16
**印　　张**　17. 25
**字　　数**　303 千字
**版　　次**　2021 年 10 月第 1 版
**印　　次**　2021 年 10 月第 1 次
**定　　价**　88. 00 元
**广告经营许可证**　京西工商广字第 8179 号

**中国经济出版社** **网址** www. economyph. com **社址** 北京市东城区安定门外大街 58 号 **邮编** 100011
本版图书如存在印装质量问题，请与本社销售中心联系调换（联系电话：010-57512564）

# 前　言

中国的土地制度，是中国社会、经济、政治制度的根源，而中国的土地制度具有区别于世界其他国家的独特性。随着社会经济的发展，制度不断变迁，土地制度在实践中表现为具体的土地政策。当所有权、经营方式、土地流转受限等现实问题摆在实践者面前时，制度变革与政策创新究竟孰先孰后已不再重要。所有权的界定不明晰且产权残缺，导致我国土地征用补偿制度和标准存在漏洞；土地经营方式分散、零碎化，流转土地数量和范围比例低，农村土地的细碎化情况并未得到明显改善；现行土地流转少以市场为主导，仍然以政府为推手，这一做法影响农村土地生产的收入和保障，是我国很多地区土地流转工作不能顺利进行的关键制约因素。

社会主义时代背景下，为适应时代发展需求和解决现存土地问题，地方政府的土地政策创新一直在路上。而新时代需求的新变化对土地政策创新发展提出了更高的要求，主要体现在：首先，土地政策影响的是人地关系，这一性质决定了土地政策要以人为主体，应当有效回应人们多元化、多层次的需求；其次，由于土地政策盘活土地资源，影响“牵一发而动全身”，涉及土地规划、土地储备、农村土地流转、土地税收、土地整治、土地节约集约利用、耕地保护、征地拆迁补偿等各个方面；最后，土地作为一种特殊商品，用以满足人民的基本生存需求，这就要求土地政策要包含足够的生活保障，这些保障不仅能使人们抵御社会风险，还能扩展选择的空间。当下应将土地规划、储备、流转、税收、整治、节约集约利用、保护和征地等土地政策的创新发展作为重点，推进相关土地制度的建设与完善，以回应广大人民群众特别是农民群众的基础性诉求，发挥土地政策的角色作用。

政策创新、政策试验、政策试点，无论使用哪个概念，政策制定方式都是我国治理策略体系的重要组成部分，是“实事求是”的操作化工具。伴随改革开放的大潮，政策试点、政策试验在各层级和各地区频繁上演。试点地区结合实际，探索创新，积累了许多卓有成效的做法和经验，具有推广借鉴价值，成为重大政策制定或重要改革推进的关键途径。

设立政策试点和地方政府进行大胆实践也是政策本土化的过程。它们以其特定的功能和鲜明的特质，给本土政策附上深刻的地方印记。由于每个地方的政策执行环境千差万别，地方政府必须结合自身实际，充分发挥主观能动性，将土地政策本土化。而政策创新的根本目的不仅是解决某些地方出现的土地问题，而且是将经过实践“降噪”后的政策在全国范围内进行推广。从研究方法的角度来看，进行案例研究尤为必要。案例研究可以比较详尽地解释某一政策过程或者某一政策领域内中央和地方的互动关系。在案例研究中，可以发现影响土地政策实施的个性化因素和经验教训，可以在真正意义上挖掘政策创新的实践治理策略。

基于这一目标，本书立足案例研究，对土地政策试点和地方政策实践进行本土化解读，探索我国土地政策创新之路，为解决土地资源管理现存问题提供实践模式参考和制度变革支撑。

本书写作过程中，北京师范大学政府管理学院杨谨頔、陈晓兰等同学为收集整理资料、校对文稿付出了辛勤劳动，在此表示衷心感谢。

**连宏萍**

**2021 年 9 月**

# 目　录

# 第1章　绪　论

## 1.1　研究旨趣：实践的逻辑

皮埃尔·布尔迪厄在《实践感》一书中提出了以实践为根据的理论设想。毛泽东在《实践论》中指出："只有在社会实践过程中（物质生产过程中，阶级斗争过程中，科学实验过程中），人们达到了思想中所预想的结果时，人们的认识才被证实了。人们要想得到工作的胜利即得到预想的结果，一定要使自己的思想合于客观外界的规律性，如果不合，就会在实践中失败。人们经过失败之后，也就从失败取得教训，改正自己的思想使之合于外界的规律性，人们就能变失败为胜利。"历史已经证明，中国革命的胜利正是毛泽东思想理论实践的胜利。中国革命的历程说明，只有中国共产党的政策符合"实践"理论的基本要求，中国的各项事业才会推进。

有鉴于此，也基于我们引进的西方各种社会理论难以正确适应和解读中国复杂多变的社会现实的情况，我们认为，只有着眼于中国社会的实践过程，才能在理论上避免受理念化建构的误导，尤其是意识形态化建构的误导。着眼于实践中未经表达的逻辑，正是我们用以把握不同于现有理论框架的新的概念的一条可能的道路（黄宗智，2005）。我们认为中国社会在实际中的运作逻辑与"文本"的运作逻辑未必相同，忽略对实际运作逻辑的研究，就会误读"文本"。因此，本书将"实践"引入具体的研究中，并与"文本"相对照，将"实践"和"文本"结合起来，共同解读中国土地政策。我们认为运用这一逻辑能够更好地接近中国社会发展现实，解读甚至建构"中国经验"。

## 1.2　政策试点与政策创新

政策试点是中国国家治理策略体系的重要组成部分，是塑造"中国奇迹"的基础性治理机制之一，是有中国特色的政策制定方式。"政策试点"是中国共产党在对治国理政经验不断总结和升华的过程中逐步形成的，根源可以追溯到中国共产党在革命战争时期特别是在土地改革实践中的主动探索。改革开放以来这种经验开始被大规模运用于国家的现代化进程中，成为深深根植于中国政策过程的一个常态性治理机制。从经济领域的沿海经济特区到社会政策领域的养老、医疗、社会工作人才队伍建设等社会福利政策，多采用“试点”方式展开。体制转型以及治理经验的缺乏导致中国必须“摸着石头过河”，需要通过试点的方式对政策前景进行探索。

中国的“政策试点”模式是一种独特的政策制定过程，其过程通常如图1-1所示。国家的某种宽泛的政策意向会催生许多地方政府开展试验，或者地方政府为了解决现实的问题单独进行某种政策试验，如果某个地方的“政策试点”创新设计能够引起国家相关部门的呼应，则可能成为国家级政策的蓝本，而该地方也会通过“先行先试”这一施政习惯，由地方试点上升为国家试点，之后国家会出台政策并通过逐年按比例扩大国家试点的方式向全国推行。所以，“政策试点”的过程并不局限于政治行动领域的政策过程，而是纵跨政治、行政领域的，跨越科层层级的，中央—地方之间在较长时间段内的政策互动过程。

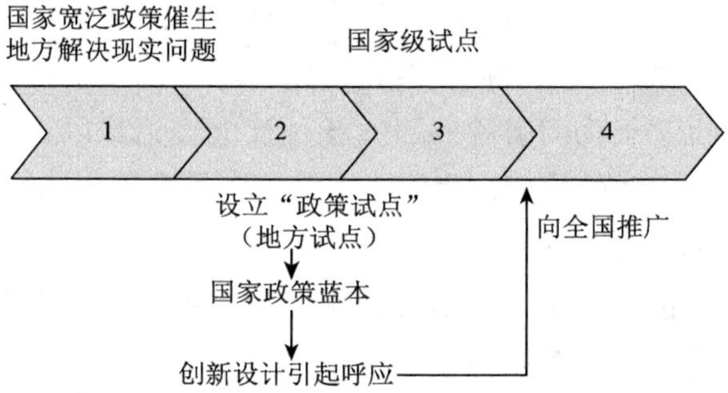


**图1-1　中国“政策试点”模式过程**

从20世纪90年代开始，韩博天、诺斯（North）、诺顿（Naughton）等国外学者基于制度经济学的分析视角，发现“政策试点”是中国特有的渐进性的制度变迁路径。诺顿（2009）指出“政策试点”与制度创新的关联性：中国的一系列发展经验表明自身的制度创新并不是外生的，而是出现于制度框架的内部的，尤其在整个政策过程中，在保留政治、社会等方面相关优势的前提下，通过长期的动态“试错”来实现制度及政策创新，在这一过程中地方政府拥有足够的机会和渠道来施展自身的“活力”和“灵活性”。

目前我国对土地制度的认识存在很大分歧，所以党的十八届三中全会提出，土地改革措施绝大部分要先试点。陈美球、马文娜（2012）以江西省试点为例，为城乡建设用地增减挂钩中的农民利益保障提供对策建议，以利于“增减挂钩”工作的健康推进；李元珍（2013）基于对成都市L区土地增减挂钩“试点政策”的实践分析，从中央与地方关系的视角探讨了政策执行结果与政策目标发生偏差的机制性根源；黄惠春等（2014）以湖北与江苏的试点为例，对农村土地承包经营权可抵押性及其约束条件进行分析；于丽红等（2016）以辽宁省试点县为例，对农村土地经营权抵押融资农户进行了满意度分析。

“政策试点”——政策创新路径的根本目的不仅是解决某些地方出现的土地问题，更是将经过实践“降噪”后的政策在全国范围内进行推广。而国内学者则更关注地方的土地创新如何盘活土地资源。尹成杰（2005）系统回顾了新阶段“三农”工作理论和政策创新；周建等（2011）通过对无锡市农村“双置换”政策的研究，探索城市化与农村土地制度创新；刘彦随、乔陆印（2014）提到在新型城镇化背景下，进一步加强中国耕地保护的关键在于全面评判耕地资源新价值、形成耕地保护新认知、完善耕地保护制度、创新保护政策与措施；李太淼（2017）探索实行城乡建设用地、人地挂钩政策，改革创新农村宅基地制度，改进和完善征地制度，改革和创新土地增值收益分配制度，配套搞好其他制度创新。

可见，无论从政策过程、中央与地方关系，还是政策扩散的视角看，已有研究中最缺乏的是典型个案研究，尤其是大样本的实证分析。本书正是立足于实践，对土地政策方方面面的地方政策创新实践及其文本进行整理的，为后续基于大样本实证分析政策过程、中央与地方关系、政策扩散对政策创新的影响机制进行系统和深入挖掘提供坚实的基础。

## 1.3 概念明晰

### 1.3.1 土地规划

（1）人类意志与自然系统的结合。单卫东等（2016）认为土地规划的编制与实施，是人类意志作用于以地表为主体的自然系统的过程，在此过程中各种错综复杂的自然因素对人类的土地利用决策和行为产生制约。

（2）以土地开发、利用、整治、保护为目标。土地规划管理制度是国家从长远利益及全局出发，在土地的合理开发、利用、整治和保护等方面采取经济、技术工程等综合措施进行的长远规划和统筹安排。土地规划管理制度由各级人民政府组织编制，包括土地利用总体规划、城市总体规划、村庄和集镇规划以及江河、湖泊综合治理和开发利用规划等（郭林涛，2017；孙田、陈龙乾，2011）。

（3）以用途管制为核心，权衡耕地保护和新增建设用地管理的关系。林坚、许超诣（2014）认为土地规划的核心是用途管制，土地规划的程序性和政策性非常明显，旨在处理好保护粮食安全和建设发展的关系，强调耕地保护，划定基本农田，明确各类土地的管制规则及改变土地用途的法律责任。吕维娟、殷毅（2013）提出土地规划管理的一项核心工作是新增建设用地（农用地转为建设用地）管理，而每年的新增建设用地计划则由国土部拟定后向各省分解，再由省分解到地级市，地方政府只有先争取到足够的新增建设用地计划，才能开展本年度的新增建设用地报批，而新增建设用地的审批权限在国家和省级土地行政主管部门。

### 1.3.2 土地储备

土地储备制度是国家调控土地市场、高效控制城市土地开发利用的有效工具之一。人们常说的土地储备就是指城市建设用地储备，而把耕地指标储备等排除在外（吴次芳、谭永忠，2002）。城市建设用地储备是指市政府依照法律程序，运用市场机制，按照土地利用总体规划和城市规划的要求，通过收回、收购、置换、征用等方式，从分散的土地使用者手中集中收储土地，并由土地储备中心进行安置、拆迁、平整、市政建设等开发整理工作后，根据城市规划和城市土地出让年度计划，有计划地将土地投入市场的制度（夏方舟、严金明，2015）。郭立芳、陈利根（2003）认为城市土地储备制度的实施必须根据土地市场的供求关系、城市建设和改造的实施进度、房地产市场的需求量等市场因素，科学合理地安排和运作。宫玉泉（2006）提出土地储备制度应定位于以下几个方面的功能：一是政府供应土地。我国的土地制度决定了政府是最大、最主要的土地供应主体，供应的土地必须是政府拥有产权，这是政府供应土地的第一个前提。二是政府要有空余的土地。事实上，政府如果没有土地储备，政府供应土地是不具备条件的。三是政府将具有明确产权内容的土地供应给新的用地者。在政府过去和现在的土地供应中，有很多是通过出让、划拨等方式使土地使用权人发生转移的。

### 1.3.3 农村土地流转

我国以保护耕地为基本出发点实行统一的、最严格的土地管理制度，但各地由于在农村土地流转方面面临的问题不同，土地流转的形式和方式也不尽相同，形成了包括转包、互换、转让、出租、入股、置换、重组、兼并、股田等在内的土地流转模式。广义的土地流转指土地权利在不同利益主体之间的流动和转移。此处土地不仅是农村土地，权利也不仅是经营权或承包权，还可能包括所有权。狭义的土地流转指农村土地承包经营权在同一农村集体内部的流动与转移。此处流转的只是农村土地，且往往特指农村承包土地；权利也仅指承包经营权；流转主体范围也仅限于同一集体的农户之间。目前，关于土地流转的讨论、规定等，多指狭义的土地流转，即农村土地使用权的流转。许恒周、曲福田（2007）提出农村土地流转有其必然的原因：①家庭联产承包责任制的缺陷要求农村土地流转。我国农村实行的家庭联产承包责任制，提高了农业生产中家庭经营的效率，解放了生产力，但农村土地的集中和农业经营的扩大是现代农业发展的必然趋势。②社会经济的发展要求农村土地流转。土地的流转可使那些无力或无心经营土地的农民自主、自由地转出土地，愿意种地的农民又能自主地吸纳土地进行种植，在总量上保持土地和劳动力等生产要素的优化组合。③政府的引导、鼓励有利于土地流转。目前，解决“三农”问题是政府的重要任务，而解决“三农”问题的关键在于如何促进农民增收，因而各级政府从发展当地经济出发，对于土地使用权的流转，大多采取比较积极的态度加以支持和鼓励，并已取得了明显效益。谷树忠等（2009）认为农村土地流转是发生在我国农村的重要社会经济现象，既关系到土地供给的总体结构及变化，又关系到城市化和工业化进程，更关系到耕地的保护与利用，进而关系到国家和地区粮食安全。黄贤金、方鹏（2002）从农村土地流转的形成机理分析，土地流转包括土地产权的流转（所有权、使用权）以及土地功能的流转（土地用途的改变），并主要探讨同一用途土地的产权流转以及土地用途转换过程中的土地产权流转两个方面的问题。

### 1.3.4 土地税收

土地税收是国家调控土地或房地产市场最有力的经济杠杆，是市场经济条件下土地管理的有效手段。土地税是世界各国最古老的一种租税形式，仍然是现今世界各国征收范围最广的一个税种。现行各国的土地税收从不同的角度考察，具有不同的类型和特点（孙钢，1997）。路春城、张莉（2006）提出在各种税收政策中，最直接、有效的就是土地税收。土地税是以土地为征税对象征收的一种税，它有广义和狭义两种不同的范畴。广义上的土地税不仅针对土地征税，还包括对土地上的附着物（包括房屋、植物等）征收的税和对土地增值部分征收的税；而狭义上的土地税仅指对土地征收的税。谢经荣、刘维新（1995）认为，土地税收的原则在于：①土地税收体系的建立要考虑各种同土地利用有关的市场行为；②任何土地、任何土地交易都应交税；③依土地利用类型制定不同税率。

### 1.3.5 土地整理

“土地整理”一词最早出现于德国，随后法国、俄国、加拿大等国也沿用这一名词。虽然我国的土地整理可以追溯到公元前 1066 年西周时期的井田制度，但对土地整理的系统研究较为滞后，土地整理的概念在 20 世纪 90 年代后期才被正式提出。根据国内外土地整理的不同，其内涵包括以下几点：①土地整理涉及自然、社会、经济、工程等各个方面，横跨众多学科领域，是一项技术性和实践性极强的系统工程。②土地整理的内容和目标随着社会经济的发展表现为一个持续的动态发展过程。③土地整理不仅包括土地利用的空间配置和土地利用内部要素的重新组合，还包括土地权属和土地收益的调整。④土地整理不仅协调自然过程，还协调社会经济和文化过程，追求生态效益、经济效益和社会效益的统一。例如，龙花楼（2013）提出土地整理是指基于严格耕地保护、城乡统筹用地和新农村建设的战略目标，对低效利用、不合理利用、未利用的土地进行治理，对山、田、水、路、林、村进行综合整治。王军等（2002）提出土地整理是兼容外延扩展以提高土地利用率、内涵挖潜以增加土地产出率两条途径而获得效益的有效措施，尤其在我国实现耕地总量动态平衡、实施建设占用耕地补偿制度和保证粮食安全供应中具有强大的生命力，发挥着重大的作用。

### 1.3.6 土地节约集约利用

土地节约集约利用的完整概念是由英国经济学家大卫·李嘉图在论述土地级差地租理论时提出的，指在一定面积的土地上，集中投入较多的生产资料和劳动，使用先进的技术和管理方法，以求在较小面积土地上获取高额收入的一种农业经营方式。查理·丁·伊利在其所著的《土地经济学原理》中指出，“对现在已利用的土地增加劳力和资本，这个方法叫作土地利用的集约”。韦伯在《工业区位论：区位的纯理论》（1909）中将区位与城市工业用地合理集约度研究结合在一起。随后，剑桥学派的创始人英国经济学家马歇尔提出土地报酬递减理论，这是研究土地合理集约度的经典理论，其报酬递减规律适用于各行各业为了生产和生活而对土地的利用。该理论认为，在一定科技条件和若干要素投入量保持不变的情况下，土地收益随某一投入量不断增加将出现由递增到递减的现象。显然，土地报酬递减规律所阐述的就是土地的合理投入问题，研究的是土地的合理集约度。

中外相关学者从很多角度对土地节约集约利用的内涵和概念进行过相关论述。从一般意义上讲，有学者认为土地节约集约利用，首先是节约土地，合理利用土地，提高土地的利用率；其次是要通过调整土地利用结构来有序地置换土地，以达到提高集约程度的目的，增加土地有效利用面积。还有学者认为，土地集约利用的含义是会随着时代发展改变的，不是静态的概念。

在理解土地节约集约利用内涵的过程中，戴必蓉、杨子生（2010）认为，节约用地是相对于“浪费土地”而言的，是指用地在数量上的省减、限制，尽可能用最少的土地来满足人们生产、生活的需要；集约用地是相对于“粗放用地”而言的，是指在单位面积土地上适度提高投入（包括资金、劳动力和科学技术等生产要素）强度以增加土地产出量的土地利用方式；帅文波、杜新波（2013）认为土地资源节约集约利用内涵可体现在以下几个方面：第一，应立足于土地资源可持续发展，即当代对土地资源的利用应受总量节制，资源利用要在时间轴线上定位，当代不能透支后代的土地资源；第二，土地资源节约集约利用的途径主要是通过对存量土地增加投入、改善经营管理来提高土地使用效率；第三，土地节约集约利用目标是达到良好的经济效应、社会效应和资源、生态效应；第四，土地节约集约利用应当是一个动态过程，必须把土地资源节约集约利用作为一个长远目标进行规划，合理安排土地投放的数量和节奏，改善建设用地结构与布局，挖掘用地潜力，提高土地配置和利用效率。

### 1.3.7 耕地保护

由于研究的角度和方向不同，国内学者对耕地保护内涵的认识有一定差别。对耕地保护内涵的界定主要有以下几种观点：①耕地保护的目的主要是提高耕地的生产能力，耕地保护的实质就是保护农业生产力；②耕地保护的本质是协调土地的供求矛盾，促进经济发展；③耕地保护的内涵包括数量保护、质量保护以及在发展中保护等。耕地保护不仅要注重对现有耕地的数量和质量的保护，更应注重实现耕地的可持续利用，从而达到促进经济社会发展以及生态环境保护的目的（史丹丹，2013）。刘国凤（2011）认为，耕地保护是指人们根据耕地资源的功能与特点，依据一定的社会经济目的，为实现耕地资源的可持续利用，保持农业、经济社会的稳定、和谐、健康发展而采取的一系列措施和行动，包括运用法律、行政、经济、技术等手段和措施，对耕地的数量和质量以及生态环境进行保护。单嘉铭、吴宇哲（2018）提到，自改革开放以来，我国的耕地保护政策对保有耕地资源发挥了一定作用。

国外的耕地保护范围较广，学者在研究时多称其为农地保护。关于农地保护的内涵，国外学者主要有以下两种观点：①除了保证粮食安全这一主要目的之外，农地保护还有一个重要目的——保护生态环境。例如，美国农地保护最重要的原因是保持农业生产生活方式、保护水资源的质量等。②农地保护要注重研究耕地数量与经济发展以及社会稳定之间的关系。这一观点主要存在于亚洲人多地少且经济发展迅速的国家，如韩国、日本、印度尼西亚等。韩国学者朱奉奎认为，耕地保护中个人利益和社会利益相背离会导致政府对耕地的管制和保护等。

### 1.3.8 征地拆迁

我国法律规定，我国实行的是城市土地属于国家所有，农村土地属于集体所有的土地二元所有制。征地包括征用和征收，国家对土地征收和土地征用有明确的界定。“土地征用”是针对使用权，而“土地征收”则是针对所有权。“土地征用”表示土地只是暂时被国家征用，征用之后使用权归还土地“所有者”；“土地征收”则表示土地被国家永久性收回，收回的土地不再归还。无论是征收还是征用，都是为了全社会的利益并满足国家发展的需要，依据法律强制取得土地使用权利，并依法对被征地者给予相应补偿的行政行为。

征地拆迁分为征地和拆迁两部分，除了对土地产权的收回外，还要对土地上的建筑进行拆除，如果只是征收农村土地而没有对土地上的建筑进行拆除，则只有征地而没有拆迁。征地拆迁的主体是国家，依照的是国家相关的法律制度；征地拆迁行为具有强制性。蒲怡欣（2017）提出征地拆迁主要分为城市房屋拆迁和农村征地拆迁，指的是政府为了实现公共利益而进行的商业开发等活动，需要对全民所有或者集体所有的土地或房屋进行拆毁，进而重建；同时，对被征地拆迁对象进行补偿、安置，并规定其在搬迁期限内完成搬迁的过程。

### 1.3.9 征地补偿安置

“无补偿即无征收征用”指因公共利益而导致私人财产权益被剥夺或受损者必须予以补偿，对此《中华人民共和国宪法》《中华人民共和国土地管理法》都有明确的规定。土地征收补偿是与土地征收紧紧联系在一起的，补偿制度是征收制度的核心（田德勇，2010）。土地补偿制度的内容主要包括补偿主体、被补偿主体、补偿原则、补偿标准、补偿范围、补偿方式及法律责任等。所谓土地征收补偿，是指国家为了社会公共利益的需要、依照法定程序将农民集体所有的土地转为国家所有，并给予农村集体经济组织和农民个人相应补偿的行为。柯燕燕（2006）认为，征地补偿是指国家或政府因行使征地权力，对特定人、团体造成的经济上的特别损失，由国家或政府对受损失的人、团体给付金钱补偿、实物补偿或者其他方式的补偿；郁枫（2009）认为，征地补偿是指行政主体的合法征地行为使被征地者的合法权益受到特别损害，由国家承担补偿责任并给予相应补偿。其要义在于因公共利益需要而对经济上遭受特别牺牲者进行的调节性补偿，以达到“为私有财产与公共利益之调和”的目的。马志雄等（2016）分析了历年来征地补偿安置政策的演变，认为已有政策的设计缺乏基于被征地农民的生计转型来构建系统的征地补偿安置政策框架，这导致农民对未来生计的安全感缺失，提出改进征地补偿安置可通过试点“整村推进”的征地模式、逐步取消强制征地制度、尝试征地收益按比例分成、坚持就业支持与社会保障两手抓、适时出台《征收土地补偿安置条例》等方法进行。贾艳杰等（2018）认为，现阶段我国农地征收补偿主要通过财产补偿、安置补偿和土地补偿三种形式进行，征地补偿的安置方式不同，参与分配的份额、分配的途径及其效果也具有显著差别，可通过将征地区片综合地价按其功能细化、将政府投入的征地成本内部化等措施显化征地补偿费中的土地增值收益份额，以及通过提高征地补偿标准并将其法定化、分离社会保障费用和对失地农民实行“即征即保”等途径来实现征地增值收益的合理分配。水电水利工程与其他行业征地补偿安置政策有所不同，不可避免地需要征收大面积农村集体经济组织的土地的，在移民安置过程中需要对其按照规定进行补偿，并对因此产生的生产安置人口进行安置。汪奎等（2018）对水利水电工程与其他行业征地补偿安置政策进行对比分析后，认为应结合当前水利水电工程征地移民工作的现状和问题，研究我国水利水电工程建设征地移民安置政策改革的必要性以及改革的总体发展趋势，从而减少行业间征地补偿移民安置政策的差异。

# 第 2 章　土地规划

## 2.1　“两规合一”模式

### 上海郊野地区

**【案例摘要】**

郊野公园是优化城市空间结构、提升城市空间品质、满足市民活动需求的重要载体。尤其对上海这样一个特大型城市，面对人口规模持续快速增长和“两规合一”背景下土地资源紧等多重压力，推进以郊野公园为载体的大型游憩空间和生态环境建设，除了为上海增绿添彩、提升城市生态文明水平外，也是整合上海空间资源、优化锚固城市总体空间结构、落实“创新驱动、转型发展”总体要求的有效途径。上海市规划和自然资源局按照信息化、网格化和精细化管理的要求，正在构建集建区外城乡规划和土地利用规划合一的规划体系，郊野公园单元规划是一次很好的尝试，为后续郊野公园单元规划的实施提供了经验和支撑。未来在郊野地区，随着土地制度改革、新型城镇化和美丽乡村的推进，规划还将面临更多的挑战，希望通过郊野公园的局部试点，能为城乡统筹提供一条规划的路径。

**【案例介绍】**

郊野公园的建设既涉及建设用地的保留、拆除和新建，又涉及农用地的整理，同时还需应对各专业部门的不同要求和任务，仅通过原有的宏观规划和项目设计，以及深浅不一的专业规划是无法实现的。如何通过规划来统筹郊野公园内农业生产、旅游休闲、生态保护和设施建设等各项任务，统筹建设用地、农用地和未利用地的规划布局，统筹各条线的专业规划要求，是摆在规划管理者面前极为紧迫的任务，关系到郊野公园的整体品质和建设积极性。郊野公园单元规划就是在这个背景下应运而生的，通过对郊野公园单元规划的编制，可以由点及面地探索出一条上海郊野地区城乡统筹的规划之路。

上海市郊野公园的规划目标需从两个角度解读：一是从生态和形态空间建设角度，其目标是体现自然野趣、原生态的要求，提升生态空间功能和生态环境品质，为广大市民提供生态旅游休闲空间；二是从土地资源综合开发角度，其目标是促进郊野公园内耕地、林园地、湿地和建设用地的融合发展，落实耕地保护要求，落实上海市集中建设区外建设用地减量化目标。基于上述目标，上海市郊野公园规划具有城乡规划和土地利用专项规划的双重属性。在城乡规划层面更强调对现在复杂土地类型的梳理，在土地利用规划层面则更突出规划理念指导下的空间形态、功能布局、形态景观意向等。

1. 规划原则

在郊野公园编制过程中，基于目标导向，其规划原则重点体现“规土合一”、城乡统筹、生态优先及农民保障等。

（1）落实耕地保护要求，推进建设用地减量。通过对田、水、路、林、村的综合整治，改善农地生产条件，促进农地规模化、集约化经营；避免大拆大建和地类上大的调整，落实最严格的耕地和基本农田保护制度，通过土地整治增加耕地数量、提高农用地质量。同时，对集建区外的现存零星农村建设用地、低效工业用地等进行拆除复垦，实现减量化，优化农村地区土地利用结构。

（2）坚持城乡统筹，推动城乡一体化发展。按照建设资源节约型社会的要求，以土地整治为平台，辅以城乡建设用地增减挂钩政策及“存增转化”操作机制，推动城乡资金和土地资源的良性互动与优化配置，保障农民土地权益，改善农村生活面貌，提高农民收入水平，总体推动新型城镇化进程，促进城乡一体化发展。

（3）突出生态优先、尊重历史文化、注重游憩活动组织。尊重自然特色，保持农田林网、河湖水系、自然村落的自然肌理，多自然、少人工，体现自然野趣、原生态的郊野特色。体现地域特点，整合地区物质与非物质文化资源，整合民俗活动、农耕文化、宗教信仰等特色历史人文，凸显上海郊野江南水乡（水系、水乡、水景）特色文化。注重游憩活动组织，关注市民需求，在容量适度的前提下科学组织包括休闲、体育、健身、科普、艺术在内的多样化户外活动，使之成为市民休闲游乐的好去处。

（4）突出可操作性，确保农民利益，保障可持续发展。尊重现状条件和农民意愿，避免大拆大建，适当归并零星分散的宅基地，盘活闲置的其他集体建设用地等，引导集体经济组织建立长效的“造血机制”，提升农村土地使用效率、壮大集体经济组织，提升农村地区经济收入，让广大农民同等享受城市建设成果。

2. 技术路径

由于郊野公园规划具有综合性和复杂性，试点基地公园规划在编制过程中就规划队伍组建、项目推进流程、规划成果形式等进行了调整和创新，以崭新的技术路径服务这一创新型规划编制。

（1）队伍组建。郊野公园规划不是一个生态景观专项规划或土地整治规划，而是整合运用城乡规划和土地规划双重手段编制的一系列规划，包括总体布局规划、土地整治规划、生态景观规划、村庄建设、土地整治项目实施政策等。因此，在对试点郊野公园规划队伍组建时，充分考虑了将规划、土地、园林、交通、市政等专业技术人员集结在一起，同步工作，充分讨论沟通，从而保障每个阶段成果的综合性和实效性。

（2）项目推进。5 个试点郊野公园的用地面积在 13～30 平方千米，要深入挖掘当地生态景观、人文历史的特色，必须深入基地做“地上设计”。在项目前期，上海市规划院分别组建了 5 个基地组深入一线，驻扎整整一个月，先后开展“普查、精查、补查”3 轮现场踏勘，深入梳理“田、水、路、林、村”5 项要素和“风、土、历、人、文”5 项自然人文要素。在踏勘过程中各组均收录了 5000 张以上现状照片，同步完成了现状踏勘图册、基础资料汇编、战地火花集（即时反映设计思路的工作日志）以及国际方案征集任务书。由于上海市郊野公园规划是首个试点，为更多地吸取成功经验，同时以国际化的视野高度编制好郊野公园规划，2013 年 3—6 月，以区县政府（管委会）为主体，邀请来自美国、英国、德国、荷兰以及中国共 17 家知名设计机构应标参与国际方案征集工作。在此基础上，上海市规划院集中技术力量编制郊野单元（郊野公园）方案。

（3）规划成果形式。形成“1+1+9”的规划成果。郊野单元规划是保障试点郊野公园基地建设具有法定规划层面指导和支撑的上位规划，是用于指导郊野公园规划建设、生态空间保育、土地整治、村庄建设、基础设施建设等的规划依据。在成果形式上，充分考虑了与之相关的新市镇总体规划、类集建区控制性详细规划、单元范围内的村庄规划、土地整治规划和各类专项规划的管控要求。

上海市基本农田的划定与市域生态系统有机结合，形成以大面积基本农田保育区为基底的生态空间，并以郊野单元作为上海集中建设区外广大郊野地区实施规划和土地管理的基本单位，积极开展以郊野公园为代表的郊野单元规划建设试点，将土地整治和增减挂钩等土地政策工具与郊野地区空间、景观要素开发相融合，创新郊野公园实施目标和实施途径。通过“规土合一”，上海市在关于集建区外郊野地区规划管理思路上，通过进一步完善规划土地管理体系，实现了三个转变，即优化集建区外空间布局和用地结构，提升郊野地区生态环境水平，保障地区经济社会转型发展。

**【社会评价】**

为深化推进上海市“两规合一”、实施规划和土地的精细化管理，上海市着力构建城乡规划和土地利用规划合一的完整体系，借鉴集中建设区内相对完善的规划体系、规划编制和管理模式，通过对郊野公园规划思路的重构、规划方法的创新和建设管理机制的探索，将以郊野公园为代表的郊野单元规划纳入规划土地编制和管理体系，尝试推进上海全域尤其是郊野地区的网格化管理，将郊野地区城乡统筹、优化布局、现状建设用地减量化、生态环境建设、节约资源等目标结合起来，解决上海市郊野地区城乡一体化进程中关于规划土地协调管理的一系列问题，是落实上海市土地利用总体规划和城乡总体规划双重规划任务的需要，也是上海市探索减量化模式下城市发展与规划建设之路的一次重要变革。

郊野公园规划不仅仅是一个生态景观专项规划或土地整治项目规划，确切地说，它整合运用了城乡规划和土地规划双重编制手段，包括总体布局规划、土地整治规划、生态景观规划、村庄建设、土地整治项目实施政策等一系列规划和研究的总和，是从规划到土地实施衔接管理的一次机制创新。

由于郊野公园的选址大部分位于乡村郊野或城乡过渡地区，因此，郊野公园规划建设对上海市的意义远不止建设一个公园本身，还在于通过郊野公园的规划、建设和管理，解决上海大都市郊野地区城乡一体化进程中关于规划和土地管理协调、城乡空间布局优化、土地资源利用、集体经济发展、基础设施建设、历史文明传承、社会管理体制建设等一系列问题。可以说，郊野公园是上海郊野地区土地规划和管理工作创新实践的一块试验田。

**【政策文件】**

《上海市郊野公园布局选址和试点基地概念规划》（上海市规划和自然资源局）。

《郊野单元规划编制审批和管理若干意见（试行）》（沪规土资综规〔2013〕406 号）。

《郊野单元（含郊野公园）实施推进政策要点（一）》（沪规土资综规〔2013〕416 号）：明确了郊野公园的相关创新政策，包括类集建区的空间奖励、详细规划适度调整、增减挂钩政策叠加、出让方式适应性选择、计划考核联动等。

**市政府关于印发《上海市土地资源利用和保护“十三五”规划》的通知（沪府发〔2017〕24号）（节选）**

五、重点任务

（一）优化整合——深化“两规合一”的规划引领

结合新一轮总规编制工作，实现区、镇乡层面城乡规划和土地利用总体规划成果合一，并以“新三线”作为“两规合一、多规融合”的空间管控载体予以锁定，优化全市用地结构，锚固市域空间布局。

1. 划定永久基本农田保护红线，保障城市粮食和生态安全

…………

2. 划定生态保护红线，锚固城市生态空间

…………

加快推进“十三五”造林任务空间落地，优先考虑“十三五”期间全市重点生态环境综合治理地区和“十三五”重点滨水沿路两侧各50米的生态廊道空间，实现2020年森林覆盖率不低于18%的目标。“十三五”期间，继续推进首批6个郊野公园的二期建设，新增启动7~8个规划郊野公园建设，推进滨水沿路生态廊道和大型林地建设。切实保护河道水系，推进水环境综合治理，河湖水面率不低于10.1%。

3. 划定城市开发边界，优化完善城乡空间格局

在生态基底硬约束的基础上划定城市开发边界，确保全市建设用地规模控制在3185平方公里以内。以“严控总量、优化结构，突出民生、保障发展”为导向，合理使用有限的新增建设用地计划……加强立体空间开发利用的规划引导，以轨道交通换乘枢纽、公共活动中心等区域为重点，强化地上地下开发联动，形成功能适宜、布局合理的地下空间总体结构，积极推进地下空间有效利用。

…………

（五）提质增效——实施低效建设用地减量化与土地整治

重点聚焦低效工业仓储用地和农村宅基地，作为“十三五”期间土地资源利用和转型的主要对象。创新土地整治模式，以郊野单元规划为统筹平台，发挥农地综合效益，引导郊野地区有序、内生发展。稳步推进农村土地整治

和滩涂围垦工作，预计实现补充耕地总量 10 万亩。

…………

3. 创新土地整治模式，发挥农地综合效益

推进低效建设用地减量化和农用地集中连片整治，完善土地整治管理，形成政府主导、多方参与的土地整治资金保障体系和产业化土地整治模式，建立健全行业管理基本制度。开展郊野公园建设，按照“宜耕则耕、宜林则林”的原则，促进农业生产与观光、休闲、旅游功能相结合，进一步拓展城市休闲游憩空间。结合郊野公园建设、滩涂造地和生态造林消纳无害渣土物质，同时加大渣土资源化利用力度，减少渣土处置量。

**【信息链接】**

媒体线索：

关于印发《上海市土地资源利用和保护“十三五”规划》的通知［EB/OL］. 上海市人民政府，http：//www.shanghai.gov.cn/nw2/nw2314/nw2319/nw10800/nw11407/nw41430/u26aw52197.html.

文章线索：

管韬萍，吴燕，张洪武. 上海郊野地区土地规划管理的创新实践［J］. 上海城市规划，2013（5）：11-14.

徐丹. 上海市试点郊野公园规划实践——以松南郊野公园为例［A］//中国城市规划学会. 城乡治理与规划改革——2014 中国城市规划年会论文集（07 城市生态规划）［C］. 中国城市规划学会，2014：18.

殷玮. 上海郊野公园单元规划编制方法初探［J］. 上海城市规划，2013（5）：29-33.

## 2.2　“三规合一”模式

### 广东省广州市

**【案例摘要】**

“三规合一”，是指将国民经济和社会发展规划、城乡规划、土地利用总体规划中涉及内容相同的统一起来，落实到一个共同的空间规划平台上，统筹把握编制。广州市在研究“三规”之间的差异及其产生原因的基础上，以战略规划为引领，立足底线思维，把握“三规合一”的内涵，从思维创新、机制创新、内容创新、技术创新、管理创新等方面探索了“三规合一”的工

作方法，形成了以控制线体系为核心的“一张图”以及一个信息联动平台、一套技术规定、一个管理规定、一个运行实施方案的“五个一”成果，并取得初步成效。这些工作方法和内容对全国“三规合一”“多规合一”工作的开展将起到一定的借鉴作用。

**【案例介绍】**

自中央城镇化工作会议以来，以“三规合一”等模式为代表的各部门规划统筹协调改革探索，已成为推动新型城镇化发展的一项重要举措。2014 年 3 月，中共中央、国务院印发的《国家新型城镇化规划（2014—2020 年）》提出，加强城市规划与经济社会发展、主体功能区建设、国土资源利用、生态环境保护、基础设施建设等规划的相互衔接，推动有条件地区的经济社会发展总体规划、城市规划、土地利用规划等“三规合一”。住房和城乡建设部发出《关于开展县（市）城乡总体规划暨“三规合一”试点工作的通知》（建规〔2014〕18 号），要求试点地区积极探索创新规划编制和治理模式，确保三个规划的有机衔接和协调统一。

事实上，作为试点地区的广州市，这项工作开展得更早。2008 年，广东省出台的《关于争当实践科学发展观排头兵的决定》中就提出了“三规融合”的思路，将广州、河源、云浮三个城市作为试点，结合城市总体规划、土地利用规划的编制对“三规合一”开展探索。2012 年，广州市再次结合审批流程改革，全面系统地梳理发展改革委、规划、国土管理部门的法定规划，在全国各大城市中率先从以下方面开展了“三规合一”的探索。

战略引领，底线控制，引导城市理性发展。充分结合广州市“北优、南拓、西联、东进、中调”的城市空间发展战略，突出底线管控思维，运用“协同规划”手段，在“三规合一”中衔接落实各类规划的“底线”和“红线”。依据控制底线，强化对城市功能和空间布局结构的引导，为城市理性发展提供空间基础。

消除差异，空间整合，提升城市治理能力。提出相关处理措施建议，消除“三规”空间布局差异，达成发展和保护共识。在消除差异的过程中，梳理整合空间资源，调配增量土地、盘活存量用地，形成“三规合一”的空间规划方案，确保各行政部门审批依据的一致性，为提升城市治理能力提供保障。

规模约束，布局优化，促进土地节约集约利用。严格按照土地利用总体规划的控制指标要求，划定建设用地规模边界。结合生态控制线划定和建设项目安排，优化建设用地空间布局，保障城市功能完整，促进城市集聚发展。

引导低效用地和闲置用地开发，提高土地节约集约利用水平。

平台支持，机制保障，创新协调工作方法。通过信息管理平台建设，加强对国土、规划、发改委等各部门信息化资源的有机整合，促进信息的共享互通，为“三规合一”的沟通和协调提供信息技术支撑。依托配套政策，梳理各部门空间管理职能，创新部门联动运行方式，为“三规合一”的运行提供机制保障。

面向管理，市区联动，促进成果共编共用。以作为用地管理依据的控制性详细规划和镇级土地利用总体规划为协调基础，通过市区联动的方式，形成全市及各区的“三规合一”控制线方案。制订全市“三规合一”运行方案，实现“三规合一”成果的共编、共管、共用。

在全面分析和统筹协调“三规”的主要内容、规划目标和重点实施管理机制的基础上，广州市“三规合一”完成“一张图”、一个信息平台、一个协调机制、一个审批流程、一个监督体系、一个反馈机制六大工作内容，构建具有广州特色的“三规合一”综合性协调管理决策机制，总体形成了“一张图”、一个信息平台、一个运行管理实施方案、一套技术标准、一个管理规定五大工作成果，构建了一整套“三规合一”运行和实施管控体系。对“三规”各自确定的发展目标、发展规模、用地指标、用地布局空间差异等进行分析，设计“三规”衔接的规划编制标准、编制体系、编制路线；将“三规”所涉及的用地边界、空间信息、建设项目参数等多元化的信息融合统一到“一张图”上。通过规划整合，形成融建设用地规模控制线、建设用地增长边界控制线、基本生态控制线、产业区块控制线为一体的控制线管控方案。实现在明确事权划分的前提下，统一“三规”的核心内容，构筑统一管理边界，为各部门在“一张图”中协同管理城市土地和空间资源奠定了技术基础。

智慧管理，搭建一个信息联动平台。充分利用“广州市建设项目审批信息共享平台”和“数字广州地理空间框架”的现有成果，建立“三规”管理信息互通机制，实现部门间信息共享，建成包括一个公共平台和规划、国土、发展改革委三个业务子系统的“三规合一”信息联动平台（简称“1+3”信息联动平台）。远期充分整合全市各部门空间信息管理手段，构筑覆盖城乡全域、涵盖各个部门的空间资源管理的“1+N”信息联动平台，便于发展改革委、规划、国土、建设、环保、水务、交通等部门在审批过程中及时沟通，为建设“智慧城市”、实现“多规”统一、高效管理提供信息技术支撑。

机制保障，制订一套运行管理实施方案。将“三规合一”成果与行政管理流程整合，明确控制线管控运行方案和以年度前期项目计划和土地储备计划制订为依托的“三规合一”运行机制，保障“三规合一”成果顺利运行，进一步优化建设项目审批与规划用地管理的流程，缩短行政审批时间，改善整个城市的投资环境；加强部门规划编制、实施、管理及更新过程中的有效衔接，提高行政运行效率和公共服务水平，保障经济社会发展重大平台的有序开发和项目的顺利实施。

技术总结，构建一套技术标准。针对广州“三规”差异的主要特点，借鉴相关经验，明确影响用地管理的主要问题，并针对实际问题，在划分协调分区的基础上，制订差异处理措施，对差异进行“合一”工作，使“三规合一”工作落到实处。通过协调各部门规划编制及实施管理中出现的矛盾等问题，制订可操作的技术解决方案，在开展“一张图”工作的同时，同步完成《广州市“三规合一”编制技术规定》等技术标准，指导全市“三规合一”工作。

动态维护，起草一个管理规定。广州市“三规合一”为过程规划，通过制定“三规合一”控制线实施管理规定，明确管理主体，确定“三规合一”控制线管控规则、修改的条件和程序，以此规范“三规合一”成果的使用和维护，保障“三规合一”规划的实施。广州市“三规合一”规划实施过程强调动态更新，旨在与信息联动平台结合，通过规划的动态更新，使规划得到不断调整与完善，保障规划的有效性和可实施性。

广州市的“三规合一”以国民经济和社会发展规划为依据，统一城乡规划和土地利用总体规划边界，加强“三规”衔接，同时优化“三规”内容，建立信息平台，形成协调机制并理顺行政管理。在统一建设用地规模边界的过程中有效统筹城乡空间资源配置，优化城市空间功能布局工作，保障耕地资源，节约集约用地，保障国家、省、市重要发展片区、重点建设项目顺利落地实施，保障经济、社会、环境协调发展。

**【社会评价】**

广州市“三规合一”规划立足现实，在不打破现有行政体制框架的基础上，通过梳理“三规”相互之间的关系，本着“求同存异、协调一致”“保障重点、差别对待”“面向实施、注重实效”的原则，利用“行政+技术”的方法，通过规划协调和规划过程控制，有效地优化了广州市土地资源布局，促进了土地的节约集约利用，探索出一条具有广州特色的“三规合一”之路。

**【政策文件】**

## 广东省人民政府办公厅关于印发《广东省“三规合一”工作指南（试行）》的通知（粤府办〔2015〕7号）（节选）

1.3 概念界定

“三规合一”是指以国民经济和社会发展规划为依据，加强城乡规划与土地利用总体规划的衔接，确保三规确定的保护性空间、开发边界、城市规模等重要空间参数的一致，并在统一的空间信息平台上划定生态控制线、基本农田控制线、城市增长边界控制线和产业区块控制线等，建立控制线体系，以实现优化城乡空间布局、有效配置土地资源、促进土地节约集约利用、提高政府行政效能的目标。

2. “三规合一”控制线体系

为统筹协调各项规划的空间边界和目标指标，各部门协商建立统一的控制线体系，作为三规及相关规划共同遵守和执行的底线，从根本上保障三规核心控制要素在土地空间布局上的协调一致，实现规划协同。

“三规合一”控制线体系包括一级和二级控制线体系。

2.1 一级控制线体系

包括生态控制线、基本农田控制线、城市增长边界控制线和产业区块控制线。

2.1.1 生态控制线

为维护生态安全，优化城市空间结构，防止城乡建设用地无序蔓延，改善生态与人居环境，保障经济、社会和环境协调可持续发展，在尊重城乡自然生态系统和合理环境承载力的前提下，围绕保护重点生态要素，划定生态用地保护边界。

2.1.2 基本农田控制线

为最大限度地保护耕地，保障粮食安全，在生态控制线内，结合土地利用总体规划调整完善和永久基本农田划定工作，划定基本农田保护区的边界。

2.1.3 城市增长边界控制线

为限制城市无序发展，保障重点功能区、重点建设项目及民生建设项目用地，有效引导城市空间发展和建设项目布局，一定期限内划定城市空间拓展的外部范围边界（由建设用地、有条件建设区的边界围合形成）。

（1）建设用地

依据土地利用总体规划建设用地规模指标，确定可建设的空间区域。

（2）有条件建设区

为保障城市功能的完整性，增强规划弹性，预留满足特定条件后可开展城乡建设的空间。

2.1.4　产业区块控制线

在建设用地范围内，由“工业园区—连片城镇工业用地”形成产业用地集中区的围合线，作为引导工业项目集聚发展的控制边界。

2.2　二级控制线体系

二级控制线体系包括绿线、蓝线、黄线和紫线（以下简称“四线”）。

2.2.1　绿线

指城市各类绿地（包括城市公共绿地、公园、单位绿地和环城绿地等）范围的控制线。

2.2.2　蓝线

指城市规划确定的江、河、湖、水库、渠和湿地等城市地表水体保护和控制的地域界线。

2.2.3　黄线

指对城市发展全局有影响的、城市规划中确定的、必须控制的城市基础设施（包括城市公共交通设施、市政公用设施、防震减灾设施和环保基础设施等）用地的控制界线。

2.2.4　紫线

指国家历史文化名城内的历史文化街区和省人民政府公布的历史文化街区以及历史文化街区外经县级以上人民政府公布保护的历史建筑的保护范围界线。

3．“三规合一”工作流程

各地级以上市应建立市人民政府主要领导牵头、多部门参与的“三规合一”工作领导机制，加强统筹协调，按照制定工作方案、收集基础资料、开展部门调研、比对“三规”差异、规划衔接评估、划定“三规合一”控制线、制定实施保障措施等程序，扎实开展工作。

3.1　制定工作方案

各地级以上市人民政府要结合当地实际，制定“三规合一”工作方案，明确“三规合一”工作内容、组织管理架构、职责分工、经费保障、进度安排、协调和管理机制等。

3.2　收集基础资料

收集整理“三规合一”基础资料，主要包括规划、发展改革、国土、环保、林业、水利、农业等部门的规划数据、基础地理数据、审批数据等。规划数据与审批数据应采用审批通过或有法律依据的矢量数据，基础数据应采用最新的土地利用变更调查数据，并可实现地方独立坐标系与 1980 西安坐标系、2000 国家大地坐标系的转换。

3.3　开展部门调研

摸清本地区相关规划制定、实施和管理工作现状，重点针对规划、发展改革、国土、环保、林业、水利、农业等部门进行调研，深入了解掌握各部门管理职能及其涉及空间规划、空间管制与项目管理等方面的审批流程。

3.4　比对“三规”差异

3.4.1　空间数据整理

…………

3.4.2　“三规”目标指标比对

对照分析“三规”确定的城市发展目标、建设用地规模，确定“三规合一”控制线划定的目标和方向。

…………

3.4.3　空间布局差异分析

对照分析“三规”确定的空间管制区域和建设用地布局，形成“三规合一”空间协调基础。

…………

3.4.4　建设项目梳理与分析

…………

3.5　规划衔接评估

3.5.1　规划衔接要求

在“三规”目标指标比对和空间布局差异分析的基础上，评估国民经济和社会发展规划、城乡规划、土地利用总体规划、主体功能区规划等规划，研究各项规划与比照后统一的目标指标、用地布局等方面的差异，差异较大或影响规划实施的，应考虑规划调整。

3.5.2　优化目标

一是针对生产空间低效、生活空间低质、生态空间不断被侵蚀等问题，立足本地实际，坚守生态底线，力促建设集聚，提出优化城乡空间结构的目标。二是针对城乡规划和土地利用总体规划建设用地布局差异等问题，制定差异协调原则与措施，提出盘活低效闲置用地、优化利用和高效配置土地资源的目标。

3.5.3 项目排序

梳理与分析建设项目，充分考虑公共服务均等化目标，对建设项目进行排序，优先落实民生重点项目，促进公益类项目的落地实施。

3.6 划定“三规合一”控制线

近期“三规合一”工作重点是划定一级控制线。要结合城市发展战略，协调城乡规划和土地利用总体规划空间布局，落实国民经济和社会发展规划重点发展区域和建设项目，开展“三规合一”控制线划定工作。

划定过程中如涉及跨行政区域的生态用地、重大建设项目、重大基础设施廊道等，原则上由相关城市人民政府共同协商后划定；确实无法达成一致意见的，报省人民政府协调解决。涉及珠江三角洲空间管治区的，控制线划定应符合《广东省珠江三角洲城镇群协调发展规划》等有关规定。

3.7 制定实施保障措施

3.7.1 建立联动修改与动态维护工作机制

根据“三规合一”组织管理架构和部门职责分工，制定本地区“三规合一”控制线体系和法定规划的联动修改程序，形成动态协调、监督、反馈的工作机制。

“三规合一”管理应实现常态化、动态化、实时化。各地级以上市可根据实际，结合重大规划调整、配套指标的项目落地等具体工作，研究建立相关管理机制。

3.7.2 制定“三规合一”实施措施

各地级以上市应明确“三规合一”责任分工，建立运行机制、协调机制和工作保障机制，有效推进“三规合一”工作。

3.7.3 建设信息平台

建设“三规合一”信息平台，并实现与广东省智慧城乡空间信息平台、生态控制线地理信息平台、国土资源地理信息公共平台联动，实现数据共享。

4.“三规合一”技术要求

4.1 基础数据选取标准

…………

4.2 用地分类对照标准

…………

4.3 建设用地布局差异分析技术要求

…………

4.4　控制线划定技术要求

…………

5.“三规合一”成果要求

5.1　工作成果

“三规合一”工作成果主要包括“三规合一”图件、技术报告及附件、数据库等内容。工作成果应包含纸质文件和符合信息化管理及制图规范要求的电子数据。

…………

6.“三规合一”管理建议

各地级以上市根据本工作指南，制定管理规则，严格实施控制线管控，将“三规合一”控制线作为科学管理空间资源的统一准则。

6.1　控制线管理要求

“三规合一”牵头部门应会同相关部门，在建立“三规合一”控制线体系的同时，结合本地实际情况，制订“三规合一”控制线管理规则，加强后续管理。

6.1.1　生态控制线管理要求

结合我省城市生态控制线划定工作，参照《广东省城市生态控制线划定工作指引》，制定生态控制线的管控规则，严格控制可能影响生态功能的建设项目。除符合建设选址条件的重大道路交通、市政公用、公园和旅游设施及特殊项目外，禁止在生态控制线内布局建设；对于线内已建合法建筑物、构筑物、农村居民点等，制定措施限制改建和扩建，并制定搬迁方案。

生态控制线内属于城市蓝线范围的用地按《城市蓝线管理办法》实行管控；自然保护区、水源保护区、重要江河湖泊和水库、风景名胜区、森林公园、湿地和湿地公园、生态公益林区等分别按相应管理规定实行最严格的管控。

6.1.2　基本农田控制线管理要求

严格按《基本农田保护条例》要求管控基本农田控制线，控制线内禁止进行破坏基本农田的活动，不得擅自改变基本农田用途或占用基本农田进行非农建设。

6.1.3　城市增长边界控制线管理要求

制订城市增长边界控制线的管控规则，禁止在城市增长边界控制线外进行城市开发建设，位于城市“四线”内的用地分别按相关管理规定进行管制。

6.1.4　产业区块控制线管理要求

制订产业区块控制线的管控规则，引导新增工业、仓储项目优先在产业区块控制线内选址建设，优先安排先进制造业、战略性新兴产业、高新技术产业等符合国家产业政策和产业发展趋势的产业项目及其配套设施；鼓励线内已建产业项目升级改造，淘汰落后产能项目；鼓励线外的已建工业、仓储项目向线内转移。纳入产业区块控制线的产业园区须优先配套建设污水处理厂等设施，并符合环保管理要求。

6.2　联动修改工作机制

6.2.1　控制线管理职责分工

根据“三规合一”控制线的组织管理架构和管理规则，明确控制线体系管理的职责分工，确定牵头管理部门。

6.2.2　法定规划的联动修改机制

各地要根据“三规合一”工作实际需要建立法定规划联动修改工作机制，按照法定程序开展法定规划修改完善工作。法定规划修改方案通过规划、发展改革、国土及相关部门的联合审查后，按原审批程序报批。

…………

6.2.3　控制线动态评估机制

建立“三规合一”控制线动态评估机制，由“三规合一”牵头部门组织相关部门定期评估控制线的划定、实施和管理工作，研究分析控制线管理工作存在的问题，形成控制线评估报告，并根据评估结果，按规定程序开展控制线的动态调整工作。

6.2.4　控制线动态调整机制

建立严格的“三规合一”控制线调整机制，明确控制线调整的条件、流程，加强部门协同。控制线调整可分为整体修改和局部修改两种情形。

(1) 控制线整体修改

因“三规”修编、行政区划调整和城市发展战略调整等因素，对“三规合一”控制线整体造成较大影响，或经控制线动态评估后确需进行整体修改的，可开展控制线整体修改。控制线整体修改前，应由“三规合一”控制线的管理部门对原控制线进行评估，向本级人民政府报告并提出修改申请，经本级人民政府同意后，由控制线管理部门牵头，会同有关部门及县（市、区）政府对控制线作整体修改，组织审查修改方案，并报本级人民政府审批。“三规合一”控制线整体修改完成后，按法定程序开展法定规划的联动修改工作。

（2）控制线局部修改

建设项目选址与“三规合一”控制线有冲突的，项目建设单位可向控制线管理部门提出修改申请，经联合审查会审查，如认定不符合控制线修改条件的，告知项目业主单位另行选址；如认定符合控制线修改条件的，由项目业主单位编制控制线局部修改方案，报相应的控制线管理部门，由控制线管理部门组织联合审查，并报本级人民政府审批。控制线局部修改过程中，应按照法定程序同步开展城市控制性详细规划、土地利用总体规划修改报批工作。

**【信息链接】**

媒体线索：

广东省人民政府. 广东省人民政府办公厅关于印发《广东省“三规合一”工作指南（试行）》的通知［EB/OL］.［2015-03-04］. http：//gd. gov. cn/gkmlpt/content/0/143/mpost_143740. html#7.

广东省广播电视局．中共广东省委、广东省人民政府《关于争当实践科学发展观排头兵的决定》［EB/OL］．［2008-06-23］．http：//www. gbdsj. gd. gov. cn/zxzx/ztbd/2008/jfsxxx/xgbd16/content/post_1761847. html.

文章线索：

潘安，吴超，朱江．“三规合一”：把握城乡空间发展的总体趋势——广州市的探索与实践［J］. 中国土地，2014（7）：6-10.

## 2. 3　“多规合一”模式

### 陕西省榆林市

**【案例摘要】**

2014 年，国家发展改革委、自然资源部、生态环保部、住建部四部委联合启动“多规合一”试点工作。榆林市是 28 个试点中面积最大、所辖县区最多的城市。作为典型的资源型城市，榆林市探索出“一本规划、一张图纸、一个平台、一套机制”为主的试点模式，初步扭转了“政出多门”的弊端。

**【案例介绍】**

地处陕甘宁蒙晋五省（区）接壤地带的榆林市，是国家重要的能源化工基地、陕西省现代特色农业基地和陕甘宁蒙晋区域性中心城市，也是全国 28

个“多规合一”试点中国土面积最大、所辖县区最多的城市。试点获批以来，榆林市委、市政府高度重视，将“多规合一”试点工作列为全市头等大事，举全市之力予以推进。2015 年 3 月，榆林市委书记胡志强在“多规合一”工作动员大会上指出，推进“多规合一”是榆林市全面深化改革的一项重大任务，也是坚持规划立市、依法治市的重要举措，对于破解“经济发展较快的落后地区”难题、全面提升管理经济社会发展的能力和水平具有重要意义。“多规合一”正在成为破解榆林市产业结构、南北区域发展、城乡发展“三大失衡”问题的重要手段。

“多规合一”是一项全新的工作，根据试点要求，结合自身特点，提出具有示范意义的工作思路，是完成好试点工作的前提。榆林市委、市政府将“多规合一”试点作为全市破解瓶颈、深化改革、规划立市、优化空间的重大历史机遇，在充分调研、深入研究的基础上形成了《榆林市“多规合一”试点工作方案》，提出以形成市域“一张图”为基础，以《榆林市国土空间综合规划》为主要内容的“四个一”成果，构建市域统一的生态保护红线、基本农田保护红线、文物紫线、城镇开发边界、产业开发边界、基础设施廊道等控制线及管控体系，推进全市治理体系和治理能力现代化。同时，在全面完成国家“多规合一”试点任务的基础上，榆林市委、市政府又进一步拓展思路，出台了《关于坚持依法治市推进多规合一的意见》和《榆林市“多规合一”工作方案》，提出“三年三大步”的全市“多规合一”工作总体部署，即一年完试点、两年见实效、三年成体系。

一年完试点，就是 2015 年通过全域差异比对分析，划定市域统一的城镇开发边界、永久基本农田、生态保护、文物保护、产业集中区开发边界等“控制线”，建立市域空间管控体系，实现市域空间信息 1∶10000 比例尺的“一张图”全覆盖，编制完成《榆林市国土空间综合规划》，建立市县共享共用“多规合一”业务平台，全面完成国家试点任务。

两年见实效，是指 2016 年实现“多规合一”试点成果应用。改革项目审批机制，全面启动“多规合一”业务平台运行，实现市级发改、规划、国土、环保、林业、水务等部门项目并联审批，推进行政审批流程再造、业务联动、监管同步、制度创新。同时，全面完成中心城区和县城开发边界内“多规合一”“一张图”，比例尺至少达到 1∶2000。

三年成体系，即在 2017 年通过出台《榆林市规划管理条例》，形成以经济社会发展总体规划为龙头、以国土空间规划为基础、以专项规划为支撑的规划体系。

陕西省榆林市“多规合一”工作主要做法如下：

1. 成立专门机构，建立工作机制，开展专题研究

“多规合一”并非单纯的规划编制，更多的是规划协调和利益调整，建立一个高效的协调机制是完成试点任务的根本。榆林市委、市政府成立了由市委书记任组长，市长和市委副书记任副组长，常务副市长任办公室主任，市人大、政协有关领导参与，市级各相关部门负责人、各县（区）委书记为成员的高规格“多规合一”试点工作领导小组；领导小组办公室下设综合协调、业务专责两个工作组，分别设在市委改革办和市发改委，分别负责协调督查和业务工作，并从成员单位抽调业务骨干，在市“多规办”集中办公。各县区也都成立了相应的领导小组，确保市、县“多规合一”工作政令畅通、无缝衔接。

为确保试点高效推进，榆林市确定“统—分—衔—合”的技术路径。“统”，即“统一标准”：统一规划体系、战略引领、技术导则、目标指标、管控措施；“分”，即“分项研究”：分部门编制规划、分专题开展研究、分县区提出方案；“衔”，即“规划衔接”：多规协调、部门互动、市县联动；“合”，即“多规合一”：形成“一张图”、编制综合规划、建立业务平台、构建规划体系。遵循生态优先、总量平衡、保障发展、完善功能、安全底线的多规差异协调处理原则，区分轻重缓急，按照刚需排序，合理协调多规矛盾，科学妥协，实现市域综合利益最大化。针对该市林规与其他规划矛盾突出的问题，研究制订了林地退出原则和方法，退出林地 365.76 万亩，占林地总面积 10%，降等 88 万亩，同时提出提升质量、优化结构的路径措施和林地退出后的管理办法，确保林业可持续发展，实现多赢。同时，还确立“市县联动、部门协同、专家支撑、公众参与”的工作模式。市、县两级直接参与“多规合一”的工作部门接近 100 个、工作人员超过 300 人。设立市“多规合一”专家咨询委员会，强化技术支持和业务指导，聘请的各类技术单位达到 25 个。出台《榆林市“多规合一”工作宣传方案》，开设“榆林多规合一”微信公众号，充分吸纳社会各界意见。为了夯实工作基础、强化技术支撑，增强试点的精准性、协同性和科学性，榆林市委、市政府还邀请了陕西省城乡规划院、环科院、林勘院以及中交第一公路勘测设计院、河南黄河水文勘测设计院等专业技术单位，由市级相关业务部门具体牵头，同步开展了中心城区开发边界划定、生态红线划定、文物紫线划定、林地保护与利用研究、水

资源承载力研究、人口和用地规模研究、综合交通体系发展及布局研究、大气水环境承载力研究等专题研究工作，取得了大量研究成果，为编制“一张图”和国土空间规划奠定了坚实基础。

2. 一本规划，一个平台，一套机制，一批建议

在试点成果上，自然资源部批复试点方案要求榆林市提交“四个一”试点工作成果，即编制“一本规划”、建立“一个平台”、形成“一套机制”、提出“一批建议”。按照战略规划引领、专题研究支撑、“一张图”为底、国土空间规划为主的试点工作思路，榆林市开展了市域“一张图”工程、“多规合一”业务平台建设、国土空间规划编制以及 14 项配套专题研究，“四个一”试点成果已全部完成，形成各类研究成果约 200 万字，试点成果已上报。

“一本规划”包括文本、图集、说明，按照归纳国土空间演变趋势、研究区域资源环境承载能力、确定国土开发适宜性、划定国土空间格局、制定国土开发战略目标的编制思路，在充分吸纳各专题研究和已有规划成果的基础上，提出了“一主三副多点、一轴一带三区”的国土开发格局和“三廊—三带—四片—多点”的国土保护格局，在“一张图”基础上提出生态、农业、城镇空间划定及管控措施，明确了分县区国土开发和管控指标、国土综合整治任务以及规划保障措施。

“一个平台”即基于国土二调数据的市域 1∶10000“一张图”及其“多规合一”业务平台。业务平台一期工程已实现成果展示、信息查询、数据质量检查、多规冲突分析、数据共享和交换、统计汇总分析、控制线检测、项目辅助选址等功能。

“一套机制”即形成《榆林市规划管理暂行办法》。该办法将市域各类规划分为总体规划、空间规划、专项规划和区域规划四大类，构建以经济社会发展总体规划为龙头、国土空间规划为基础、专项规划为支撑的市级规划体系，明确各个规划的功能定位和相互关系，解决规划自成体系的问题。成立市规划委员会，对规划实行“立项、编制、衔接、论证、报批、发布、实施、评估、调整”全过程管理，权威、高效机构统筹规划管理，解决规划多滥、易变和不实用、不管用的问题。办法特别构建了利用“多规合一”“一张图”成果和业务平台进行规划衔接的新机制，确保规划的协同性，解决规划冲突打架的问题。

“一批建议”主要包括五个方面：一是“多规合一”试点成果法定化。建议实施“多规合一”试点成果由上级政府审批、其他规划授权试点市县政

府审批、省相关部门备案认可的成果法定化试点。二是规划体制改革。建议国家加强顶层设计，推进发展规划、空间规划两大体系在市县层面“合一”。三是空间规划。建议加快推进国土空间规划立法，构建统一的自然资源管理体系。四是深化改革。建议国家开展以“多规合一”试点成果应用为主要内容的改革试点，支持试点市县更大范围、更深层次的“多规合一”改革。五是矿业权设置。建议建立统一的矿业权审批信息平台，在矿业权设置和审批前充分征求相关部门和地方政府的意见，减少不同矿产之间以及地下、地上空间的冲突。

3. 试点初见成效，试点经验可推广

目前，榆林市“多规合一”试点任务基本完成，取得大量成果，试点效果逐渐显现。协调了各类规划冲突，优化了市域空间布局，通过国土开发适宜性评价和生态红线划定，提出了秃尾河、无定河、榆溪河三大生态廊道和北部防风固沙、南部黄土高原水土流失、东部黄河沿岸水土流失三大防治带的生态保护格局。在发展理念上，坚持生态优先，以生态定格局，对不可开发空间达成共识，遵循自然规律的持续发展、遵循经济规律的科学发展理念明显提升。高于国家标准划定生态红线；增加林地保护红线；强调水资源的极端重要性，新划定水源涵养区 1.06 万平方千米，占市域总面积的 24.7%。在谋划发展上，坚持“先瘦身后强身”，摒弃盲目求大的传统思维。在项目策划上，既考虑规划空间的安排，又对接土地指标配置，更注重生态保护、水资源承载、环境约束，项目谋划的水平明显提升。在转变职能上，相关部门更加注重规划的权威性、严肃性、一致性，更加认识到要发挥规划的引领和约束作用，淡化行政审批色彩，加快转变政府职能的自觉性明显提高，服务意识明显提升。此次“多规合一”，仅“一张图”工程就收集了 120 多个已有各类规划，进入平台管理的建成、在建和规划项目已近 3000 个，摸清了家底，吃清了市情，夯实了规划基础。将交通、电网、水源、项目等各类规划数据转成统一标准的 GIS 数据落到“一张图”上，极大地提升了规划的信息化水平。

通过试点，榆林市取得了可推广、可复制的经验。“一张图”是“多规合一”的前提。“多规合一”的核心是空间。“多规”的矛盾源于空间，“合一”最终要落到空间上。只有构建基于信息化支撑的大比例尺“一张图”，才能充分暴露各类规划特别是空间规划的矛盾和冲突；只有在大比例尺的“一张图”上协调一致，才能真正实现“多规合一”；只有大比例尺的“一张图”，才能降低规划调整的难度，减少规划易变多变的现象，确保一张蓝图干到底。划定各类控制线，构建 1∶10000 比例尺的市域“一张图”及空间管控体系，解决各类规划特别是空间规划衔接手段缺乏的问题，形成以“一张图”为基础和平台的各类规划衔接机制及其相应的技术规范，也是榆林市“多规合一”试点取得的重要成果和经验。

战略引领是“多规合一”的基础。“多规合一”的目的是发展。要推进“多规合一”，首先要研究区域的发展规律、发展阶段、发展目标，以区域总体发展战略引领空间规划的编制。根据省委、省政府关于榆林发展定位的最新要求，形成了打造生态美、生活美、生产美的“大美榆林”共识，提出建设“世界一流能源化工基地、全国知名现代特色农业基地、区域性中心城市”的战略定位，并依此确定区域分工、空间格局、功能定位、项目布点，引领国土空间规划和各个专题研究。

机制保障是“多规合一”的关键。“多规合一”的本质是协同。建立一个高效的协调机制是完成试点任务的根本。榆林市成立了由书记任组长，四套班子和县区委书记参与，常务副市长兼任办公室主任的高规格的“多规合一”试点工作领导小组。

深化改革是“多规合一”的支撑。“多规合一”的内涵是改革。多规协调融合、试点成果应用，都需要突破现有行政壁垒和各方利益藩篱，必须要有配套的改革举措支撑。榆林市在“多规合一”试点过程中，以深化改革为统领，将“多规合一”综合协调组设在市委改革办，负责督查落实、协调推进。同时，在试点过程中涉及的林地变更退出、土地调整完善、规划体系重构等，都要求现行法律、法规、规范有所突破和创新。下一步，榆林市在积极推进投资项目并联审批、控制线管控体系建立等成果应用方面，也需要改革先行，提供体制保障。

榆林市把“多规合一”试点视为“落后地区”的破题之举、深化改革的重大机遇、规划立市的关键举措和优化空间的重要抓手，举全市之力推进试点工作，完成了“一本规划”“一个平台”“一套机制”“一批建议”的“四个一”试点工作成果，编制完成了《榆林市国土空间综合规划》，在市域 1∶10000 的“一张图”上划定了 2020—2030 年的全市（城乡）建设用地规模控制线、城镇开发边界、产业开发边界、采矿开发边界、生态保护红线、基本农田保护红线和文物紫线，优化了市域空间布局。此外，还形成了《榆林市规划管理暂行办法》，确保规划的权威性、协同性和一致性。有效整合各类规划，绘就“一张图”。提出一批建设性意见，为国家强化空间管控能力，建立功能互补、相互协调的空间规划体系提供鲜活的“榆林经验”，得到中央改革办、自然资源部和省委、省政府的高度肯定。

**【社会评价】**

此次试点的主要成果得到省政府的批复，意味着榆林市的试点工作突破了技术编制手段上的探索，在现行行政架构下，对推进试点成果运用、作为投资项目审批依据、执行落实规划成果具有重大意义。据了解，榆林市也是全国所有试点单位中第一个得到省级人民政府批复的试点成果。

**【政策文件】**

《榆林市国土空间综合规划》。

《关于坚持依法治市推进“多规合一”的意见》。

**榆林市人民政府关于印发《榆林市“多规合一”工作管理办法》的通知**

**（榆政发〔2016〕40 号）（节选）**

**榆林市“多规合一”工作管理办法**

**第一章　总　则**

第二条　本办法所称“多规合一”，是指构建以经济社会发展总体规划为龙头、国土空间规划为基础、专项规划和区域规划为支撑的规划体系，建立基于市域“一张图”的“多规合一”业务平台和规划全过程管理、规划衔接协同、投资项目并联审批等配套机制，实现政府治理体系和治理能力现代化的制度安排。

第三条　市人民政府建立“多规合一”工作管理机制，成立市长任组长、常务副市长任副组长、相关部门负责人为成员的市“多规合一”工作领导小组，统筹管理规划管理、“一张图”管控、投资项目并联审批等“多规合一”各项工作。

…………

第四条　“多规合一”工作坚持协调统一、高效便民、简政放权、公开透明的原则。各级各部门应建立公众参与和信息公开机制，鼓励公民、法人和其他组织积极参与“多规合一”工作。

**第二章　规划管理**

第五条　构建规划管理新机制，对各类规划实行立项、编制、衔接、论证、报批、发布、实施、评估、调整全过程管理，实现多规协同、合一。

第六条　建立以经济社会发展总体规划为龙头、国土空间规划为基础、专项规划和区域规划为支撑的市级规划体系。

第七条　经济社会发展总体规划（以下简称总体规划）由市人民政府组织编制，发改部门负责牵头起草。国土空间规划由市人民政府组织编制，市国土资源局、发改委共同牵头起草。区域规划由涉及县区人民政府共同组织或市发改委牵头组织编制。其他规划由相关职能部门组织编制。

总体规划是以区域国民经济和社会发展为对象编制的纲领性、战略性、综合性规划，是编制本级和下级各类规划以及制定有关政策和年度计划的依据，其他规划要符合总体规划的要求。

国土空间规划是以区域内人口、资源等基本要素及相关功能区的空间结构和空间开发秩序为对象编制的基础性、约束性、综合性规划，是编制城乡建设、土地利用、林地保护等其他空间规划的重要依据。

第八条　规划编制应按照“各类规划依据总体规划、专项规划遵循空间规划、下级规划服从上级规划、所有规划都要相互协调”的原则进行衔接。未经衔接的规划不得上报、批准、发布。

发改部门负责规划的衔接工作，重点衔接规划提出的目标定位、主要指标、发展布局、重点任务、重要资源开发、财政资金平衡以及政策措施、实施条件等，涉及空间布局的还应在“一张图”上进行衔接，确保各类规划相互协调、一致。规划衔接应形成书面报告，作为规划编制、报批的依据。

第九条　总体规划和国土空间规划经市人民政府审定后，提交市人代会审议批准。专项规划除依法应由上级人民政府批准发布外，一般经市政府专题会议审定，以市政府办公室名义印发，重要专项规划应经市政府常务会审定并以市政府名义印发。区域规划由市人民政府批准发布。其他规划按国家法律法规和有关政策的规定报批，其中重要规划还应报经市人大常委会审议。

…………

## 第三章　“一张图”管控

第十四条　本办法所称“一张图”，是指市人民政府根据主体功能定位和国土开发适宜性评价，在划分生态、城镇、农业三类空间形成的市域空间规划底图上，划定生态保护、基本农田保护、文物保护、城镇开发、产业开发、基础设施廊道等控制线，协调形成集土地利用、城乡建设、产业园区、林地保护、环境保护、文物保护、重大项目、基础设施等各类空间规划于一体的空间规划图。

第十五条 “一张图”是本市各类空间规划编制和涉及空间布局的行政审批的重要依据。

基于“一张图”建立市“多规合一”业务平台（以下简称业务平台），作为统一管理和维护“多规合一”数据、提供选址查询和控制线检测、实施投资项目并联审批和其他行政审批、实现跨部门规划和审批信息共享的信息枢纽和公用平台。

第十六条 “一张图”涉及的各类空间规划按照法律、法规分别编制、审批，报批前须通过市“多规办”组织的审查。

各类空间规划应当自审查通过或依法上报审批通过之日起30个工作日内，以及变更和调整后20个工作日内，由组织编制部门报送市“多规办”，纳入“一张图”及业务平台。

土地利用总体规划、林地保护规划、城乡规划的变更、调整以及土地、林地的征占用报批等涉及各类空间规划调整和行政审批事项的，牵头部门在报批时应同步提交市“多规办”统一出具的“一张图”衔接报告。

第十七条 “一张图”主要通过控制线进行管控。“一张图”控制线分为保护类、建设类和基础设施廊道类三类控制线。

第十八条 保护类控制线包括生态保护红线、基本农田保护红线、林地保护红线、文物紫线、危险化学品企业外部安全防护距离控制线、河道规划治导线等。

第十九条 建设类控制线包括城乡建设用地规模控制线、城镇开发边界、产业开发边界。

第二十条 基础设施廊道类控制线包括铁路、公路、长输管道（输油、输气、输水）、电网等重大基础设施廊道控制线。

…………

第二十四条 相关部门根据各自职能，分别负责划定、管控、调整相关控制线，履行控制线的管理职能，依法查处违法行为。

市“多规办”负责统筹协调各类控制线划定、调整和衔接；市发改委负责划定、管控、调整三类空间，会同市商务局、科技局、中小企业局等相关部门划定、管控、调整产业开发边界；市国土资源局负责划定、管控、调整基本农田保护红线和城乡建设用地规模控制线；市建规局、环保局、林业局、安监局、水务局分别负责划定、管控、调整城镇开发边界、生态保护红线、林地保护红线、危险化学品企业外部安全防护距离控制线、河道规划治导线；市交通局、能源局、水务局、电力局分别负责划定、管控、调整铁路、公路、长输管道、电网等基础设施廊道控制线。

第二十五条　根据法律法规和实际需要，相关职能部门或市“多规办”提出申请，经市人民政府同意，可对控制线进行修编，或增设控制线，依法审批后纳入“一张图”管控。

控制线及对应的空间规划修编方案经市人民政府批准后，涉及的其他控制线及对应的空间规划应联动修改，并按法定程序分别报批。

**第四章　投资项目审批**

第二十六条　市、县区、产业园区要按照中、省要求，深入推进简政放权、放管结合、优化服务改革，在政务服务中心设立“多规合一”服务区和窗口，依托业务平台，实行投资项目在线并联审批，实现一口受理、并联审批、网上办理、规范透明、限时办结、信息共享。

**【信息链接】**

媒体线索：

“多规合一”经验：榆林市国土空间综合规划（2015—2030）［EB/OL］. 规划头条，http：//www. upnews. cn/archives/9013.

陕西榆林“多规合一”破解政出多门发展难题［EB/OL］. 经济参考报，http：//finance. sina. com. cn/roll/2016-09-21/doc-ifxvyrit2950627. shtml.

榆林力推“多规合一”实现一本规划　一张蓝图［EB/OL］. 陕西省人民政府，http：//www. shaanxi. gov. cn/sxxw/fx/31271. htm.

榆林市人民政府关于印发榆林市“多规合一”工作管理办法的通知［EB/OL］. 榆林市人民政府，http：//www. yl. gov. cn/site/1/html/zwgk/0/1/16/16197. htm.

# 第3章　土地储备

## 3.1　政府主导型

### 浙江省杭州市

【案例摘要】

杭州市的土地储备模式是政府主导型运作模式的典型，运作模式为在政府主导的基础上充分发挥市场机制配置土地资源的功能，以实现行政主导与市场运行有效结合。其土地储备机构由两部分组成，属于双结构模式。杭州市的土地收购储备委员会由分管市长牵头，主要职责为制定有关土地储备和出让的政策、协调各有关部门的关系、落实资金、审查年度计划执行和资金运作情况以及监管国有土地资产的运作等；杭州市土地储备中心是土地储备体系的执行机构，受土地收购储备管委会的领导和监管。在该模式下，政府拥有土地的"统一收购权"——市区范围内凡需盘活的经营性用地一律由政府收购和储备；并拥有"统一批发权"——经营性房地产开发用地统一由政府供应。由此，很好地保证了政府对土地一级市场的高度控制。

【案例介绍】

杭州市土地储备中心成立于1997年8月，是全国第二家土地储备机构；1997年10月，杭州市政府发布了《关于建立杭州市土地储备机制的通知》，开始着手建立土地储备制度；1999年3月10日，杭州市率先以人民政府137号市长令颁布了《杭州市土地储备实施办法》，这是我国第一部正式出台的关于土地储备的政府规章。它从土地使用权收购储备、储备土地前期开发利用、储备土地使用权预出让、储备中心资金运作管理等方面对具体实施土地储备工作做了较为完善的规定，迈出了城市政府探索如何规范、有效地运用土地储备工具的重要一步。

2012年5月18日，杭州市人民政府令第270号对《杭州市土地储备实施办法》进行第二次修订。

根据该市明文规定，杭州市区范围内所有需要盘活的土地都要纳入土地储备体系，由政府垄断收购和储备，并经土地储备中心开发后统一向市场提供，其他任何单位、个人都不能收购土地，也不能供应土地，划拨土地使用者也不能通过补办出让手续的方式自行转让土地使用权。不仅如此，市土地储备中心代表政府依法收购土地还具有强制性，在土地收购的众多方面政府都出台了统一的规定，基本没有给土地使用者讨价还价的机会。市场上的土地全部由土地储备中心提供，政府通过抓统一收购权、统一批发权实现了政府对土地市场的高度控制。杭州市土地储备制度供应储备土地的方式分招标拍卖和协议两种。市区三级地段以内的储备土地使用权用于房地产开发或经营性质项目建设的，应通过招标拍卖方式确定开发单位；其他储备土地使用权可以通过招标拍卖方式确定开发单位，也可以通过协议方式约定开发单位。1999 年 6 月，当时的国土资源部内部通报转发《杭州市土地储备实施办法》，并向全国推广杭州市开展土地储备的经验。

该运作模式在政府主导的基础上充分发挥了市场机制配置土地资源的功能，实现了行政主导与市场运作的有效结合。土地收购储备机构设置采用双结构模式，即成立城市土地收购储备委员会和土地储备中心，实行分层次两级管理的组织模式，在杭州市土地收购储备委员会的领导和监督下，市土地储备中心代表政府实施土地收购、储备、出让的前期准备工作。杭州市土地收购储备委员会是市政府土地储备体系的决策机构，主要职责是研究制定有关土地收购、储备和出让的政策规章，协调各部门的关系，落实资金，确定年度计划及审查计划的执行和资金运作情况、监控国有土地资产运作等；土地储备中心是土地储备体系的执行机构，隶属于市土地管理局，是非营利性事业单位，职责是根据委员会制订的收购计划适时进行土地收购，根据规划及市场需求储备土地，经营管理依法收回的违法用地并纳入土地储备体系，多渠道筹措资金，进行储备土地的前期开发、投放市场的准备工作等。

杭州市的土地储备模式对城市发展起到重要作用。其最突出的优势在于土地收购储备委员会作为决策层充分研究各项政策，能有效协调各部门关系，对土地储备机构起到领导和监督的作用；而土地储备中心作为具体实施的单位，更能起到连接政府和土地市场的桥梁作用。

**【社会评价】**

“杭州模式”全面落实了政府供应土地的总量控制，将土地统一管理政策落到实处，弥补了城市土地管理中对城市存量土地管理和对划拨土地入市总量控制的缺口。同时，还具有有效调控土地市场供求的功能，成为政府宏观调控土地市场的重要政策工具之一。

这种模式也存在一些缺陷：一方面，其成为城市房价飙升的助推器。杭州市政府实行“不饱和”供地政策，始终保持开发商的“饥饿感”，使得杭州的房价不断攀升，甚至一度高居全国第一。尽管土地储备制度使杭州的相关财政收入以每年56%的比例递增，但近年来，杭州房价过高已造成浙江投资大量向外转移，影响了本地产业的发展。另一方面，这种模式要求规定范围内所有的土地进入土地市场都必须由土地储备机构预先取得，再由土地储备机构提供给市场。这种规定由于缺乏法律基础而广受质疑，而且收购的规模过大所带来的严重资金压力，将影响制度目标的实现。

**【政策文件】**

**杭州市土地储备实施办法（节选）**

第三条　本办法所称土地储备，是指土地储备机构依据本办法的规定，将需盘活的土地收回、收购予以储存，并通过前期开发利用和受政府委托预出让等形式，盘活存量土地资产，有效配置土地资源的行为。

第四条　杭州市土地储备中心受市政府委托在杭州市土地收购储备管理委员会指导和监管下，代表政府实施土地收购、储备和出让的前期准备工作。

第五条　下列国有土地应当进行储备：

（一）市区范围内的无主地；

（二）为政府带征的土地；

（三）土地使用期限已满被依法收回的土地；

（四）被依法收回的荒芜、闲置的国有土地；

（五）依法没收的土地；

（六）因单位搬迁、解散、撤销、破产、产业结构调整或者其他原因调整出的原划拨的国有土地；

（七）以出让方式取得土地使用权后无力继续开发和又不具备转让条件的土地；

（八）因实施城市规划和土地整理，市政府指令收购的土地；

（九）土地使用权人申请市土地储备中心收购的土地；

（十）其他需要进行储备的国有土地。

…………

第十二条　土地收购的一般程序：

（一）申请收购。市区范围内凡符合本办法规定的土地收购条件的国有土地，其土地使用权人应持有关资料申请市土地储备中心进行收购。

（二）权属核查。市土地储备中心对申请人提供的土地和地上物权属、土地面积、地上物面积、四至范围、土地用途等情况进行实地调查和审核。

（三）征询意见。市土地储备中心根据申请人提出的申请和实际调查的情况，向市规划部门征求意见；进行住宅综合开发的，还应向市综合开发管理部门征求开发意见。

（四）费用测算。市土地储备中心根据调查和征询意见结果，会同有关部门进行土地收购补偿费用的测算评估；实行土地置换的，要进行相应的土地费用测算。

（五）方案报批。市土地储备中心根据土地权属调查、收购费用测算的结果，提出土地收购的具体方案，报市土地管理部门审批；其中特殊地块的收购储备方案还须报市土地收购储备管理委员会批准。

（六）签订合同。收购方案经批准后，由市土地储备中心与原土地使用权人签订《国有土地使用权收购合同》。

（七）收购补偿。市土地储备中心根据《国有土地使用权收购合同》约定的金额、期限和方式，向原土地使用权人支付土地收购补偿费用；实行土地置换的，进行土地置换的差价结算。

（八）权属变更。市土地储备中心根据《国有土地使用权收购合同》约定支付收购定金后，原土地使用权人与市土地储备中心共同向市土地管理部门、房产管理部门申请办理权属变更登记手续。

（九）交付土地。根据合同约定的期限和方式，原土地使用权人向市土地储备中心交付被收购的土地和地上建筑物；被收购的土地使用权一经交付，即纳入土地储备。

…………

第十九条　市土地储备中心可以对收购储备的土地通过以下方式进行土地前期开发利用：

（一）前期开发。市土地储备中心在储备土地预出让或招标、拍卖前，完成储备土地地上建筑物及附属物的拆迁、土地平整等前期开发工作。

（二）土地利用。原土地使用权人交付土地后，储备土地预出让或招标、拍卖前，市土地储备中心可以依法将储备土地使用权单独或连同地上建筑物出租、抵押、临时改变用途。

…………

第二十五条　本章所称的储备土地使用权预出让，是指市土地储备中心受市政府委托将收购储备的土地进行出让前的准备工作，约定开发单位，收取土地开发补偿费用等的行为。

…………

第二十八条　市区三级地段以内的储备土地使用权，用于房地产开发或经营性项目建设的，应通过招标、拍卖的形式确定开发单位。其他储备土地使用权，可通过招标、拍卖的形式确定开发单位，也可通过协议形式约定开发单位。

**【信息链接】**

媒体线索：

杭州市土地储备实施办法［EB/OL］. 杭州市人民政府，http：//www. hangzhou. gov. cn/art/2012/6/27/art_ 807646_ 1772. html.

基于政府主导型的多目标土地储备规模研究——以杭州市为例［EB/OL］. 中国房地产信息网，http：//www. realestate. cei. gov. cn/filea/br. aspx? id=20130716154904.

政府主导型土地收购储备模式详解［EB/OL］. 土流网，http：//www. tuliu. com/read-30879. html.

文章线索：

贾瑞彤．土地储备模式的比较与创新［J］. 内蒙古科技与经济，2009（18）：45-46.

朱寅传，夏积亮，贾生华．杭州市土地储备体系及模式［J］. 中国土地，1999（8）：27-29+39.

## 3.2　市场主导型

### 上海市

**【案例摘要】**

上海市的土地储备在1996年启动后一直在探索中求发展，并且成为业内人士公认的市场主导型土地储备运作模式的代表。“上海模式”以市场机制为基本运作机制，充分体现了市场机制配置土地资源的功能。

**【案例介绍】**

上海市根据城市土地利用总体规划以及经济发展的需求，适时储备土地，并将经过开发的储备土地投放市场，其土地储备制度的建立和发展大致经历了三个阶段。

1. 雏形阶段

20世纪80年代末至20世纪90年代初，上海市委、市政府批准设立陆家嘴、外高桥、金桥三个开发区，随后又批准设立了张江高科技开发园区。政府将开发区内土地批给指定的开发企业实施成片开发后，以熟地的方式出让土地使用权，政府则收回土地收益。20世纪90年代初，浦东新区土地控股有限公司成立，进一步探索政府对土地一级市场的调控。这些做法为后来上海市土地储备制度的形成和土地储备机构的设立提供了宝贵的经验。

2. 起步阶段

1996年，上海市土地发展中心成立，标志着上海市土地收购、储备工作启动。但此后几年内，由于诸多原因，上海市的土地储备制度没能真正建立起来，土地储备机构的运作也不成功，市土地发展中心一年的土地收购总量仅100公顷，与市土地年度供应量相比微乎其微。

3. 发展阶段

2002年10月，上海市人民政府批准成立了上海地产集团公司，上海市土地发展中心被并入新成立的地产集团。地产集团作为市政府土地储备的运作载体，承担市政府赋予的相关职能，并明确建立政府主导型土地储备供应机制、增强政府对土地市场调控能力的主要任务。2004年，《上海市土地储备办法》《上海市土地储备办法实施细则》颁布实施，意味着上海多层次两级土地储备体系的建立，上海土地储备机构有了明确的政策依据和实施规范。

2004年，根据《上海市土地储备办法》，原“上海市土地发展中心”更名为“上海市土地储备中心”。上海市土地储备中心的主要职责及运行特点为：

（1）作为市政府土地储备机构，它的职能是收购储备土地。地产集团作为国有企业，定位为土地储备市场运作载体，受土地储备中心委托，进行土地前期开发、滩涂造地建设管理和成陆土地的管理；进行储备土地前期开发，对滩涂资源开发实施建设管理。

（2）作为出资人对授权经营的房地产企业进行监管，促进国有企业保值增值，盘活存量资产。

（3）承担市政府涉及旧区改造，配套商品房建设、收购、储备、管理及历史遗留问题处理等交办任务。

（4）基本采用市场化运作方式。土地收购时，首先向规划部门申请确定规划条件，对拟收购地块进行评估。储备土地的出让通过各种渠道广泛招商，依据资信、资质、业绩等条件选择合适的开发商。

上海市的土地储备仅仅适用于土地使用权出让后应当依法收回的国有土地或未经土地使用权出让的国有土地，对于其他土地，土地储备机构并没有对用地者直接转让土地的权利进行限制，用地者完全可以根据市场需求自行转让土地；对于收储范围内的土地，在土地收购储备方面还可以与土地储备机构进行协商。在上海土地储备模式下，土地使用者具有众多的权利，受让人在土地使用权出让年限内，可以按出让合同和相关法律、法规的规定，将土地使用权转让、抵押、出租或者用于法律允许的其他经济活动。房地产开发企业出让国有土地使用权后，按土地出让合同规定建设期满而尚未开发的地块，经市房地局、市财政局审核同意可以城市绿地方式进行土地储备后再行开发，并且一次性支付上述地块土地出让金有困难的，可向市财政局申请，经核准后办理储备期分期付款。

经过多年的探索，上海市的土地储备运行已经被初步规范，按照流程可分为收购、储备、出让三个阶段。其流程如图 3-1 所示。

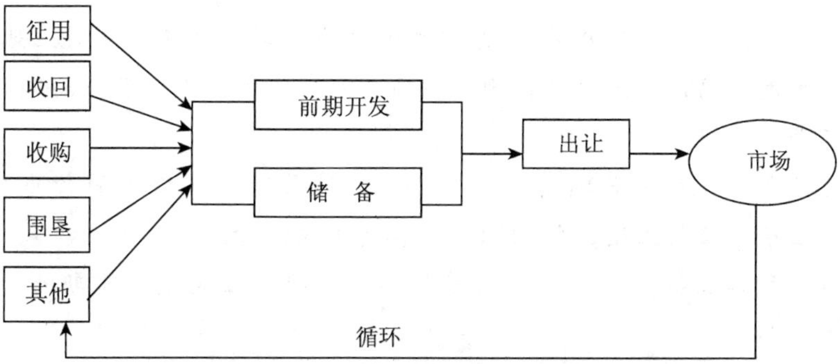


**图 3-1　上海土地储备运行流程**

上海市的这种模式通过协商方式收购土地，并经开发后根据市场需求进行土地出让，虽然能对土地市场产生一定的影响，但由于政府行为不具有强制性，土地使用者拥有转让土地等方面的部分权利，政府的作用较小，发挥作用更多的是市场，因此自由化程度相对较高。

**【社会评价】**

这种模式的优势，一是程序简单，土地进入市场速度较快，政府在土地的开发方面投资较少；二是比较注重保护土地权利人的财产权益，比如《上海市国有土地使用权收购、储备、出让试行办法》中明确规定，收购土地价格以当前土地市场相应价的平均价计算；三是土地储备机构的职能定位比较明确，它与房屋土地管理局等政府部门的关系、自身权利义务的设定都基本上在当前法律框架之内，没有突破法律规定。

但是，这种模式也有缺陷，主要表现在：该模式侧重于调控市场供求的功能，但由于政府不能真正实现一级土地市场的垄断供应，加之土地发展中心运作资金有限，因而实际操作中收购阻力较大、收购力度有限，收购功能难以有效发挥，更重要的是不能有效抑制"隐形土地市场"，削弱了政府对土地市场的调控能力，不利于实现土地一级市场的集中管理。另外，单一结构的运行由于缺少体制和制度的保障，会造成运行中存在许多难以克服的困难，如消化闲置土地的力度不大、资金有限导致难以取得规模效应、依然采用协议出让方式、土地储备规模较小等。

**【政策文件】**

**上海市国有土地使用权收购、储备、出让试行办法**

**（上海市房屋土地管理局、市财政局）（节选）**

第一条（目的）

为了进一步深化本市国有土地使用制度的改革，增强政府对土地供给的宏观调控力度，盘活土地存量，规范供地方式，优化投资环境，制定本办法。

第二条（定义）

本办法所称收购，是指由上海市房屋土地管理局（以下简称市房地局）依法征用土地、置换土地、收回国有土地使用权的行为。

本办法所称储备，是指市政府对收购、收回的土地进行前期开发，并予以储存的行为。

本办法所称出让，是指市政府依法将储存土地的使用权在一定年限内有偿让与土地使用者的行为。

第三条（适用范围）

本办法适用于本市范围内未经土地使用权出让的国有土地或土地使用权出让后应当依法收回的国有土地。

…………

第七条（收购、收回范围）

（一）可依法收回的国有土地使用权范围：

（1）用地单位已经撤销或者迁移；

（2）未经原批准机关同意，连续二年未使用的；

（3）土地使用者擅自改变土地用途，责令限期改正，逾期拒不改正的；

（4）公路、铁路、机场、矿场等经核准报废的；

（5）土地使用者超过出让合同约定的动工开发日期满二年未动工开发的；

（6）土地使用者违反出让合同规定，依法解除出让合同的。

（二）其他可以收购的国有土地使用权范围：

（1）列入市政府旧区改造计划的危房、棚户、简屋、二级旧里密集（建筑面积占总量70%以上，其中危房、棚户、简屋建筑面积占总量50%以上）地区；

（2）经上海市经济委员会、上海市环境保护局核定的“三废”企业用地和符合产业结构调整规划的企业用地；

（3）由于规划调整，致使国有土地使用权出让合同无法履行，土地使用者提出解除国有土地使用权出让合同的。

第八条（储备原则）

（一）地价趋升原则：

储备土地要综合规划用地性质、升值趋势等潜在价值因素，避免风险，确保国有资产安全性。

（二）平价原则：

收购土地的价格以当前土地市场相应价的平价计算。

（三）效益原则：

储备土地目的是调节土地市场供应关系，使国有土地在滚动开发中增值，提高经济效益。

第九条（收购、回收程序）

（一）由市房地局所属的上海市土地发展中心（以下简称土发中心）在第七条规定的范围内选择，并向市房地局、市财政局提出开发评估和可行性报告。

（二）市房地局、市财政局根据房地产市场、地块的实际情况和报告提出的开发成本，全面审定土发中心上报的可行性报告，对经确认的收购地块，市房地局和市财政局联合发文予以批准。

（三）由市房地局依法收回用地者的土地使用权，注销土地使用证，由市财政局组织筹措收购和前期开发资金。

1997年3月13日

## 上海市土地储备办法（节选）

（2004年6月9日上海市人民政府令第25号发布，根据2010年12月20日上海市人民政府令第52号公布的《上海市人民政府关于修改〈上海市农机事故处理暂行规定〉等148件市政府规章的决定》修正并重新发布）

…………

第三条（定义）

本办法所称的土地储备，是指市、区（县）政府委托土地储备机构，依据土地利用总体规划、城市规划和土地储备计划，对依法征收、收回、收购或者围垦的土地，先通过实施征地补偿安置、房屋拆迁补偿安置或者必要的基础性建设等予以存储，再按照土地供应计划交付供地的行为。

第四条（管理部门）

市土地管理工作领导小组负责审核批准本市土地储备计划，协调解决土地储备中的重大问题。

市规划和国土资源管理局（以下简称市规划国土资源局）负责本市土地储备计划的组织编制和执行情况的监督管理；区（县）土地管理部门负责本行政区域内土地储备计划执行情况的日常监督管理。

市和区（县）投资、规划、土地、建设等管理部门按照本办法的规定，履行土地储备项目的相关审批职责。

第五条（储备机构）

市土地储备中心是市政府设立的土地储备机构，在本市区域范围内实施土地储备，负责储备地块的前期开发，承办储备地块按计划供应的前期准备工作。

各区（县）政府设立一个土地储备机构，在本区（县）区域范围内实施土地储备。

经市政府批准，其他的专门机构可以在特定区域范围内实施土地储备。

第六条（储备范围）

下列土地应当纳入土地储备范围：

（一）滩涂围垦成陆并经验收合格的土地；

（二）拟转为经营性建设用地的原国有农用地；

（三）拟调整为经营性建设用地的原划拨国有土地；

（四）拟依法征收后实行出让的原农村集体所有土地；

（五）土地管理部门依法收回的闲置国有土地；

（六）市政府为实施城市规划需要储备的其他国有土地。

第七条（储备分工）

本办法第六条第（一）、（二）、（六）项所列的土地，由市土地储备中心负责储备；其他各项所列的土地，由市土地储备中心和所在地的区（县）土地储备机构联合储备。

经市政府批准的专门机构，在相关批准文件规定的区域范围内实施土地储备。

第八条（储备计划）

本市的土地储备计划应当与国民经济和社会发展计划相协调，与土地利用年度计划以及明后年的土地供应计划相衔接。

市规划国土资源局应当会同市发展改革委员会等有关部门，在每年第四季度组织编制下年度的土地储备计划，经市土地管理工作领导小组审核批准后分解下达。

第九条（储备地块的立项、规划和用地手续）

土地储备机构应当在土地储备计划范围内确定地块实施储备，并可以向投资主管部门办理储备地块的前期开发立项手续。

储备地块的前期开发立项批准后，土地储备机构可以向规划、土地管理部门申领建设用地规划许可证和建设用地批准文件。其中，储备地块涉及农用地转用或者征收农村集体所有土地的，由土地管理部门按法定程序办理农用地转用和征地手续后，发给建设用地批准文件。

建设用地规划许可证和建设用地批准文件应当载明储备地块的坐落、四至范围、面积等事项。

第十条（储备地块的补偿安置）

土地储备涉及房屋拆迁、征收农村集体所有土地的，应当按照国家和本市的有关规定，办理房屋拆迁许可、征地补偿安置方案审批等相关手续，并按照规定的标准、方式和程序实施补偿安置。

土地储备机构对原划拨给企事业单位使用的国有土地实施收购储备的，应当按照本市的基准地价并结合土地市场行情，与该单位进行协商，确定补偿价格，签订收购储备协议。

第十一条（储备地块的基础性建设）

储备地块有经批准的控制性编制单元规划或者控制性详细规划的，土地储备机构可以在完成该地块上建筑物、构筑物和其他附着物的拆除，并经投资、规划、建设管理部门批准后，按照规划要求实施基础性建设。

储备地块的前期开发立项批准前，已有经批准的控制性编制单元规划或者控制性详细规划的，投资、规划管理部门应当在批准前期开发立项和建设用地规划许可证时，一并审批储备地块的基础性建设。

…………

第十五条（储备地块的供应）

土地储备机构应当按照土地供应计划的要求，做好储备地块交付供地的前期准备工作。

储备地块的出让工作，由市或者区（县）土地管理部门会同投资、规划等管理部门和土地储备机构，按照本市土地使用权出让招标拍卖的有关规定和土地利用年度计划组织实施。

第十六条（资金管理）

储备地块出让所得的价款中，属于土地使用权出让金的部分，由受让人支付给土地管理部门；属于土地前期开发费用的部分，由受让人支付给土地储备机构，并在扣除土地储备的成本开支和管理费后，纳入土地储备专项资金。

土地储备专项资金的设立、使用和管理办法，由市财政局会同市规划国土资源局另行规定。

**上海市人民政府关于印发《上海市土地储备办法实施细则》的通知**

**（沪府发〔2004〕41号）（节选）**

**上海市土地储备办法实施细则**

第七条　土地储备机构应当于每年10月底前，提出下一年度的土地储备计划建议，并报送市房地资源局和市发展改革委。其中，本实施细则第六条第一款第（一）项所列土地的储备计划建议，由市土地储备中心提出、报送；本实施细则第六条第一款第（二）项所列土地的储备计划建议，由区县土地储备机构提出，经区县土地管理部门审查，并经区县政府同意后报送。

市房地资源局应当会同市发展改革委等有关部门根据本市国民经济和社会发展计划、土地利用年度计划以及房地产市场状况，在对报送的土地储备计划建议进行综合平衡的基础上，编制全市土地储备年度计划，并于每年11月底前，提交市土地管理工作领导小组，经市土地管理工作领导小组审核批准后分解下达。

第八条　土地储备机构拟实施储备的地块涉及农用地转用或者农村集体所有土地征收的，应当向市房地资源局提出申请；市房地资源局应当自受理申请之日起10个工作日内完成审核。上述地块经审核同意并列入土地储备年度计划后，土地储备机构方可按规定实施储备。

土地储备机构拟储备原划拨的国有建设用地的，应当持与原土地使用权人达成的收购储备意向或者与区政府指定机构签订的有关协议，向市房地资源局备案，列入土地储备年度计划后，方可按规定实施储备。

土地储备机构拟储备的地块在土地储备年度计划中已经确定的，不再按照前两款的规定办理审核或者备案手续。

列入土地储备年度计划的储备地块涉及农用地转用的，在土地利用年度计划内，优先安排其农用地转用计划指标。

**【信息链接】**

媒体线索：

市场主导型土地收购储备模式的特点、优势及缺陷［EB/OL］. 土流网，http：//www. tuliu. com/read-30803. html.

2018年上海市关于进一步规范本市土地储备项目审批工作的若干意见［EB/OL］. 土流网，https：//www. tuliu. com/read-70434. html.

上海市土地储备办法［EB/OL］. 上海市人民政府，http：//www. shanghai. gov. cn/nw2/nw2314/nw2319/nw2407/nw12938/u26aw1685. html.

上海市人民政府关于印发《上海市土地储备办法实施细则》的通知［EB/OL］. 上海市人民政府，http：//www. shanghai. gov. cn/nw2/nw2314/nw2319/nw10800/nw11407/nw12940/u26aw2410. html.

上海市国有土地使用权收购、储备、出让试行办法［EB/OL］. 土易网，http：//www. tuyinet. com/tdfg/13174. jhtml.

文章线索：

梁玉. 上海土地储备运作模式优化设想［J］. 上海房地，2005（9）：36-38.

梁玉. 上海市土地储备机构运作模式研究［D］. 上海：华东师范大学，2005.

齐飞. 我国城市土地储备制度不同模式比较研究［D］. 兰州：兰州大学，2009.

## 3.3　政府市场混合型

### 湖北省武汉市

**【案例摘要】**

武汉市的土地储备模式是我国“行政指导+市场选择”模式的典型代表，

土地储备能体现政府意志，同时又遵循市场经济规律，将土地储备与交易许可结合在一起。武汉市的土地使用制度改革开始于1992年。为进一步深化土地有偿使用制度改革，真正使经营城市的理念落到实处，武汉市于1991年11月成立了土地中心。2000年7月，武汉市政府印发了《关于建立土地储备制度的通知》，正式确定实施土地储备制度，规定凡中心城区范围内用于经营性房地产开发的存量土地，由土地中心统一收购；凡征用集体土地，由土地中心统一办理征用事宜。2001年3月20日，武汉市成功进行了土地公开拍卖的第一步：凯恩斯香港投资控股公司以6800万元的报价获得了位于江岸区后湖乡一块125亩的土地使用权；2002年7月，市政府又相继出台了“一个方案两个办法”等11个政策法规文件。至此，武汉市独具特色的土地储备制度初步建立。

**【案例介绍】**

武汉市在落实土地储备政策方面，始终以“行政指导+市场选择”作为工作中的基本思想。在行政指导方面，土地中心根据土地资产管理委员会批准的土地储备和供应计划，对经营性项目用地择优拟定收购方案，经武汉市国土资源管理局审批后实施收购储备，储备地块供应方案经武汉市国土资源管理局审批后组织招标、拍卖和挂牌。在市场引导方面，土地储备的每一个环节，如收购成本、储备时间、储备风险、土地供应等均以市场为导向，遵循市场经济规则进行经营运作。

在具体的实践中，一方面，原则上对经营性房地产用地实施统一收购储备。以土地中心为载体，对城市规划区内的土地，包括需要调整使用的存量土地、旧城改造和新增建设用地、开发区土地、城郊各区土地，按照由政府“统一规划、统一储备、统一开发、统一出让”的总体思路，把原来分散的土地集中到市政府手中，实现对土地的集中统一管理。另一方面，作为土地储备的补充方式，对未实施储备的经营性房地产用地实行交易许可制度。

以武汉市土地有形市场为载体，依照年度土地供应计划，在符合城市规划要求的前提下，允许原土地使用者通过土地中心申请办理规划和用地审批等相关前期手续后，再以招标、拍卖或挂牌方式供应土地。武汉市土地中心将土地有形市场比喻成水库，土地储备就是水库的大坝，交易许可就是水库的导流明渠，土地储备的“封堵”和交易许可的“疏导”可以结合起来调整水的流量，即房地产市场的土地供应量。通过将经营性房地产用地纳入土地有形市场这个“水库”中，可以达到培育和调控全市土地市场的目的。2003年，武汉市通过土地有形市场供应储备土地的面积占供地总面积的60%，划拨土地交易许可供地占总面积的40%。

这种运作模式可简单地概括为“321模式”。“3”是指“三个进口”，就是政府通过对用于经营性项目的土地采取集体土地征用、存量土地收购（拆迁）和划拨土地使用权交易的方式，垄断土地一级市场，通过土地有形市场实现政府对国有土地资产的集中、统一管理和经营；“2”是指“两种方式”，就是运用土地开发整理将生地变成熟地，达到土地“预热”增值的目的，同时，通过农地整理的方式，保障征用农用地“占一补一”指标的落实；“1”是指“一条渠道”，就是坚持经营性用地通过土地有形市场，采取招标、拍卖、挂牌等公开方式集中统一供应土地，优化配置土地资源。武汉市自推行土地储备制度以来，取得了多方面的效益。日趋完善的土地市场、良好的市场秩序和极具潜力的发展态势，促进了武汉市招商引资和房地产业的发展。深圳万科、上海复地、香港凯恩斯、北京泰跃、深圳余地、南京三金、浙江耀江等全国很多有实力的开发商都来武汉市投资房地产业。这些企业一方面看重武汉市的巨大投资潜力；另一方面认为武汉市的土地市场公开、透明、规范，有利于公平竞争。

**【社会评价】**

混合型土地储备制度的实施，确保了武汉市国有土地资产经营进入良性循环的轨道，土地储备量与政府的土地收益额逐年攀升，盘活了存量土地，促进了产业结构调整，优化了城市功能布局。

**【政策文件】**

## 武汉市土地储备管理办法（节选）

### 第一章　总　则

第三条　本办法所称土地储备，是指土地储备机构依照本办法的规定，将其以收购方式取得的土地和政府依法收回、征用的土地纳入政府土地储备库予以储存，并进行前期开发整理，合理配置土地资源的行为。

第四条　土地储备应当根据国民经济和社会发展中长期计划、土地利用总体规划、城市总体规划、年度土地供应计划和土地市场供需状况，统一规划、统一储备整理、统一供应。

第五条　市人民政府设立市土地资产经营管理委员会，负责统筹、协调、决定土地储备供应中的重大事项。市土地行政主管部门负责对全市土地储备工作监督管理。市计划、经济、建设、财政、物价、规划、房产等部门应按照各自职责，做好土地储备的相关工作。

…………

## 第二章　土地储备

第七条　市土地行政主管部门应根据国民经济和社会发展中长期计划、土地利用总体规划、城市总体规划、年度土地供应计划和土地市场供需状况，制定土地储备计划，报市土地资产经营管理委员会批准后纳入国民经济和社会发展年度计划，由市土地整理储备供应中心具体组织实施。

（一）为社会公共利益需要由政府依法收回的土地；

（二）土地出让等有偿使用合同约定的使用期限届满，土地使用者在规定的时间内未申请续期或者申请续期未获批准被依法收回的国有土地；

（三）依法收回的荒芜、闲置的土地；

（四）依法没收的土地；

（五）改变原批准用途用于商业、旅游、娱乐、商品住宅等各类经营性项目的土地；

（六）因单位搬迁、解散、撤销、破产、产业结构调整或者其他原因调整出的原划拨国有土地；

（七）以出让方式取得土地使用权后无力继续开发，又不具备转让条件由土地使用者申请交回政府的土地；

（八）因实施城市规划需要由政府指令收购的土地；

（九）依法征用用于商业、旅游、娱乐、商品住宅等各类经营性项目的新增建设用地；

（十）转让价格明显低于市场价格，政府行使优先购买权收购的土地；

（十一）无主土地；

（十二）其他需要进行储备的国有土地。

…………

第十二条　土地储备机构收购土地，按下列程序办理：

（一）申请收购：符合收购条件的国有土地，由土地使用权人向土地储备机构申请收购；

（二）权属核查：土地储备机构对申请人提供的土地的有关情况进行实地调查和核实；

（三）确定规划条件：由规划行政主管部门根据批准的城市规划方案，提出储备地块的具体规划使用条件；

（四）方案报批：土地储备机构根据土地权属情况和规划使用条件，提出土地收购方案报土地行政主管部门审批，其中，涉及重大储备项目资金投入的，还须报市土地资产经营管理委员会讨论决定；

（五）签订协议：收购方案经批准后，由土地储备机构与原土地使用权人签订国有土地使用权收购协议；

（六）收购协议：土地储备机构根据国有土地使用权收购协议约定的金额、期限和方式，向原土地使用权人支付土地收购补偿费用，实行土地置换的，进行差价结算；

（七）权属变更：土地储备机构和原土地使用权人按规定办理土地、房产权属变更或注销手续，原土地使用权人向土地储备机构交付土地和地上建（构）筑物。

## 第三章　储备土地前期开发整理与利用

第十三条　土地储备机构应当按照城市规划要求，对储备的土地进行前期开发整理，达到通水、通电、通路和场地平整等市政配套条件。

第十四条　储备土地开发整理涉及城市房屋拆迁的，土地储备机构应当负责拆迁，或者委托有拆迁资质的单位实施拆迁；成片开发需要拆迁的，也可由所在区人民政府组织拆迁。

第十五条　储备土地出让前，土地储备机构可以依法将储备土地使用权单独或连同地上建（构）筑物出租、抵押、临时改变用途等方式加以利用。

储备土地出租、抵押或临时改变用途，土地储备机构应依法到有关部门办理相关审批或登记手续。

## 第四章　储备土地供应

第十六条　储备土地供应实行年度计划管理，纳入当年国民经济和社会发展计划。土地行政管理部门应当根据年度土地供应计划、土地储备计划和土地市场需求情况、制定储备土地供应计划。储备土地的供应应严格按照计划执行。

第十七条　储备土地供应必须坚持公开、公平、公正的原则，任何单位和个人不得干预。

第十八条　土地储备机构应当将土地供应信息以公告方式公布。公布内容包括拟供应土地位置、面积、用途、土地使用条件等。

第十九条　用于商业、旅游、娱乐、商品住宅等各类经营性项目的土地，应当依法采取拍卖、招标、挂牌方式进行出让。严格限制协议方式出让土地。因城市重大引资、投资确需以协议方式供应土地的，必须在地价评估基础上，经市土地资产经营管理委员会集体研究批准，并将协议结果予以公布。

第二十条　储备土地的供应，按下列程序办理：

（一）土地储备机构根据年度土地供应计划，确定拟供应土地地块；

（二）土地储备机构拟订储备土地供应方案，经土地行政主管部门审核后，报市土地资产经营管理委员会批准；

（三）根据已批准的土地供应方案，土地储备机构公开发布土地供应信息；

（四）依法采取拍卖、招标、挂牌或协议方式确定土地受让人；

（五）土地行政主管部门与土地受让人签订国有土地使用权出让合同，土地受让人缴纳土地出让金，土地储备机构供应土地；

（六）土地受让人向土地行政主管部门申请办理土地登记发证等手续。

第二十一条　经批准以划拨方式使用储备土地的，用地单位须与土地储备机构签订储备土地开发补偿协议，按规定支付开发补偿费，凭缴费凭证向土地行政主管部门申领建设用地划拨决定书，并办理土地登记等手续。

**【信息链接】**

媒体线索：

市规划土地局贯彻落实《市人民政府关于建立土地储备制度的通知》的实施意见［EB/OL］. 亿媒体，http：//policy. fdc. com. cn/tdzc/8567. shtml.

2018—2019 武汉市利用集体建设用地建设租赁住房试点实施方案（附试点区域）［EB/OL］. 土流网，https：//www. tuliu. com/read-72715. html.

武汉市土地储备管理办法［EB/OL］. 觅法网，http：//www. 34law. com/l awfg/law/1797/2320/law_ 0934243838. shtml.

文章线索：

王春敏，王淑娟 . 行政指导与市场选择相结合——土地储备之武汉模式［J］. 中国房地产，2004（6）：44-46.

# 第 4 章　农村土地流转

改革开放以来，中国农村全面实行了家庭联产承包责任制的土地制度，这一制度曾经极大地解放了生产力，创造出了巨额的物质财富。然而，随着时代的发展，这一制度暴露出越来越多的问题，已无法满足当前农村土地流转日趋活跃的实际情况。如何改革这一制度以继续推动经济发展成了当务之急。

## 4.1　农村土地互换

农村土地互换是指村集体经济组织内部承包土地的承包方为了便于耕种或者规模种植，相互交换承包地，其土地承包经营权也进行相应的交换。最具代表性的为重庆“江津模式”和新疆“沙湾模式”。

### 4.1.1　重庆市江津区

**【案例摘要】**

重庆“江津模式”是农村建设用地互换的典型代表。为推进农村建设用地市场化，江津区在重庆市率先开展农村集体建设用地置换试点，该试点的鲜明特点是由市场主导实施和指标跨区流转。

**【案例介绍】**

江津区位于重庆市“一小时经济圈”核心圈层，是重庆市重点打造的区域中心。随着江津区的发展不断提速，有限用地计划成为该区发展的瓶颈。江津区按照“依法、自愿、有偿”和“流转形式多样化与流转主体多元化相结合”的原则，积极推进全区土地流转，统筹城乡协调发展。

2007 年 8 月，江津区在重庆市率先开展农村集体建设用地置换试点。自 2007 年 8 月至 2009 年 9 月，江津区共计 4000 多亩农村建设用地经规划整理后复垦为耕地，进而置换为城市建设用地指标，置换规模在重庆市同期 15 个区县中最大。

2007 年 9 月政府颁布的《农村集体建设用地置换管理工作试行意见》是指导试点的纲领性文件。将农村建设用地复垦为耕地，范围包括农民宅基地、废弃的工矿企业用地、公路等。江津区国土局统计数据显示，一期复垦，全区新增农用地面积 4160 亩，其中耕地面积 2781 亩。以解决城市建设用地为核心目标的农村建设用地减少与城市建设用地增加的挂钩做法成为江津区推行土地改革的重要动力。

当然，实现指标跨区流转得益于农村土地交易所的建成。农村土地交易所是重庆市进行统筹城乡综合配套改革而向国务院申请的重要政策之一，其主要交易品种是由农民宅基地、乡镇企业用地、村落公用地等农村集体建设用地，经过复垦整理并严格验收，置换出的建设用地指标。

“江津模式”中，政府扮演着重要的角色。首先是提供经费支持，政府复垦土地的成本，包括劳动力、安置补偿、新居建设配套设施完善等，每亩花费4～5万元；其次是政府主导指标流转、定价及收益分配，有利于土地的集约高效利用，能有效缓解城镇发展用地的供求矛盾，促进城市化和工业化发展进程，改善农户的生产发展环境。

**【社会评价】**

江津区土地互换带动了农业相关产业发展，形成优质粮食基地；促进了农民增收；推动了建设用地指标的增加，置换出的建设用地指标主要作为集镇建设、农村新居工程和中小企业用地，由江津区政府统一调派，从而便于政府统筹城乡土地资源。

江津区土地互换过程中也存在问题：①对土地承包经营权流转最长期限有待作出规定。在土地流转合同签订过程中，由于涉及业主中长期规划，柑橘等一些产业周期较长，需约定实际流转期限。②无地农民问题有待解决。二轮承包时，由于农民负担重，种粮效益比较低，部分农民放弃了 30 年承包权，但其户口仍在农村。此外，按照农村土地承包 30 年不变的政策，出生、迁入人口也无承包地。③农户规模小且分散不利于土地规模化流转。土地流转不能违背农民“自愿”原则，分散农户对土地流转的认识、预期成本收益核算和所处内外部环境的不统一，不利于土地规模化流转。④土地流转管理服务机构设置有待完善。镇街机构改革撤销了镇街农经站，原农经站工作人员大部分转行从事其他工作，导致现有从事农村土地承包工作的人员有相当一部分不熟悉政策和业务。

**【政策文件】**

《农村集体建设用地置换管理工作试行意见》。

## 重庆市人民政府办公厅关于印发《重庆市农村产权流转交易管理办法》的通知（节选）

### 第一章　总　则

第三条　农村产权流转交易应遵循以下原则：

（一）坚持依法、自愿、有偿、便民，公开、公平、公正。

（二）尊重农民和农村集体经济组织的主体地位，保障交易各方的合法权益。

（三）坚持土地公有制性质不改变，耕地、林地红线不突破，农民利益不受损。

（四）符合农业产业发展规划、环境保护规划、资源利用相关规划等规定。

第四条　……各级财政、农业、国土资源、水利、林业、金融等行政主管部门应按照各自职责，探索出台扶持政策，引导农村产权在公开市场交易，培育农村产权流转交易市场，协同推进农村产权流转交易工作。

### 第二章　交易市场和交易范围

第五条　农村产权流转交易市场由市、区县（自治县）农村产权流转交易平台、乡镇服务窗口和村级服务点组成，农村产权流转交易平台可依托不动产登记、现有农村土地承包经营权流转、林权交易、农村产权交易等平台整合组建。

第六条　重庆农村土地交易所为市级农村产权流转交易平台，统筹全市农村产权流转交易信息系统、运行规范和服务标准建设，承担农村产权流转交易信息发布、组织交易、交易（合同）鉴证、资金结算、产权抵押、融资信息汇集等综合服务及对区县（自治县）农村产权流转交易机构的业务技术指导，负责组织地票等指标、农业知识产权和需市级行政主管部门审核的农村产权标的物流转交易活动。

第七条　区县（自治县）农村产权流转交易平台负责本行政区域内农村产权流转交易信息发布、组织交易、交易（合同）鉴证、协助办理产权变更及抵押登记、采集抵押登记信息、招商引资等综合服务，并做好市级交易平台交易标的的基础服务工作。

…………

第十条　交易平台可交易的品种及方式包括：

（一）地票等指标。可通过转让、质押等方式交易。

（二）承包地经营权。以家庭承包方式承包的耕地、草地、园地、养殖水面等经营权，可以采取出租、转让、入股、互换、转包等方式流转交易。

（三）林权。包括林地承包权、林地经营权、林木所有权及使用权，可以采取出租、转让、入股、作价出资或合作等方式流转交易。

（四）“四荒地”使用权。包括农村集体所有的荒山、荒沟、荒丘、荒滩使用权。采取家庭承包方式取得的，按照农户承包土地经营权有关规定进行流转交易。以其他方式承包的，其承包经营权可以采取出租、转让、入股、抵押等方式流转交易。

（五）农村集体经营性建设用地使用权。按照国家要求在试点区域内采取出让、租赁、入股、作价出资等方式流转交易。

（六）农村集体经营性资产。由农村集体统一经营管理的经营性资产（不含土地）的所有权或使用权，可以采取出让、承包、租赁、入股、合资、合作等方式流转交易。

（七）集体经济组织集体股权。集体经济组织所有的集体股权，可以依法采取转让、质押等方式流转交易。

（八）农业生产设施设备。农户、农民合作组织、农村集体和涉农企业等拥有的农业生产设施设备，可以采取转让、租赁、拍卖等方式流转交易。

（九）小型水利设施使用权。农户、农民合作组织、农村集体和涉农企业等拥有的小型水利设施使用权，可以采取承包、转让、租赁、抵押、股份合作等方式流转交易。

（十）农业初始水权。核定给农村集体经济组织、农民用水合作组织、受益农户等用水主体的农业初始水权，其节约水量可以采取有偿转让等方式流转交易。

（十一）农业知识产权。涉农专利、商标、版权、新品种、新技术等，可以采取转让、出租、股份合作等方式流转交易。

（十二）农业企业产权。农业企业以各种形式投入形成的权益、依法认定为企业所有的其他权益，可以采取招标、拍卖、协议等方式转让。

（十三）农村产权抵押物处置。承包地经营权、林权等作为抵押物，可以依法采取拍卖、协议等方式进行处置。

（十四）农村建设项目招标、产业项目招商和转让。

（十五）其他。包括农业产前、产中、产后的社会化服务，以及其他依法可以流转交易的农村产权交易品种。

第十一条　下列交易品种原则上应进入交易平台公开流转交易：

（一）地票等指标。

（二）评估价值 10 万元及以上的农村集体经营性资产。

（三）农村产权抵押物。

（四）农村集体经营性建设用地使用权。

（五）未发包的“四荒地”使用权。

（六）乡镇及其以上人民政府备案的工商资本租赁农地。

（七）其他依法应进场公开交易的。鼓励和引导农户拥有的合法产权进入交易平台流转交易。

**【信息链接】**

媒体线索：

重庆市人民政府办公厅关于印发重庆市农村产权流转交易管理办法的通知［EB/OL］. 重庆档案信息网，http：//jda. cq. gov. cn/ztbd/slda/zwxx/52013. htm.

农村土地流转创新六大类［EB/OL］. 个人图书馆，http：//www. 360doc. com/content/16/0726/17/16954316_ 578562142. shtml.

文章线索：

毛飞，孔祥智 . 农村土地流转的政府支持和模式创新——来自重庆市江津区的经验与启示［J］. 西南大学学报（社会科学版），2011，37（6）：126-131+203.

### 4.1.2　新疆维吾尔自治区塔城地区沙湾县

**【案例摘要】**

新疆“沙湾模式”是耕地互换的典型代表。为了推广实施节水滴灌，节约成本，提高效率，实现连片规模种植，自 2004 年起，新疆沙湾县四道河子镇下八户村率先发起土地互换。土地互换流转促进了土地优化配置和种植的规模化和标准化，促进了农业增产和农民增收。将农户原本分散在 3～4 处的土地集中统一种植，解决土地过于分散的问题，以便于耕种、铺设管道。

**【案例介绍】**

沙湾县是新疆优质棉建设县和国家 60 个优质棉出口基地之一。全县拥有耕地 131 万亩，其中棉田面积达 64 万亩，棉产业是沙湾县农村重要支柱产业和农民增收的主要来源。2007 年，农民人均纯收入达到 7183 元，其中棉花种植的收入占 70%以上。沙湾县有发展优质棉基地良好的区位、气候和土地资源条件，但水资源时常分配不均，是全疆水资源较匮乏的县市之一。在棉花灌溉高峰期，用水非常紧张，严重影响棉农增产增收，亟须发展和推广节水灌溉技术。

近年来，国家和自治区都对沙湾县优质棉基地建设给予了大力支持，通过四期优质棉高标准节水灌溉项目建设，到2007年底，已累计建成棉花膜下有压节水滴灌面积30万亩，并带动全县共完成有压灌溉面积35万亩。2007年实现节水5367万立方米，节约水费572万元，促进了农民节水增效增收。沙湾县在推广高标准节水灌溉技术的同时，促进了土地互换流转。

沙湾县的土地互换始于四道河子镇下八户村。2004年，该村学习借鉴生产建设兵团121团的先进经验，依托优质棉基地高标准节水灌溉项目资金支持，引进了膜下滴灌节水技术。但是，实行家庭联产承包责任制时，为了保障公平，每户的承包责任田按照耕地肥力等情况被分成少则四五处，多则七八处，因此该村的每片条田都分属十几户，甚至几十户人家。每片条田都有很多田埂，不仅铺设管道成本高，条田分属过于分散，播种、浇水、施肥、机耕等作业也不好协调管理。村两委和村民讨论，通过以户为单位对村民土地进行调换，尽量使3~4户就能拥有一整片条田。2004年，该村成功完成了部分农户土地互换试点；2005年，所有农户耕地完成了互换，实现了连片种植，并全面普及了节水滴灌技术。当年下八户村棉花平均亩产320千克以上，较过去增长40千克左右，农民人均增收500元以上。农民在节水、增收、减负等方面得到了实惠，并对其他村的土地互换起到了示范带头作用。沙湾县自2005年以来，先后共有28个村庄进行了土地互换，互换面积达到12.5万亩，土地互换面积占这些村庄耕地面积的80%，占全县耕地面积的10%。

沙湾县土地互换流转形式的特点如下：

*1. 推广高新节水技术是土地互换的推动力*

土地互换流转的动力是通过土地互换化零为整，土地集中连片规模经营能够给承包户带来超过土地分散经营的权益，只有这种经济效益真实有效，农民才有积极性，土地互换才能够实现。沙湾县水资源紧缺，在农民用水矛盾日益凸显的情况下，由于引进了膜下滴灌高新节水技术，需要土地连片集中，这两者的结合产生了叠加效应，使农民得到了省工、省水、省肥、节本增效等实实在在的好处，从而能够“跳出”传统经营模式的圈子，积极探索，采取土地互换流转形式，促进规模经营，并逐渐推广至全县。

*2. 土地互换是有组织的群体性行为*

沙湾县四道河子镇下八户村的村干部率先联络亲朋好友，通过土地互换，形成各 200 亩的两片小条田，以便安装滴灌设备，其行为具有自发性。但在之后的实践中，由于推广高新节水技术和土地互换，需要对条田、农作物种植、打井、灌溉设备安装等在村集体范围内进行统筹布局安排，它涉及全村绝大多数农户利益，所以必须在村两委的领导和协调下与村民共同协商进行。因此，土地互换是有组织的群体性行为。

3. 土地互换集中连片的种植经营户以亲戚朋友关系为主

沙湾县各村在土地互换后，小的地块 500 亩，大的地块达到 4000 亩，基本上能将一户人家及亲戚朋友的责任田换到一片条田上，每个村的耕地都被整合为 8~10 片大条田。

4. 土地互换运作按照一定程序有序进行

各村依照农村土地承包法及相关法律条款，坚持依法、自愿、对等原则，采取“一事一议”，按照以下程序，有序开展土地互换。

（1）宣传动员。村委通过村民大会向村民宣传节水滴灌和土地互换的益处，同时，带领农户到采用了节水滴灌技术的邻近团场和村庄进行参观考察，使村民切身体验到节水滴灌和土地互换的好处。

（2）制订方案。村两委班子集体研究，充分考虑村民利益，制订切实可行的土地互换分配方案，并就方案广泛征询意见，进行民主协商，修订完善。

（3）讨论通过方案。召开村民大会，将土地互换分配方案提交村民大会进行讨论，由村民对方案进行表决，如果全村 98%以上的农户同意，方案即获得通过。方案通过后方可进入下一实施阶段。

（4）核实土地。对全村耕地进行全面测量，核实每户二轮承包确定的土地面积，将农户开发边角地多出的土地收归村集体所有。

（5）签订土地互换协议，重新分配土地。由村集体与农户签订《土地互换合同》，户主及其他家庭主要成员都要签字。签订土地互换协议后的 2~3 天内完成土地重新分配。

到 2005 年，全村所有 10368 亩耕地均实现了互换，滴灌、微灌等高新节水技术普及率达到 100%。互换完成后，全年农户人均纯收入达到 8000 元，土地利用率提高 3%~5%，净增加耕地 400 亩，增加的耕地可使农民每年人均增收 347 元。由于土地互换的效益比较明显，四道河子镇下庄子村、中心村等 6 个村先后完成了土地互换，面积达 4. 27 万亩。通过土地互换，农作物种植实现了相对集中、标准化、集约化的目的。

老沙湾片乡镇棉花生产基地的品种进一步统一、品质进一步优化、单产进一步提高，有力地推动了土地规模集约经营，加速了农业产业化进程，促进了农业增效、农民增收，加快了农村经济的发展。

**【社会评价】**

就当前的互换现状和发展趋势来看，沙湾县土地互换各项规章制度日趋完善，土地互换程序日趋成熟，互换观念逐渐被人们理解和接受。土地互换对沙湾县当地社会、经济、农业生产和生产力发展水平的提升发挥了显著作用。沙湾县土地互换促进了当地农村劳动力转移，增加了农户收入，为当地农村基础设施建设提供了资金和条件，对进一步促进农户和睦相处、农村社会和谐稳定发展、土地承包经营权制度的日趋完善产生了积极影响。

**【信息链接】**

媒体线索：

农村土地流转创新模式六大类［EB/OL］. 个人图书馆，http：//www.360doc.com/content/16/0726/17/16954316_ 578562142.shtml.

文章线索：

付路解．对新疆沙湾县农村土地互换流转情况的调查和思考［J］. 实事求是，2008（5）：68-70.

曹海涛．农地互换影响因素及效果研究［D］. 乌鲁木齐：新疆农业大学，2010.

## 4.2 农村土地出租

农村土地出租是指农户签订租赁合同，将其承包的全部或部分农村土地租赁给农业生产大户、农业产业化龙头企业或合作社从事农业生产，土地出租不改变农村土地承包关系，原来承包土地的农户继续按照原有的土地承包合同履行义务、享受权利。新参与的土地租赁方按照租赁合同的约定对土地承包方履行按期支付租金并不得改变农村土地用途的义务，可以采取现金或者实物的方式按年度支付租金。农村土地出租方式主要有农业公司租赁型、农业大户租赁型及农村反租倒包型等。

### 4.2.1 安徽省凤阳县小岗村

**【案例摘要】**

为了响应国家号召，并进一步激发自身生产力潜能，小岗村于 2008 年 11 月开始实施土地流转政策。目前，小岗村土地流转工作已经初步取得成效，小岗村进行土地流转的农户平均转出的土地面积为 6.08 亩，普遍采用的土地流转方式是出租，占 51.9%；转包、转让、代耕等方式也成为农户的选择。

**【案例介绍】**

小岗村位于安徽省滁州市凤阳县东部，隶属小溪河镇，现由原小岗村、石马村和严岗村三个自然村组成。

几十年来，“分田单干”的小岗村“一步跨过温饱线，30 年没过富裕坎”是当地发展的真实“囧途”。过去，“分田单干”调动了农民的积极性，也让传统农业的效益达到极限，但随着现代农业的发展，小岗村的土地生产关系越来越不利于农业生产力的提高。再加上因传统农业效益有限，现在小岗村真正种地的农民已经不多了，很多青年农民不是外出打工，就是从事商铺、运输等商业活动。土地改革迫在眉睫。

安徽省小岗村的土地流转始于当初的“反包倒租”，就是鼓励土地向种田大户、能手流转，进行适度规模经营，通过组织协调改变土地现状，从而发挥其应有的作用，以获得更大的利润。在小岗村，土地流转坚持农民自愿原则，想流转土地的农民先把土地交予村委会，由村委会与种田大户或用地农业企业签约，以最大限度地保护农民权利。

小岗村耕地面积大约 2000 亩，其中 60%进行了出租流转，被集中用于发展蘑菇、花卉、葡萄规模种植及家禽养殖等。采取土地集中利用、发展农业规模经营、提高农业生产效率的新型合作方式，给当地农户带来了巨大的经济实惠和利益。2009 年，安徽省小岗村的人均收入达到 6600 元，比同期全国农村居民家庭人均纯收入 5153.2 元高出 1446.8 元。

土地流转促使农村土地承包权和经营权分离，使得农用土地的市场价值凸显出来。土地流转的本质，就是推进土地要素的市场化，以期带动农村资本市场的发育。小岗村的村域经济在进行土地流转尝试后，发生了很大变化。

1. 土地利用形式趋于多样化

小岗村农户主要经营的农产品呈现多样化，水稻、小麦等传统农作物虽然仍占大多数，但花生、葡萄、黑豆等经济作物也占据了一定比例。

2. 土地抛荒逐渐消失

农村土地抛荒问题难以避免。城市化和工业化给青年人提供了广阔的就业市场，大批青年人外出打工使农村劳动力相对短缺，土地得不到有效开发，逐渐成为荒地。土地流转中的转入方吸纳了转出方剩余的土地资源，解决了闲置土地问题。

3. 土地效能提升，经济效益开始显现

家庭联产承包责任制下的农户是一个相对独立的农产品生产者，按照理性经济人的假设，他所进行的经济活动是为了获得最大化的经济利益。小岗村目前正按照“土地确权、两权（承包权和经营权）分离、价值显化、市场运作、利益共享”的方针策略进行土地流转，使集体土地资产的价值不断提升。通过调查，小岗村土地流转有效地改善了村集体所有的土地资源配置效率。

如今大家把土地流转出去，不仅解决了土地抛荒撂荒问题，还能从种田大户手里拿到稳定的租金和国家的相关农业补贴，一举多得。另外，土地集中使用，还能有效化解单个农户盲目种植的市场风险。小岗村土地的重新集中，是农民追求富裕的现实需要，也是生产力适应生产关系的迫切要求。

**【社会评价】**

小岗村从 2008 年实施土地流转政策以来，取得了明显成效，实现了较好的经济效益和社会效益。土地流转增加了农民收入，有效地解决了土地抛荒撂荒问题；推进了农业产业化和农业现代化进程，农民的土地可以变成资本，这使离开农村去城镇务工或经商的农民通过转让土地获得补偿，有利于他们在城市安家立业；解决了农村闲置劳动力就业问题，促进了农村稳定；加快了城市化进程，实现城乡一体化发展；推进农村宅基地改造，扩大了耕地面积。

**【信息链接】**

媒体线索：

农村土地流转创新模式六大类［EB/OL］. 个人图书馆，http：//www.360doc.com/content/16/0726/17/16954316_578562142.shtml.

文章线索：

柴向南，丁伟，张楚羽．深化改革开放，调研土地流转——基于小岗村的调查［J］. 改革与开放，2010（12）：96-97.

丁俊．小岗村，土地为何要“收回”［J］. 时事：初中版，2012（6）：21-22.

### 4.2.2 云南省临沧市临翔区

**【案例摘要】**

在我国，土地流转已经在多个省份开展，流转模式也各有不同。但相同的是，农民利益才是土地流转的核心。土地流转的意义在于保障、提高农民的生活水平，同时节约集约土地，搞规模化生产经营，推进城镇化。农民的意愿及利益是否能够得到保障是土地流转能否顺利进行的前提。自 2012 年以来，云南省临沧市临翔区采用龙头企业带动土地流转的方式，形成了“企业+基地+农户”的特色模式，实现了农企双赢。

**【案例介绍】**

临翔区地处临沧市政府驻地，位于云南省西南部，澜沧江与怒江两大水系的分水岭上，紧靠澜沧江岸。临翔区是一个集“边、山、少、穷”于一身的地区，近年来，随着城镇化建设和农业产业结构调整，临翔区紧紧围绕农业增效和农民增收的目标，切实把土地流转作为促进“三农”的工作重点来抓，强化引导，注重规范，使农村土地流转呈现良好态势，有力地促进了农业产业结构调整，加快了农村经济健康发展的步伐。2012 年以来，临翔区依托龙头企业发展如咖啡产业和蚕桑产业等特色产业，主要做法如下：

1. 咖啡产业

以凌丰公司为企业龙头，通过“企业+基地+农户”的模式，租赁农户的土地形成咖啡产业基地，推进农村土地流转。通过由龙头企业租赁，统一规划、标准化实施高原特色咖啡产业种植后，再反包给农民管理的土地流转方式，形成土地规模经营，建成高标准的咖啡产业基地，保证了企业优质原材料的供应，实现了农企双赢。

2. 蚕桑产业

该区通过招商引资的方式，引进临沧禾昌农业开发有限公司作为蚕桑产业的龙头企业，遵循“政府引导、市场导向、企业带动、农户为主体”的原则，以“公司+基地+农户”的模式签订蚕桑种养与收购合同，发展见效快、风险低的种桑养蚕业，努力帮助群众搭建一个持续增收的平台。计划到 2020 年在临翔区种植桑树 3 万亩，实现年生产干茧 1500 吨、农业产值 2 亿元、工业产值 2.5 亿元。临翔区桑蚕养殖加工项目计划投资 3.9 亿元，于 2017 年 12 月 31 日开工建设，项目建成后，可扶持带动该区 4000 多户建档立卡贫困户种桑养蚕，使贫困群众实现增收、脱贫致富。

临翔区农户按“依法、自愿、有偿”的原则进行土地流转，截至 2011 年年年末，全区家庭承包耕地流转总面积为 6384 亩，占全区家庭承包经营耕地面积的 2.7%；截至 2013 年 6 月，流转总面积达 31560 亩，占全区家庭承包经营耕地面积的 13.3%，与 2011 年年末相比，流转面积增长 50.5%，其中租赁反包面积为 26646 亩，占总流转面积的 84.4%。

【社会评价】

云南省临沧市临翔区采用扶持龙头企业的方式，形成了“企业+基地+农户”的特色模式，促进了农村土地流转，形成了土地规模经营，增加了农民收入，实现了农企双赢；土地流转推进了农业产业化和农业现代化进程，促进了农村闲置劳动力就业，促进了农村稳定。

【政策文件】

**云南省实施《中华人民共和国农村土地承包法》办法**

**（云南省第十届人民代表大会常务委员会公告第41号）（节选）**

**第三章　承包经营权的流转**

第十八条　承包方依法享有土地承包经营权流转的自主权。任何组织和个人不得妨碍或者强迫承包方依法进行土地承包经营权流转。

第十九条　通过家庭承包取得的农村土地承包经营权，可以采取转让、转包、出租、互换或者其他方式流转。双方当事人应当签订书面合同。

农村土地承包经营权流转不得损害相邻土地权利人和农村集体经济组织的合法权益。

第二十条　采取转让方式流转，土地承包经营权人应当向发包方提出书面申请，发包方应当在收到承包方的申请后7日内给予书面答复；不同意的，应当说明理由。

采取转让方式流转，发包方与受让方应当签订新的承包合同。

第二十一条　采取转包、出租、互换或者其他方式流转的，应当报发包方备案。

承包方之间自愿对属于同一集体经济组织的土地的承包经营权互换的，应当及时报发包方变更承包合同的有关内容。

第二十二条　采取转让、互换方式取得承包经营权后，当事人要求登记的，应当向县级人民政府农业、林业行政主管部门或者其委托的乡（镇）农村经济经营管理机构申请办理变更登记手续。

第二十三条　承包方可以委托发包方或者中介组织流转土地承包经营权。委托流转应当由承包方出具书面委托书，载明委托的事项、权限和期限等，并有委托人的签名或者盖章。

第二十四条　农村土地承包经营权流转合同一式四份，流转双方各执一份，由受让方向发包方备案一份，报乡（镇）农村经济经营管理机构一份。以转让方式流转的还应当附发包方同意转让的书面答复。

第二十五条 农村承包土地集中连片流转，涉及多个承包方的，受让方应当分别与每个承包方签订土地承包经营权流转合同。

发包方受有关承包方委托，方可代理被委托的农村承包土地集中连片流转收益的统一结算。发包方不得截留、扣缴承包方的流转收益，不得擅自改变或者扩大代理权限。

第二十六条 县、乡（镇）人民政府和发包方不得强行租赁农民承包地进行再发包。

第二十七条 县级人民政府农业、林业行政主管部门和乡（镇）人民政府应当为土地承包经营权依法流转创造条件，提供便利。

承包方或者第三方要求发包方提供协助的，发包方应当提供协助，指导承包方进行农村土地承包经营权流转。

有条件的地方，可以建立土地承包经营权流转市场，收集和发布流转信息，办理流转手续。

第二十八条 县级以上人民政府农业、林业行政主管部门依法监督检查农村土地承包经营权流转和合同管理时，被检查的单位、组织和个人应当提供有关土地承包或者土地承包经营权流转的资料，并如实说明有关问题。

发包方应当每年至少一次向乡（镇）农村经济经营管理机构报告农村土地承包经营权流转情况。

第二十九条 县级以上人民政府农业、林业行政主管部门和乡（镇）人民政府应当加强对农村土地承包经营权流转的监督，纠正违法行为，维护流转各方的合法权益。

**【信息链接】**

媒体线索：

临翔区“公司+基地+农户”培育蚕桑产业［EB/OL］. 临翔区委宣传部，http：//www. yn. xinhuanet. com/nets/2018-01/10/c_ 136885521. htm.

土地流转模式即创新案例［EB/OL］. 个人图书馆，http：//www. 360doc. com/content/14/1112/00/14388108_ 424428635. shtml.

云南省实施《中华人民共和国农村土地承包法》办法［EB/OL］. 南京廖华，http：//www. wodefanwen. com/lhd_ 8nft6244mg4x67j2pwjr92i2p9mf5d01dmg_ 1. html.

文章线索：

杨毅康 . 云南省临翔区农村土地流转现状与对策［J］. 北京农业，2014（3）：257-258.

## 4.3 农村土地股份合作制

土地股份合作制属于村集体经济组织内部的一种产权制度安排，即在按人口落实农户土地承包经营权的基础上，按照依法、自愿、有偿的原则，采取土地股份合作制的形式进行农户土地承包使用权的流转。农户土地承包权转化为股权，农户土地使用权流转给土地股份合作企业经营，扣除相关项目的土地经营收入，剩余按照农户土地股份进行分配。它代表当前农村土地流转模式创新的方向，也是普遍采用的一种农村土地流转模式。

### 4.3.1 广东省佛山市南海区

**【案例摘要】**

广东“南海模式”的农村土地流转制度用土地股份合作制取代原来的家庭联产承包经营责任制，不仅充分保障了农户承包土地的收益分享权利，而且从制度设计上通过股份分配的方式保障了农户分享农村土地非农化所带来的巨大土地增值收入。这既是南海土地股份合作制的核心，也是对我国农村现行土地利用制度和城市化、工业化建设进程的有益尝试。

**【案例介绍】**

为了充分保障农户分享农村土地增值收益，满足城市化、工业化建设用地的需求，广东省佛山市南海区于 20 世纪 90 年代在其辖区内实行农村土地股份合作制，主要做法可概括为“确权到户、户内共享、社内流转、永久不变”。广东“南海模式”的特点是指由股份合作组织直接出租土地或修建厂房后再出租，村里的农民出资入股，凭股权分享土地非农化的增值收益。

广东省佛山市南海区实行土地股份制的具体措施有如下两点：

（1）分区规划。把辖区土地按照土地功能及定位划分为商业住居区域、经济发展区域和基本农田保护区域，集约利用有限的农村土地资源，充分发挥土地效益，合理实施城镇发展规划，对基本农田实行最严格的保护。

（2）明确股份份额和范围。以农村土地、农户的土地承包经营权及村集体经济组织集体财产折价入股，制订股份公司章程，股东权利的范围、股东红利的分配及股东权利管理严格按照公司章程规定办理。

广东省佛山市南海区模式创新遵循的共同原则有以下几条：

（1）只有村集体经济组织内部的成员才有权参与土地股份公司的土地分红，“人人参与，个个有份”的制度设计与安排切实地考虑了成员权益。

（2）年龄成为集体组织成员股份分配差异的依据。

（3）在股权变动与调整时会充分体现人口变动、村集体经济组织成员变化的情况。

（4）为了便于村社管理，特别是为了实施计划生育和治安管理等，额外设置了一些村集体经济组织成员获得股东权利或者参与股份分配的附加规定。

（5）村集体经济组织农户分享的股份数额具有较强的福利性，只能自己享受，没有继承权，不得赠送、转让与抵押。

广东“南海模式”用农村土地股份合作制取代了农村家庭联产承包经营责任制，实现了农村土地权利由土地的自然状态向土地的资本状态过渡。此种以土地资本化为典型特征的土地使用制度创新，减少了土地流转过程中的利益冲突，极大地调动了农户的参与积极性，推动了农村土地资源的充分利用，促进了农村土地资源的有效流转，推动了农村剩余劳动力的转移，带动了农村第二产业、第三产业的发展。

**【社会评价】**

广东“南海模式”的农村土地流转制度用土地股份合作制取代原来的家庭联产承包经营责任制，不仅充分保障了农户承包土地的收益分享权，而且从制度设计上通过股利分配的方式赋予了农户分享农村土地非农化所带来的巨大土地增值收入的权利。这是南海土地股份合作制的核心，也是我国农村现行土地利用制度和城市化、工业化建设进程的有益尝试。

**【政策文件】**

《广东省佛山市南海区积极发展农民股份合作赋予农民对集体资产股份权能改革试点实施方案》。

《南海区集体经济组织成员股权（股份）管理交易试行办法》。

**【信息链接】**

媒体线索：

南海集体经济组织股权将确权到户　户内股权数永久不变［EB/OL］. 凤凰财经，https：//finance. ifeng. com/a/20150320/13567765_ 0. shtml.

农村土地流转能致富？看土地流转六大创新方式［EB/OL］. 土流网，https：//www. tuliu. com/read-34701. html.

“确权到人”变“确权到户”南海修正土地魔方［EB/OL］. 南方周末，http：//www. infzm. com/content/109098.

确权到户　户内共享　社内流转　长久不变［EB/OL］. 南方报网——南

方日报，http：//news. hexun. com/2015-03-20/174227655. html.

文章线索：

程宇．还权赋能：农地产权改革路径选择——以佛山市南海区土地股份合作制为例［J］．湖北经济学院学报，2013，11（3）：48-53.

刘卫柏，陈柳钦，李中．农村土地流转问题新思索［J］．科技视界，2015（6）：227-227.

### 4.3.2 浙江省金华市义乌市

**【案例摘要】**

浙江省义乌市在土地流转方面创新机制，进行土地股份合作，形成了“公司+基地+农户”的模式。截至2015年年底，浙江省农村家庭承包经营农户906.7万户，家庭承包经营耕地1892.4万亩；93.2%的县（市、区）、93.7%的乡镇（街道）和64.8%的村建立土地流转服务组织或设立信息员；全省土地流转955万亩，占家庭承包耕地的50.5%，10亩以上规模经营面积为790.8万亩，其中50亩以上的达540万亩，占68.3%。

**【案例介绍】**

义乌市是中国浙江省金华市下辖县级市，金华—义乌（浙中）和杭州（浙北）、宁波（浙东）、温州（浙南）并列浙江四大区域中心城市。

按照农村土地“三权分置”的要求，推进土地经营权流转，发展适度规模经营，是建设现代农业的迫切需要，也是当前农村改革和农业经营体制机制创新的重要任务。地处沿海发达区域的浙江省义乌市于2008年出台了《关于加快推进农村土地承包经营权流转的若干意见》，对义乌市的土地承包经营权流转作了明确规定，从而加快了义乌市土地使用权流转进程。

义乌市以股份合作为重点促进规模流转。引导鼓励离乡和兼业农户依法自愿流转土地，有效协调土地流出户和流入户的利益关系，综合运用多种股份合作方式。主要做法如下：

1. 村集体经济组织牵头组建土地股份合作社

在农村劳动力转移程度高且农民收入主要来自第二产业、第三产业的地方，鼓励村经济合作社在农民自愿的基础上牵头创办土地股份合作社，统一开发或出租农业资源，所获收益由社员按股分红。

2. 专业合作社实行土地股份合作

鼓励农户以土地经营权作价，出资组建农民专业合作社或参股农业企业，合理设置股权，实行“保底+分红”的利益分配和保障机制。

3. 村集体经济组织委托流转

村经济合作社接受农户委托实行整村整组连片流转，承担政府项目或运用村级资金开展土地整理、农田基础设施、环境整治等建设，提高土地流转规模经营水平。

据义乌市农业部门的业务数据，2014 年全市土地流转总面积为 17.50 万亩，流转率为 65.3%。相比 2007 年年底全市土地流转总面积不到 10 万亩，规模有了显著的增加，速度也有所加快。

**【社会评价】**

浙江省义乌市在土地流转方面创新机制，进行土地股份合作，形成了“公司+基地+农户”的模式，推进了现代农业发展，提高了粮食综合生产能力，增加了农民收入，明确了所有权、稳定了承包权、激活了经营权、完善了分配权，建立起加快土地流转促进规模经营的制度保障、政策扶持和组织领导体系，支持和鼓励农业主体扩大经营规模，形成了有利于发展现代农业的土地资源配置机制，促进了农业转型升级，进一步加快了新农村建设进程。

**【政策文件】**

## 浙江省农村集体资产管理条例
## （2015 年 12 月 30 日浙江省第十二届人民代表大会常务委员会第二十五次会议通过）（节选）

### 第五章　股份合作

第二十六条　村集体经济组织可以通过股份合作形式，明确其成员对农村集体资产股份占有和收益分配权利。

村集体经济组织完成股份合作制改造后，仍为集体所有、合作经营、民主管理、服务成员的社区性农村集体经济组织。

第二十七条　推行将农村集体资产中的经营性资产折股量化到本集体经济组织成员。农村集体资产中的非经营性资产应当为本集体经济组织成员提供公益性服务，可以折股量化到本集体经济组织成员。

鼓励在土地承包经营权确权登记颁证的基础上，采用土地承包经营权入股的方式，发展土地股份合作，实行适度规模经营。

集体经营性建设用地依法入市的，其入市收益作为集体资产可以折股量化到本集体经济组织成员，但不得直接分配给集体经济组织成员。

第二十八条　村集体经济组织开展股份合作，应当按照尊重历史、照顾现实、男女平等、群众认可的原则，进行清产核资、界定村集体经济组织成员身份，并设置和量化股权。

股份合作实施方案依照本条例第二十条规定征求意见后，应当报乡镇人民政府（街道办事处）进行合法性审查。乡镇人民政府（街道办事处）应当在七个工作日内完成审查工作，对不符合法律、法规规定的实施方案，应当告知村集体经济组织进行修改。

经审查认定符合法律、法规规定的实施方案，经本集体经济组织成员大会应到成员三分之二以上通过后方可实施。通过后的实施方案应当报县（市、区）农业主管部门和乡镇人民政府（街道办事处）备案。

第二十九条　村集体经济组织完成股份合作制改造后，由县（市、区）人民政府颁发村股份经济合作社证明书。

已经办理工商登记的村集体经济组织，应当凭村股份经济合作社证明书向县（市、区）工商行政管理部门办理变更登记。尚未办理工商登记的村集体经济组织，可以凭村股份经济合作社证明书向县（市、区）工商行政管理部门办理设立登记。

第三十条　折股量化到村集体经济组织成员的农村集体资产股权，为农村集体资产收益分配的依据，可以依法继承。

农村集体资产股权限于在本集体经济组织内部转让。法律、行政法规另有规定的，从其规定。

村集体经济组织每个成员通过折股量化和转让持有的农村集体资产股权不得超过本组织股权总数的百分之三。本条例施行前已经通过折股量化和转让持有的农村集体资产股权，纳入本条规定的比例核算；超过规定比例的部分可以继续持有，但不得再通过折股量化或者转让增加持有的比例。

第三十一条　县（市、区）人民政府应当建立农村集体资产信息化管理平台。开展股份合作的村集体经济组织的成员姓名及其股权等信息，由乡镇人民政府（街道办事处）在农村集体资产信息化管理平台上予以记载。农村集体资产股权依法继承、转让的，记载的相关信息应当及时予以变更。

第三十二条　农村集体资产当年的净收益应当在提取公积金、公益金后实行按股分红。公积金、公益金合计提取的比例不得低于净收益的百分之三十。公积金主要用于村集体经济组织发展生产、转增资本、弥补亏损等，公益金主要用于村级公共开支。

第三十三条　已撤村建居且符合下列条件的，村集体经济组织可以依照

《浙江省村经济合作社组织条例》规定的程序予以终止：

（一）本集体经济组织成员集体所有的土地全部被征收；

（二）本集体经济组织成员全部纳入城乡居民社会保障体系；

（三）农村社区全部划入城镇建成区；

（四）社区基本公共服务实现城乡一体化和均等化。

村集体经济组织依照本条例规定终止的，可以改制为有限责任公司或者股份有限公司。

**【信息链接】**

媒体线索：

关于引导促进农村土地流转的对策思考［EB/OL］. 浙江省农务厅，http：//www. zjagri. gov. cn/html/main/zjxdnyview/267178. html.

浙江省农村集体资产管理条例［EB/OL］. 浙江省人民政府，http：//www. zj. gov. cn/art/2016/1/20/art_12451_258801. html.

文章线索：

朱跃进．土地流转加速下提升耕地经营质量效益的路径与对策——以浙江义乌为例的实证［J］. 农业部管理干部学院学报，2016（3）：25-27.

## 4.4　农村土地入股

农村土地入股是指村集体经济组织的承包户为了发展规模农业、提高农业生产效益，将农村土地承包经营权折算为股权，自愿走农业产业化发展道路，实现农业生产合作，以土地承包权入股组成股份有限公司或者农业生产合作社，实现农业产业化经营。此方式以邛崃“汤营模式”和上海“奉贤模式”较为典型。

### 四川省成都市邛崃市汤营村

**【案例摘要】**

为了改变一家一户分散耕作的小农经济生产方式带来的经济效益低下、土地撂荒现象严重、农户种粮积极性不高等问题，四川省成都市邛崃市羊安镇汤营村创新土地承包经营权流转模式，于 2005 年年底开始组建汤营农业股份有限公司，村民以土地承包经营权入股，由公司组织实施现代农业和规模化经营，探索出一条城乡统筹和现代农业发展的道路。

**【案例介绍】**

汤营村位于邛崃市羊安镇北部，地处斜江河畔、新穹路旁，全村辖 15 个村民小组，属于典型的人多地少的乡村。在2005年之前，汤营村和周边界牌村等乡村一样，实行的是一家一户分散耕作的小农经济生产方式，不仅经济效益低下，也不利于乡村经济发展规划和富民产业实施，严重制约了农业产业化经营和现代农业的发展。由于农业种植效益低下，全村土地撂荒现象严重，青壮年劳动力大多在外地打工，而留在农村的农民则种植水稻、油菜等传统农作物，除去农药、化肥等成本，每亩土地的年均纯收益不足700元，农户来自土地的收益不多，种粮积极性不高。为改变这种状况，汤营村对创新土地承包经营权流转模式进行了积极的改革和探索。

1. 股份合作经营

2005年，在当地政府支持和村民同意的基础上，按照“依法、自愿、有偿”的原则，汤营村村民以自家土地承包经营权入股，村集体以土地整理新增的部分耕地入股，邛崃市兴农农业发展公司投资100万元，三方共同组建汤营农业股份有限公司，汤营村（村民和村集体）和兴农农业发展公司各占50%的股份。公司以“公司化经营、标准化生产、项目化运作、产业化发展”为宗旨，以“民办、民管、民享”为原则，按照现代商业公司经营模式组织生产经营销售。同时约定，公司经营利润的一半作为生产发展资金，另一半作为分红资金（兴农公司与村民和村集体按五五分配，农户和村集体按股分红），兴农公司不拿走红利，将其留给村集体经济组织所有，待该资金积累到一定规模后，村集体用该笔资金回购邛崃市兴农公司投入的风险资本（原则上等额回购）作为村集体股份，其所得分红作为村集体经济收入。目前，公司入股农户823户，占全村总户数的80.06%，占全村耕地面积的76.64%。

2. “村企合一”管理模式

公司成立后，结合当地实际情况，以提高经济效益为出发点，实行“村企合一”的管理模式：制订公司章程，完善公司财务收支制度，建立健全管理制度，成立了股东代表大会、董事会与监事会。汤营农业股份有限公司法人代表由汤营村党支部书记担任，村集体主要骨干人员共同负责经营。同时由政府和财政部门对其经营进行监督，严格执行收支制度，定期召开股东代表大会，定期对外公开公司财务状况，接受全体股东的监督。

3. 规模化经营

在耕地入股后，公司根据当地实际情况，对集中起来的土地进行统一规划、集中种植。运作3年后，已建成“早春红玉”西瓜规范化种植基地、药材基地、优质粮油基地、苦瓜新品种试验推广基地、茉莉花种植基地等各种优良作物基地，同时建成生猪规模化养殖基地一个（存栏生猪 1500 余头），入股农户 200 余户，实现了“有猪不见猪，养猪不喂猪”的规模化经营，为当地发展特色农业，实现规模经济奠定了基础。

4. 项目化运作

公司面向市场，依托龙头企业，以科技为支撑，以项目为载体，实施产业化经营、标准化生产。目前，公司已与农业产业化龙头企业振鹏达食品有限公司合作，以订单农业的方式，建立了芦笋标准化种植基地，由振鹏达食品有限公司垫付种子、农药、肥料等农资费用，待获得收益后扣除垫付资金；与龙旺菇业合作建立了食用菌种植基地；以股份合作方式，与浙江台州商人合作建立了“早春红玉”西瓜规范化种植基地，由汤营公司提供土地，台州商人提供技术，双方各承担 50% 的投入资金，风险共担，利益均分；与成都科技单位合作建立苦瓜新品种试验推广基地，风险由对方承担，种植效益双方共享，同时大力拓宽销售渠道，保障农产品的销售增收。

在短短 3 年时间内，村集体经济不断发展壮大，村民年均纯收入成倍增长。如今，“汤营模式”已享誉全国，成为城乡统筹和发展现代农业的范本。

**【社会评价】**

邛崃“汤营模式”通过土地量化入股，对分散到农户的集体土地进行集约利用，促进了土地合理流转，加速了土地集中，既提高了资源的利用效率和土地的产出率，又有效克服了小农户分散经营与大市场之间的矛盾，被评为 2007 年中国“十大改革探索”之一，位列第三。

**【政策文件】**

### 中共四川省委、四川省人民政府关于做好农村土地使用权合理流转工作促进农村经济发展的意见

### （川委发〔2002〕6 号）（节选）

一、建立农村土地使用权合理流转机制的基本原则

建立农村土地使用权合理流转机制是一项政策性强、影响面宽的工作，既要积极推动，又要稳妥进行。总的要求是“依法、自愿、有偿”。在具体工作中要坚持以下基本原则：

（一）稳定家庭承包经营体制，稳定土地承包关系。

（二）因地制宜，分类指导。各地要根据不同的情况，采取不同的办法和措施引导土地使用权流转。第二、第三产业发达的地方、劳动力外出较多的

地方、人均耕地较多的地方，可以积极引导流转。不具备这些条件的，要慎重。对非耕地，要大胆推进，既允许在社区内农户间流转，又鼓励国家、集体单位及各种所有制企业、城镇个人等到农村通过多种形式获得土地使用权，经营农村非耕地。对耕地，要稳妥，流转应当主要在农户间进行。

（三）要坚持自愿互利的原则，充分尊重流转双方当事人的意愿，特别要尊重农民的自主权，严禁任何形式的强迫命令。

（四）要依法、规范进行。农村土地使用权流转要符合《土地管理法》和农业承包政策的规定，不能“流”而不用，不能改变土地的农业用途。土地流转时要有规范的合同，明确流转双方的权利、义务和各项保障条款，确保流转双方的利益不受损害，特别要注意保护农民的利益。

（五）土地使用权流转要与农业产业结构战略性调整相结合，尽量符合农业结构调整区域布局的要求。

（六）土地使用权流转的期限可长可短，最长不能超过承包期剩余年限。

二、放活农村土地使用权的形式

（一）放活农村土地使用权要从实际出发，因地制宜，多种形式并举。政府鼓励采取以下形式放活农村土地使用权：一是农户间的转包、转让；二是为了耕种、管理的方便，农户与农户、农户与集体之间的土地置换；三是社区外的单位、企业和个人到农村租赁经营非耕地或少量租用耕地，农户以现金或实物的形式获取租金；四是在农民自愿的前提下，由集体经济组织作为中介协助农民流转土地使用权；五是农户以土地使用权入股的形式，与个人或企业合作经营土地；六是对成片的“四荒”进行拍卖。

（二）要通过非耕地和小规模耕地使用权流转，推进、培育、扶持一批以基地为依托、公司加农户的龙头企业，通过龙头企业带动千家万户发展商品生产，形成适当集中与分散生产相结合的规模生产优势。

（三）有条件的地方，可以在县（市、区）或乡（镇）探索建立农村土地资源流转服务中心，收集发布土地流转信息，帮助农户寻找流转对象，协助办理土地流转手续，协调土地资源配置关系。

…………

四、加强对农村土地使用权合理流转的组织管理

各级党委、政府要加强对农村土地使用权流转工作的宣传、指导和管理，坚持自愿互利原则，正确引导和规范土地使用权流转依法有序地进行。各级农业行政主管部门要依法承担农村土地使用权流转的监督和管理职能，认真指导

土地流转合同的订立，完善规范合同内容，妥善调解和处理土地使用权流转纠纷，并搞好服务。土地管理部门要加强对农村土地征占用的管理，防止以土地使用权流转为名，擅自改变土地农业用途。水利、林业等相关部门要在具体的开发、使用上搞好服务、指导和监督，及时帮助土地开发、经营者解决遇到的困难。在承包期内，农户对承包的土地有自主的使用权、收益权和流转权，有权依法自主决定承包地是否流转和流转的形式，无须政府部门审批；土地使用权流转要重视签订合同、完备手续并报集体经济组织和乡（镇）农业承包合同管理部门备案。在土地流转中，严禁任何部门或单位借机乱收费、乱摊派。

**【信息链接】**

媒体线索：

成都市邛崃市：汤营村模式［EB/OL］. 四川省人民政府网站，http：//www.sc.gov.cn/scgk1/scgk/cds/qls/200801/t20080130_248612.shtml.

四川邛崃“汤营模式”新变化让农民做“股东”［EB/OL］. 搜狐新闻，http：//news.sohu.com/20071115/n253267231.shtml.

中共四川省委四川省人民政府关于做好农村土地使用权合理流转工作促进农村经济发展的意见（川委发〔2002〕6 号）［EB/OL］. 邛崃市国土资源局，http：//www.cdlr.gov.cn/zizhan/sDetail.aspx？ID=1185&ClassID=001002001002002002&ModuleNo=001007014.

文章线索：

王斌，陈雨曦. 加快土地流转　促进农村经济社会新发展——以邛崃市“汤营模式”为例［J］. 农村经济与科技，2009，20（1）：24-25+45.

中共四川省邛崃市委党校课题组. 集体土地入股与农民就业问题的探讨——四川邛崃“汤营模式”对农村资源再配置机制的求解［J］. 新远见，2008（4）：14-24.

## 4.5　农村土地转包

农村土地转包是指村集体经济组织内部承包方将其承包经营权的全部或者部分转给同一村集体经济组织内部的其他农户从事农业生产。土地转包不改变原有的农村土地承包关系，原有的土地承包按照土地承包合同继续履行原有合同的义务，并享有相应的权利。农村土地转包模式是目前农村土地流转面积最大、比例最高的一种土地流转形式，其中具有代表性的为浙江“温州（农用地、商住地、工业地）模式”和重庆“忠县模式”。

### 4.5.1 浙江省温州市

**【案例摘要】**

浙江“温州模式”是指农户将自己承包的土地有偿转包给种粮大户集中经营。实践表明，以经营体制改革为重点，创新耕地流转机制，组建各种各样的新型农村合作社，推行以“种粮大户转包”为主的土地流转模式，是稳定和提高粮食产量的重要途径。

**【案例介绍】**

温州市是浙江省辖地级市，简称“瓯”，是浙江省三大中心城市之一，中国民营经济发展的先发地区与改革开放的前沿阵地，在改革开放初期，以“南有吴川，北有温州”享誉全国。

浙江“温州模式”是指农户将自己承包的土地有偿转包给种粮大户集中经营。首先，温州政府围绕种粮直补、农机购置、单产提升等，制定了补贴、补助和奖励粮食生产一揽子粮食扶持政策。其次，做好对种粮大户的产前、产后服务工作，为种粮大户在早稻生产期间及时提供种子、农机、化肥、农药、农膜等各类农资供应服务。最后，为种粮大户提供科技培训，举办农业科技下乡活动，邀请水稻专家就水稻高产栽培、病虫害防治、生物激素等技术做现场辅导培训，提高种粮大户和农民种粮的技术水平。

浙江温州模式主要有三种实现方式。

（1）村集体经济组织主导模式。该模式充分发挥村委会和村级经济合作社的主导作用，在维持原有农村土地承包经营权不变的前提下实现农村土地的流转。具体做法是：村集体转包直接经营和村集体代种代耕，村委会或村级经济合作社在按照一定标准收取一定费用的基础上进行代种代耕，农户只负责田间管理和粮食收割。

（2）种粮大户承包模式。农户把土地承包经营权转包给种粮大户是该模式的核心，采取有偿转让的形式，通过招标、中转站转包或中介机构合同转包等方法实现农村土地的有序流转，减少农村土地撂荒，充分提高土地利用效率。

（3）社会化模式提供服务的方式。主要由专业农业合作社、农场或者粮食合作社对粮食生产实行“一条龙”的有偿服务，或提供某一关键环节的有偿服务。

推行温州市的“种粮大户转包”模式，具有十分重要的积极意义。第一，有利于耕地保护和粮食安全。温州市在土地流转中更加重视耕地保护和农业生产，这对耕地紧缺地区和经济发达地区有很好的示范效应，能稳定和提高粮食生产能力，实现粮食生产规模化经营，实现粮田向种粮能手集中和全程机械化服务，进而以规模促进效益，以效益稳定生产。第二，加速了农业产业结构调整，促进了农业规模化经营。推行种粮大户转包模式，土地通过流转实现连片种植经营、园区化生产，大大推进了农业规模化经营，实现了松散型经营向集约化经营转变，大幅度地提高了经营效益和土地的产出率。第三，促进个体私营经济的发展，增加了集体经济的收入。在稳定土地承包关系的基础上，推行种粮大户转包模式，使一些农民摆脱了土地束缚，腾出精力专门发展第二产业、第三产业或外出务工，优化了土地和劳动力资源的配置，加速了农村劳动力转移，促进了个体私营经济发展。第四，加快科技兴农步伐，促进传统农业向现代农业转变。

**【社会评价】**

土地流转后，种养大户、专业合作组织为了提高规模效益，十分注重农业经营管理和农业科技推广，推动了传统农业向现代农业的转变。

但是，这种模式也存在一些不足之处。最让种植大户担心的是短期而又不稳定的土地流转关系。大部分流转是口头协议和短期合同，政府鼓励的长期书面合同很少，这成为扩大粮食生产、提高粮食产量的障碍。由于这种模式的利益分配制度存在缺陷，土地转出户和种植大户因为各自的利益考量很难达成签订长期流转合同的一致意见。因此，想要实现土地大规模长期流转，必须在土地流转的利益分配上更具灵活性、更加多元化，或者建立长期流转合同租金浮动机制，或有权威的中介机构能就每年土地流转的费用提供参考价，或让租金与国家补助力度相挂钩等。

**【政策文件】**

**温州市农村土地承包经营权流转管理暂行办法**

**（温政令第 131 号）（节选）**

第三条　农村土地承包经营权流转应当遵循平等协商、依法、自愿、有偿原则。

第四条　市、县（市、区）农业行政主管部门负责本行政区域内农村土地承包经营权流转监督管理工作。

…………

第七条　农村土地承包经营权流转不得改变承包土地的农业用途。

第八条　农村土地承包经营权流转实行备案登记管理制度。

第九条　农村土地承包经营权流转应当具备下列条件：

（一）农村土地承包经营权权属明晰；

（二）流出方自愿流转农村土地承包经营权；

（三）流入方应当具备农业经营能力；

（四）流转双方就流转方式、价格、期限等事项协商一致；

（五）流转项目符合国家法律法规、环境保护政策和农业产业发展规划。

第十条　农村土地承包经营权流转可以采取转让、互换、出租、转包、入股等方式。鼓励金融机构依法探索农村土地承包经营权抵押方式。

第十一条　采取转让方式流转农村土地承包经营权的，应当取得发包方同意。流入方将流出方以转包、出租方式流转的农村土地承包经营权实行再流转的，应当取得原承包方同意。采取转让、互换方式流转农村土地承包经营权的，流转双方可以向乡镇（街道）农村土地承包经营权流转服务站申请农村土地承包经营权变更登记。

第十二条　流出方可以与流入方自行协商或者书面委托乡镇（街道）农村土地承包经营权流转服务站、村组集体经济组织或者中介机构流转农村土地承包经营权。

第十三条　鼓励农村土地承包经营权通过农村土地承包经营权流转市场流转。

第十四条　农村土地承包经营权流转交易价格由流转双方共同协商确定，也可以在农村土地承包经营权流转市场通过招标、挂牌、拍卖确定或者委托有关评估机构评估确定。

第十五条　流转双方协商一致后，可以自行订立农村土地承包经营权流转合同或者通过乡镇（街道）农村土地承包经营权流转服务站订立农村土地承包经营权流转合同。

…………

第十七条　农村土地承包经营权流转合同订立后，流转双方应当主动向流出地乡镇（街道）农村土地承包经营权流转服务站办理农村土地承包经营权流转备案登记。

**【信息链接】**

媒体线索：

农村土地流转创新模式六大类［EB/OL］. 个人图书馆，http：//www.360doc.com/content/16/0726/17/16954316_578562142.shtml.

温州市农村土地承包经营权流转管理暂行办法［EB/OL］. 法律图书馆，http：//www.law-lib.com/law/law_view.asp？id=369348.

文章线索：

张艳．农业现代化进程中农村土地流转模式比较［J］．中国流通经济，2012，26（11）：103-109.

### 4.5.2　重庆市忠县

**【案例摘要】**

2007 年 6 月，重庆市正式获准成为全国统筹城乡综合配套改革试验区，在新的历史阶段肩负起探索科学发展、社会和谐的城乡统筹的责任。

**【案例介绍】**

重庆市忠县位于长江上游地区、重庆市东部、三峡库区腹心地带，是三峡移民搬迁重点县。重庆“忠县模式”的典型特征是政府引导、鼓励、支持农户能人成立农业产业化企业从农户手中转包土地，根据土地地理位置、土壤肥瘠程度不同，支付不同的货币或实物租金，获取土地租金，转包土地的部分农户还可以在企业务工取得劳务收入。其主要创新之处如下：

1. 创新土地流转模式，流转形式呈现多样化

忠县按照“依法、自愿、有偿”的原则，积极探索农村土地“有序流转、集约经营”的新路子，采用“1+5”土地流转创新模式（“1”即成立县乡村三级土地流转中介服务机构，“5”即公司租赁、大户承包、农民公司、代耕代种、认购经营权五种方式），引导农村土地逐步实现了规模化经营和集约化发展。同时，土地流转的形式也出现了多样化趋势。当前，忠县农村土地流转的形式已经从过去以转包、转让为主的流转，逐步转变为以转包、出租为主，入股和互换为辅，多种形式并存的状态，流转形式趋于多样化。流转形式的多样化，有利于各地区因地制宜地推动农村土地的流转，促进土地资源持续高效利用，为农业规模经营和产业发展创造了有利的条件。

2. 创新土地流转机制，流转行为趋于规范化

调查发现，忠县立足体制创新，通过建立流转的中介组织健全服务体系，创新土地流转的程序，建立农村社会保障体系，促进了土地的规范流转。主要体现在以下几个方面：

（1）由过去以农户之间、业主与农户间的自发流转为主向当前的自发与政府和市场引导并重转变；由过去依靠口头协议的不规范流转向签订书面协议的规范流转转变；由过去不固定的流转程序向规范的土地流转程序转变。通过健全服务机构，成立了县、乡、村土地流转三级服务机构，明确服务机构职能职责，规范制度管理，加快土地流转工作。

（2）在推进土地流转过程中，忠县有针对性地制定了申请委托、备案登

记、合同签订、档案管理、信访五项制度，建立了土地流转登记簿、土地供求登记簿、外出务工农户土地流转登记簿、土地信访接待登记簿、土地流转议事记录簿和土地流转合同文本档案这“五簿一档”。严格按照程序规范操作，维护了土地流转的正常秩序，有效规避了市场风险。

3. 创新产业联结机制，促进土地规模流转

忠县紧紧围绕“135”现代农业产业体系，即1个特色优势农业——柑橘，3个品牌农业——劳务经济、休闲农业、豆腐乳加工，5个传统农业——畜禽、蚕桑、中药材、甘薯、苎麻，积极调整农产品结构，以农业产业化推进土地流转规模化，基本形成了“公司+农户”“专业合作社+农户”“专业市场+农户”“公司+专业合作社+农户”“公司+基地+农户”五种产业化模式。

4. 创新资本介入形式，拓宽土地流转渠道

土地流转可以吸引一些资金雄厚的经营者投资农业开发，缓解了国家、集体对农业投入的不足。特别是近年来，忠县出台了一系列优惠政策，大力发展现代农业，在忠县靠近城市的核心圈内，农村土地大约有50%流向了农业产业化龙头企业，有效引导了农业的产业化发展。

到2006年，重庆市通过转包流转土地总面积108.88万亩，占土地流转总量的50.33%。39个区县中除大渡口外，流转面积最大的是忠县，达18.8万亩，流转比例最高，达98.3%。对于减少农村土地撂荒，扩大农户土地的规模经营和连片种植起到了良好的推动作用。

**【社会评价】**

重庆市忠县通过土地流转，促进农业产业化的发展，冲破城乡统筹发展的瓶颈；实现农民离土不离乡、进厂不进城的目标，走出了农民就地市民化的新路子，实现了城乡统筹。忠县农村土地流转在一定程度上推动了农村剩余劳动力的转移，解除了土地对农民的束缚，使农村劳动力从第一产业转向第二产业、第三产业，促进了劳务经济的发展，推动了城市化和农业现代化的进程。

**【信息链接】**

媒体线索：

农村土地流转创新模式六大类［EB/OL］. 个人图书馆，http：//www.360doc.com/content/16/0726/17/16954316_578562142.shtml.

文章线索：

梁启学，钱昱如，聂璐．城乡统筹试验区土地流转的经验、问题与建议——基于重庆市忠县的调研［J］. 安徽农业科学，2010，38（21）：

11391–11393.

## 4.6　宅基地换住房，承包地换社保

宅基地换住房，承包地换社保是指农民以放弃农村宅基地为代价，把农村宅基地置换为城市化、工业化发展用地，进而农户可以在城里获得一套住房。与此同时，农民自愿放弃农村土地承包权，与市民享受同等的医疗、养老等社会保障，逐步建立统一的城乡公共服务体系。其中以重庆“九龙模式”最具代表性。

### 重庆市九龙坡区

**【案例摘要】**

重庆市于 2007 年获国家批准成为统筹城乡综合配套改革试验区，九龙坡区作为重庆市先行的试点区域，在农村土地使用制度方面进行了大胆尝试，创造了农村土地流转的重庆“九龙模式”。依靠“宅基地换住房、承包地换社保”的方式，加强了农村土地的集约利用，充分发挥农村土地使用效益，消除土地对农村劳动力转移的束缚。

**【案例介绍】**

九龙坡区作为重庆市都市区（重庆市主城区），处在重庆市西南部，是长江和嘉陵江环抱的重庆渝中半岛的重要组成部分。重庆市作为成渝城乡统筹示范区，在土地流转政策上进行了大胆的试点和改革，形成了很多成功的土地流转方式，如“花卉园方式”“海龙方式”“陶然居方式”等，都取得了很好的效果。重庆“九龙模式”的基本做法有以下两点：

1. *以宅基地换住房*

政府拿出原农村宅基地的 20%左右，集中兴建新型农村社区，腾出的 80%左右复垦为耕地，其农村建设用地指标，则置换为本城镇建设用地指标。

2. *以承包地换社保*

第一，九龙坡区颁布相应政策，凡是没有稳定收入来源又自愿放弃农村宅基地使用权和农村土地承包经营权的，可以自愿申报为九龙坡区城镇居民户口，并在小孩上学、再就业培训、医疗保障与养老保险等方面与市民享受相同待遇。同时大力推广新农村合作医疗，解决农民的看病就医问题。

第二，以土地承包权出租，按稻谷每亩年平均产量折算约 1000 元的标准收取租金。流转以自愿为原则，其目的是将农民从土地中解放出来，从农业

园区或城镇企业里获得务工收入，由务工企业来解决社保问题，并享有固定土地收益，实现持续增收。

经过最近几年的迅猛发展，农村土地流转已经取得了初步的经济效益和社会效益。一方面，通过农村土地流转，集体经济逐步发展壮大。另一方面，农村土地流转也使农民获得了比较稳定的财产性收益。这样的土地流转模式，既产生了经济效益，也为创建和谐的农村经济提供了很好的途径。

**【社会评价】**

通过“宅基地换住房、承包地换社保”模式对土地进行集中流转，实行规模化经营，能够给农户带来较高并且稳定的增值收益，还能使他们享受和城镇居民一样的社会保障，解决他们的后顾之忧；有利于减少耕地的撂荒或粗放经营，同时改善生产环境，提高区域经济发展过程中的粮食安全系数；节约大量宅基地，盘活农村存量建设用地，有利于缓解重庆市经济发展对耕地的占用，为区域经济社会发展提供更大的空间。同时，“宅基地换住房、承包地换社保”的土地流转模式也面临严格的约束条件：地方政府需要具备雄厚的财政实力，土地预期收益较为乐观，农民拥有稳定的非农就业机会，三者缺一不可。因此，必须建立起政府主导下的资源要素交易平台，促使要素集聚，并通过交易促使利益再次分配，补充在承包地换社会保障过程中政府需要的资金，同时使“宅基地换住房、承包地换社保”流转深入推进。

**【信息链接】**

媒体线索：

农村土地流转创新模式六大类［EB/OL］. 个人图书馆，http：//www.360doc.com/content/16/0726/17/16954316_578562142.shtml.

文章线索：

刘新荣. 当前重庆市农村土地流转调查研究——以重庆市九龙坡区为例［J］. 福建论坛（社科教育版），2010（6）：66-68.

肖轶，王爱民，尹珂. “宅基地换住房、承包地换社保”流转模式的生成动因研究——基于重庆城乡统筹试验区的实证研究［J］. 农村经济，2012（7）：26-28.

## 4.7 农村信用合作社

土地信用社是指农民把承包的土地存到信用合作社获得存地费，需要耕种者则从土地信用合作社贷出土地并支付贷地费，农民称其为“土地银行”。

## 宁夏回族自治区石嘴山市平罗县

**【案例摘要】**

随着现代农业的发展，土地细碎化和规模经营需求之间的矛盾日益凸显。同时，农业生产的低效率和农业投资的低回报难以吸引更多社会资金进入农业领域。此外，农村金融发展缓慢，“三农”贷款缺乏有效抵押物已成为“三农”信贷投入不足的主要瓶颈。因此，农村土地制度的改革成为破解当前农村土地规模化经营和农村金融问题乃至“三农”难题的突破口。宁夏回族自治区平罗县的土地信用合作社探索，在没有触动土地家庭联产承包经营的前提下，创造了一种新型的土地流转运营模式，在一定程度上实现了土地的规模化经营。

**【案例介绍】**

平罗县位于宁夏平原北部，农业人口 22.8 万人，耕地面积 82.18 万亩，可利用荒地 113.49 万亩，属于全国重要的商品粮基地县。但随着市场经济的推进和城镇化步伐的加快，因农民进城务工、经商及土地传统产出的刚性约束等原因，导致撂荒土地规模逐年上升。农民开始探索提升土地规模效益的有效方式，自发流转土地承包经营权成为该县农民的首选，2004 年、2005 年全县农民自发流转土地面积分别达 1.98 万亩、2.19 万亩。但是农民自发流转土地多是口头协议和自行转租，由此引发的土地流转纠纷也比较多，甚至严重影响了农村的和谐稳定。

2006 年，平罗县政府为了规范农村土地流转，推动农业规模化经营和集约化生产，充分利用本县土地资源，制定下发了《关于推进农村土地信用合作社建设的通知》和《关于推行农村土地信用合作社的实施方案》，开展了“土地信用合作社”试点。

2006 年 5 月，宁夏回族自治区平罗县“小店子土地信用合作社”正式成立。截至 2011 年年末，平罗县已经形成股份制农场、土地银行等 5 种土地经营管理模式，其中挂牌成立农村土地信用合作社 62 个，累计流转土地 28.4 万亩，实现集体经济收入 284 万元，转移农村劳动力 8450 人次，实现劳务收入 4896 万元。

1. 土地信用合作社的运作主体是村委会

首先，在土地信用合作社设立前，须由村委会向所在乡镇政府提出农村土地信用合作社的设立申请；其次，土地信用合作社的理事长和监事长分别由村委会书记和主任担任，村社基本合一；再次，土地信用合作社所存、贷之地也需要经村委会认定；最后，从规模连片的角度来看，也需要村委会的介入。对于土地需求方而言，往往要求土地连片，这样才能开展机械规模化经营。在土地零碎化比较严重的情况下，土地的连片必然涉及地块的调整，而村委会是进行村民地块调整的理想主体。因此，平罗县土地信用合作社是集体主导型的土地承包经营权流转制度模式。

2. 土地信用合作社的运作机制

根据平罗县委、县政府发布的《土地信用合作社章程》，土地信用合作社运作机制一般为：农户按照自愿的原则，在保留土地承包经营权的基础上，将土地像银行存款一样存入土地信用合作社，土地信用合作社根据土地的地理位置、肥沃程度、升值潜力等确定级差性的“存地租金”，定期向农民发放。由“储蓄”而集中起来的土地经过土地信用合作社的整理和公开招标竞争，出租给种田大户或乡镇企业进行规模经营，非耕地可用于办企业、建市场、搞规模化种植和养殖等。贷地方要按照所贷土地的地质地力差异和期限长短缴纳“贷地租金”。由于“贷地租金”高于“存地租金”，其差额部分就为土地信用合作社的经营收入。因此，土地信用合作社实际是土地承包经营权出租者和租入者之间的中介组织，促成土地承包经营权流转业务的规范完成。

3. 土地信用合作社的经营模式

土地信用合作社作为土地承包经营权流转的中介组织，其具体运作流程是吸收“存入”土地（承包经营权），并经过整理形成连片，再“贷出”土地（承包经营权）。但与一般农村金融信用合作社实行以存定贷的经营模式不同，土地信用合作社实行以贷定存的经营模式。土地信用合作社得以顺利运作的前提是存在贷地方和明确的贷地需求，包括具体的土地需求数量、地块等。因此，土地信用合作社的经营模式实质上是以贷定存，即先有贷地需求，再成立土地信用合作社，然后再吸收存地，整理连片，最后贷出。

宁夏回族自治区平罗县土地信用合作社的实践在没有触动土地家庭联产承包经营这个农村基本经营制度的前提下，创造了一种新型的土地承包经营权流转运营模式，在一定程度上实现了土地的规模化经营。

**【社会评价】**

平罗县各土地信用合作社的章程均明文规定要遵守《中华人民共和国土地管理法》和《中华人民共和国农村土地承包法》等涉及农地制度的法律规定。此外，还特别提出为了保持农民土地承包权的稳定，集体土地存入和贷出要严格执行土地利用总体规划，不得擅自改变土地性质，不得擅自改变土地用途。

在市场经济条件下，一切生产要素都是可以资本化的，作为稀缺性生产要素的土地当然也不例外。目前，我国大部分农地仍然作为农户家庭保障的基本工具，土地的未来收益无法贴现。宁夏回族自治区平罗县土地合作社的实践使得农民“存入的土地”有了“存地费收入”，这就在某种程度上实现了土地未来收益的贴现，而农地“资本化”的意义也恰恰体现在此处。

**【政策文件】**

《关于推进农村土地信用合作社建设的通知》。

《关于推行农村土地信用合作社的实施方案》。

《土地信用合作社章程》。

**【信息链接】**

媒体线索：

宁夏“土地银行”实验［EB/OL］. 财经网，http：//magazine. caijing. com. cn/2008-01-19/110065978. html.

宁夏平罗实验“土地银行”［EB/OL］. 新浪财经，http：//finance. sina. com. cn/g/20081015/00395389998. shtml.

宁夏“土地银行”实验推向全县收取贷地费［EB/OL］. 大渝网，http：//cq. qq. com/a/20080122/000322. htm.

文章线索：

孙天琦，张观华．宁夏“土地信用合作社（土地银行）”和农村资金互助合作社发展的启示［J］. 西部金融，2008（7）：15-16.

王永舵．农村土地信用合作社的实践及启示——以宁夏平罗县为例［J］. 海南金融，2013（1）：82-85.

## 4.8　农村土地信托

土地流转信托是指土地信托服务组织接受土地承包者的委托，在坚持土地所有权和承包权不变的前提下，按照土地使用权市场化要求，通过运用一定的方法，实施必要的程序，将其拥有的土地使用权在一定期限内依法、有偿转让给其他单位或个人的行为。土地流转信托在坚持农村土地所有权和承包权不变的前提下，发挥了农村土地承包经营权的融资功能，找到了一种既让农民流出土地后获得稳定收益，又帮助各类主体流入土地后获得足够金融支持，实现土地高效利用的模式。

### 4.8.1 安徽省宿州市

**【案例摘要】**

2014年前后，土地信托作为一个新名词悄然流行，一些项目在各地陆续上马。“中信·农村土地承包经营权集合信托计划1301期”是国内首单土地流转信托计划，安徽“宿州模式”也成为国内土地信托的模板。

**【案例介绍】**

宿州市是农业大市，早在2011年前，该市塔桥、朱庙两个行政村300多户农民的5400亩土地经营权就被流转给安徽帝元现代农业投资发展有限公司，用以建设现代农业循环经济园区。2013年，土地经营权被重新委托给中信信托公司，由其设计相关理财产品，变身为“金融产品”。

2013年10月，中信信托与安徽省宿州市埇桥区政府合作，正式成立国内第一单农村土地信托计划——“中信·农村土地承包经营权集合信托计划1301期”（简称“中信·安徽宿州项目”）。

该项目信托期限为12年，采取结构化受益权设计，流转标的土地5400亩，为自益信托，委托人即受益人。委托人分为A类、B类和T类。A类委托人为埇桥区人民政府，B类委托人与T类委托人分别为购买该信托产品的自然人以及合法成立的法人或其他组织。B类信托单位的募集资金全部用于土地整理投资，T类信托单位在信托计划出现流动性资金缺口时，募集资金用于补充信托计划兑付的流动性资金需求。从信托结构设计来看，农民并非该信托计划的当事人。农民通过与所在村村委会签订《农村土地承包经营权委托转包合同》，将土地承包经营权委托给当地村委会，村委会再与镇政府签署土地承包经营权委托管理合同，镇政府最终与埇桥区政府签署土地承包经营权委托管理合同，使土地承包经营权最终流转到区政府手中，再通过区政府交付给中信信托。受托人为中信信托，信托财产为农村土地承包经营权，信托收益为受托人将受托土地租赁给农业公司以及种植大户后获得的土地租金以及土地增值收益。受托人将收益分配给受益人区政府，再通过区政府向镇政府、村委会分配，最终分配给农民，如图4-1所示。

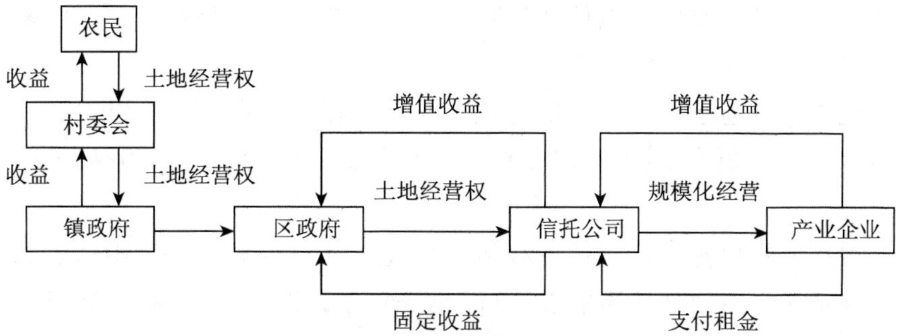


**图 4-1　中信 · 安徽宿州项目信托结构**

土地流转信托可显著提高农户收益：农户参与土地流转信托可获得两方面的收益，分别为：①稳定的基本地租收入，按照 1 亩地每年 1000 斤国标三等小麦的价格确定；②浮动收益，农民可以享受土地增值净收益的 70%。

**【社会评价】**

土地信托效应已逐步显现。“在市场普遍预期新一轮改革会从农村开启的今天，宿州信托第一单，其意义并不亚于 35 年前小岗村的土改。”——现代金融制度介入土地流转，探索的不只是土地从“分”到“合”的问题，更为下一步中国经济改革中“如何让农民拥有更多财富”“新型城镇化如何建设”等系列课题提供了新思路。

随着土地规模化流转的推广，有关“垄断”“新地主”诞生的担忧也一度蔓延。实际上，此种模式既解决了农村发展的融资问题，也实现了土地所有权、使用权和收益权的分离，“既保护了农民长远利益，也避免了新‘地主’的产生”。

**【信息链接】**

媒体线索：

“土地流转信托”新模式［EB/OL］. 中商情报网，http：//www. askci. com/bschool/2014/08/27/1023271lra. shtml.

土地流转信托模式［EB/OL］. 银通智略，http：//diyitui. com/content-1420506626. 25985094. html.

中信农村土地承包经营权集合信托计划［EB/OL］. 中研网，http：//www. chinairn. com/news/20140421/161720669. shtml.

中信信托公司简介［EB/OL］. 中信信托官方网站，https：//trust. ecitic. com/about/gsjj/index. shtml.

文章线索：

陈敦，张航．农村土地信托流转的现状分析与未来展望［J］．国家行政学院学报，2015（5）：94-98.

刘光祥．土地承包经营权信托流转主要法律问题研究——以中信·农村土地承包经营权集合信托计划1301期为例［J］．时代法学，2014，12（5）：75-89.

姜雪莲．农村土地承包经营权流转信托的法律问题——以中信安徽宿州农村土地承包经营权信托为中心［J］．北方法学，2014，8（4）：25-32.

### 4.8.2 江苏省镇江市镇江新区丁岗镇

**【案例摘要】**

党的十八届三中全会提出，要加快构建新型农业经营体系，保障农民更多财产权利。在此背景下，农村土地流转信托迅速受到各方关注。相较于农村土地承包经营权抵押贷款等融资方式，农民、农业经营者以及信托公司三方以土地流转信托项目为平台，产融结合，实现了农地集约化、专业化、规模化的经营，推动了农地增值、农业增效、农民增收。江苏省镇江新区丁岗镇就是个典型的例子。

**【案例介绍】**

丁岗镇位于长江南岸历史文化名城江苏省镇江市的东郊，改革开放以来，丁岗镇焕发出勃勃生机，工业迅猛发展，农业连年丰收，精神文明建设硕果累累，已跃入小康镇行列，被评为科技先进镇，是丹徒区对外开放镇之一。自2013年11月以来，“北京信托·金色田野土地信托1-5号”“中建投·镇江新区·森禾一期土地流转财产权信托”先后落地镇江，两单土地流转信托产品受托土地共计11678.46亩，计划融资约10.5亿元。

1. 为农村土地承包经营权融资开创了新的模式

现行《中华人民共和国物权法》《中华人民共和国担保法》规定了耕地、宅基地等集体所有的农村土地承包经营权（宅基地使用权）不得抵押，使农村土地承包经营权与农房抵押贷款等信贷产品创新缺少必要的法律依据。而土地流转信托在坚持土地所有权和承包经营权不变的前提下，将农村土地承包经营权作为信托财产设立土地流转信托，并以财产权信托为基础发行了专项集合资金信托计划来支持农业发展，有效整合了社会资源，实现了农村土地资源和金融资本的结合，为现代农业发展提供了长期和稳定的资金来源，突破了农业发展的融资瓶颈，为农村土地承包经营权发挥融资功能开创了新模式。

2. 有利于实现农地的高效利用，提升农地价值

目前，我国农村土地碎片化严重，农民种植规模小、标准化程度低、技术水平低，土地使用效率低下，农地价值未得到充分发掘。而现代农业高投入、高产出、高风险的“三高”特点，不仅使单个农户无力负担道路、水利等基础设施的建设投入以及农地综合开发及整治投入等，家庭农场、农民专业合作社、农业龙头企业等新型农业经营主体受资金投入、回报周期等因素影响，也缺乏对流转农地进行长远规划及开发的愿望。利用信托的资源整合平台有利于实现农地的高效利用，提升农地价值。以镇江两单农村土地流转信托产品为例，一方面，农业经营公司，如句容福源公司、镇江森禾花卉公司等在较短时间内获得了大面积、长期限的承包地，这不仅降低了两个公司获取土地的成本，而且增强了其进行长期投资的信心；另一方面，北京信托、中建投信托又以设立集合资金信托计划的方式分别为句容福源公司、镇江森禾花卉公司提供了长期、稳定的资金支持，帮助其对原有土地进行整体规划、重新归集整理与开发，推动了土地资源合理再配置，提升了单位面积土地的效益与价值，实现了农地增值。

3. 有利于推动农业集约化、规模化经营，提升农业效益

现代农业发展的根本出路在于实现规模化、集约化生产经营。以土地流转信托产品为平台，信托公司、农业经营公司等专业组织的介入，解决了长期以来困扰中国农业发展的土地节约集约利用率低、单位面积及人均生产力水平低等问题，使农地集约化、规模化生产经营成为现实。通过土地信托，大片经营权高度分散的农地被整理成为规整、高标准的万亩良田，农业经营公司在信托公司长期、稳定的资金支持下，通过引入先进农业技术和现代化农业经营理念，可以开展规模化、集约化的经营种植，为提升农业生产力、提升农业效益提供重要保障。例如，镇江两单农村土地流转信托产品流转土地面积总计 1.2 万余亩，期限最低为 15 年，为农业集约化、规模化经营提供了基本条件。

4. 有利于农民获得基于农村土地承包经营权的更多收益

从镇江实践来看，无论是北京“信托模式”还是中建投“信托模式”，都是利用信托的资源整合平台以及各方的专业优势，通过对原有土地进行重新归集整理与开发，使土地承包权、使用权和收益权相互分离，土地资源得到合理再配置，农民既有的单位面积土地的效益及财产的价值得到提升，有利于农民获得更多收益。

**【社会评价】**

土地流转信托在坚持土地所有权和承包经营权不变的前提下，将农村土地承包经营权作为信托财产设立土地流转信托，并以财产权信托为基础，发行专项集合资金信托计划支持农业发展，有效整合了社会资源，实现了农村土地资源和金融资本的结合，为现代农业发展提供了长期、稳定的资金来源，突破了农业发展的融资瓶颈，为农村土地承包经营权发挥融资功能开创了新模式。

**【信息链接】**

媒体线索：

土地流转信托：创新模式提升盈利［EB/OL］. 中国经济网，http：//trust. hexun. com/2015-02-02/172969963. html.

中建投信托试水土地流转信托，落地江苏镇江［EB/OL］. 土流网，https：//www. tuliu. com/read-6739. html.

文章线索：

钱仁汉，解红，侯瑞．农村土地承包经营权融资方式创新——基于镇江市土地流转信托实践［J］. 区域金融研究，2014（11）：70-75.

# 第5章　土地税收

## 5.1　"5+X"模式

### 安徽省合肥市

**【案例摘要】**

为了加强土地管理，促进土地资源的节约集约利用，提高土地资源的利用效率，合肥市区实行土地使用税等级年税额新标准（自2017年7月1日起实行，有效期五年）。

此次主要惠及对象是合肥市区国家级、省级开发区范围内的实体经济。预计通过土地等级范围和税额标准的调整，每年可以减少企业上缴城镇土地使用税5亿元左右，此项政策调整会切实降低实体企业经济成本，开发园区企业将再次"减负"，增加积累，轻装上阵参与市场的竞争。

**【案例介绍】**

合肥市位于中国华东地区、长江三角洲西端，辖肥东县、肥西县、长丰县、庐江县和巢湖市以及瑶海区、庐阳区、蜀山区、包河区，并给予合肥高新技术产业开发区、合肥经济技术开发区、合肥新站综合试验区、巢湖经济开发区市级管理权限，共13个区县。

《合肥市加强土地管理进一步做好节约集约用地工作意见》正式印发后，合肥市执行新的土地使用税征收基数（一环以内20元/平方米·年，一环以外二环以内15元/平方米·年，二环以外10元/平方米·年）。合肥市的土地整治，将可以利用"第三方地块"出让金。经营性用地严格实行招标、拍卖、挂牌方式出让，各县区所有超过105亩的住宅用地，都将通过合肥市级平台进行交易。按照新的标准，合肥市城镇土地使用税等级标准由原先的3个等级增为4个等级，增加第四等5元/平方米·年一档。单独列举的合肥高新技术产业开发区、经济技术开发区、新站高新技术产业开发区、龙岗综合经济开发区、庐阳经济开发区、蜀山经济开发区以及包河经济开发区从原先的10元/平方米·年标准回归到5元/平方米·年，园区的实体经济尤其是工业企业将从该项减税政策中受益。新标准自 2017 年 7 月 1 日起施行，有效期 5 年，见表 5-1。

**表 5-1 合肥市区土地使用税等级年税额新标准** 单位：元/平方米

| 等级 | 年税额 | 等级范围 |
|---|---|---|
| 第一等 | 20 | 一环路以内的应税土地 |
| 第二等 | 15 | 一环路以外、二环路以内的应税土地 |
| 第三等 | 10 | 二环路以外的应税土地，不含第四等规定范围内的应税土地 |
| 第四等 | 5 | 合肥高新技术产业开发区、合肥经济技术开发区、合肥新站高新技术产业开发区、合肥龙岗综合经济开发区、合肥庐阳经济开发区、合肥蜀山经济开发区、合肥包河经济开发区范围内的应税土地 |

1. 土地整治：可用“第三地块”出让金

根据意见，合肥市坚持最严格的耕地保护制度，严防死守耕地红线，确保粮食安全。各县（市）区、各乡镇政府对耕地保护负总责，主要负责同志是第一责任人。耕地保护情况纳入政府目标考核和领导干部考核及离任审计。各县（市）区、各乡镇政府存在耕地保护政策执行不力和工作不到位、违反耕地保护政策的，将进行通报批评、限期整改、责任追究。同时，提高农村建设用地、整理复垦、新增耕地市级补助标准，经合肥市土地整治重大项目领导小组批准的项目，其市级补助标准提高至 8 万元/亩。创新土地整治资金筹措制度，在“拆旧”和“建新”地块外，引入“第三地块”，用其土地出让金先行周转拆迁补偿和安置房建设资金。从严控制在《环巢湖生态示范区保护与建设规划》确定的生态保护区内进行与生态保护无关的开发建设活动。限制环巢湖乡镇房地产开发项目和工业项目建设，确需新上项目的，须经合肥市规划委员会和市土地管理委员会批准。

2. 土地使用：投资低于 3 亿元，不单独供地

合肥市鼓励利用工矿废弃地和低丘缓坡地，并制定出台光伏应用产业项目和设施农业项目用地支持政策。开发园区范围内新上工业项目用地，亩均固定投资强度不得低于 400 万元或亩均税收不得低于 30 万元。固定资产投资总额低于 3 亿元的工业项目，不单独供地，须入驻开发园区标准化厂房。合肥新建农村居民点和“中心村”，人均占地面积控制在 120 平方米以内，生活服务等配套设施用地不得超过总面积的 7%。工业项目实施用地规模预核定，

应遵循“5+X”模式，即以合肥市行政服务中心为平台，国土资源局为召集单位，发展改革委、经信委、规划局、环保局、国税局为固定并联审批单位，根据需要安排其他部门或单位参与并联审批。厂房一律按多层建设。因设备安装、生产工艺特殊需要建设单层厂房的，需经合肥市土地管理委员会审批，停车场尽可能少占地或利用地下空间。

3. 土地出让：养老产业用地以租赁为主

合肥市各县（市）限定商品住宅用地宗地规模超过 105 亩的，全部纳入合肥市级储备，在市级土地交易平台公告出让。储备土地上市前将达到“横向寸草不生、纵向片瓦不留”的程度，具备通水、通电、通路条件，并实现场地平整；地块所在地县（市）、区政府或开发区管委会负责现场看护，确保符合扬尘治理要求，并不允许倾倒渣土。经营性土地（含商品住宅、商业、办公、旅游、娱乐用地）严格实行招标拍卖挂牌方式出让。经营性养老产业用地以租赁为主，鼓励以招标拍卖挂牌方式取得出让土地。严禁土地出让与 BT（建设移交）等建设项目捆绑，从严控制商住用地出让与工业、文化、旅游、商贸市场等项目捆绑，严禁政府以外的单位和个人进行土地一级开发。单宗土地出让金，首次缴纳比例不得低于全部价款的 50%，分期缴纳的余款 1 年内缴清。市、县财政和国土部门每季度会将土地出让金（含违约金）的缴纳情况在政府网站和当地主要媒体公布，接受社会监督。

4. 土地闲置：满 1 年不到 2 年，征收闲置费

土地使用权人在签订土地出让合同或颁发划拨土地决定书时，需按照不低于土地出让金或划拨价款总额的 5%缴纳开竣工履约保证金。土地闲置满 1 年不满 2 年的，按照土地出让或土地划拨价款的 20%征收土地闲置费；土地闲置满 2 年的，依法收回并重新安排使用。对于工业用地开发建设未达到闲置土地认定标准，也未达到约定投资额度、建设量，以及投资强度、税收要求低于国家、省、市现行标准，且企业连续 2 年亏损的项目用地，认定为低效利用土地，由所在地县（市）、区政府或开发园区管委会采取限期开发建设、企业自行转型升级、企业合资建设或转让、政府按原供地价格有偿收购后重新安排其他工业项目等方式及时处置。

土地使用税以一环以内每年每平方米 20 元，一环以外二环以内每年每平方米 15 元，二环以外每年每平方米 10 元作为征收基数。上年度亩均创造税收（不含土地使用税）高于合同约定税收 1.1 倍以上（含 1.1 倍）的，土地使用税按基数的 60%征收；达到合同约定税收但低于合同约定税收 1.1 倍的，

按征收基数的80%征收；低于合同约定税收的，按基数100%征收。

**【社会评价】**

土地使用税税额新标准是按新修改的《中华人民共和国城镇土地使用税暂行条例》《安徽省城镇土地使用税实施办法》等文件要求修订的，能引导土地使用者合理节约使用土地，提高合肥市土地利用效益，支持工业发展，推进“141”城市发展战略，进而贯彻落实国家加强土地宏观调控的措施，平衡内外资企业的税收负担，增加地方的财政收入。

**【政策文件】**

**合肥市人民政府办公厅关于调整市区城镇土地使用税等级税额标准的通知**

**（合政办〔2017〕59号）**

各区人民政府、市有关单位：

为贯彻落实《安徽省人民政府关于降成本减轻实体经济企业负担的实施意见》（皖政〔2016〕54号）、《安徽省人民政府办公厅关于进一步降低实体经济企业成本的通知》（皖政办〔2017〕43号），更好促进实体经济健康发展，依据《安徽省城镇土地使用税实施办法》等有关规定，经市政府同意，现对我市市区城镇土地使用税等级年税额标准进行调整，调整后的标准见附件。新标准从2017年7月1日起施行，有效期5年。

《合肥市人民政府关于印发合肥市加强土地管理进一步做好节约集约用地工作意见的通知》（合政〔2014〕31号）第二十二款“严格土地使用税征收”之规定停止执行。

**【信息链接】**

媒体线索：

安徽省城镇土地使用税实施办法（修订版）[EB/OL]. 土流网，https：//www. tuliu. com/read-53458. html.

合肥土地税收改革实行“5+X”模式［EB/OL］. 中国网地产，http：//house. china. com. cn/hefei/view/721935. htm.

合肥土地税收改革实行“5+X”模式［EB/OL］. 土流网，http：//www. tuliu. com/read-5049. html.

合肥市市区土地使用税等级年税额标准［EB/OL］. 合肥市地方税务局，http：//www. ahhf-l-tax. gov. cn/hefei/bsfw/tddjcx/1215842823018195. htm.

合肥调整市区城镇土地使用税税额标准每年给企业减税约5亿［EB/OL］. 安徽网新闻中心，http：//www. ahwang. cn/hefei/20170816/1669996. shtml.

## 5.2　"以地控税"新模式

### 5.2.1　河北省沧州市

**【案例摘要】**

2013年4月，沧州市地税局承接了河北省地税局部署的城镇土地使用税"以地控税、以税节地"试点任务，成为试点地区之一。该局在探索税源管理的过程中，通过"涉地税收一体化全流程管控"这一管理手段，及时掌握管辖区域内应税宗地的取得、保有和流转情况，全面准确地查找在应税土地管理中的涉税风险。

**【案例介绍】**

沧州市地处河北省东南部，东临渤海，北依京津，南接山东，京杭大运河贯穿市区，是国务院确定的经济开放区、沿海开放城市之一，也是石油化工基地和北方重要陆海交通枢纽，以及环渤海经济区和京津冀都市圈的重要组成部分。

2013年4月，沧州市地税局承接了河北省地税局部署的城镇土地使用税"以地控税、以税节地"试点任务，成为试点地区之一。目前，该局依托全市综合治税大格局，以应税宗地为抓手，强化土地相关税收控管，将试点工作全面覆盖19个县（市、区）局，取得了初步成效。截至2014年11月，共完成税费收入293856万元，比上年增长10.75%，增收28528万元。

1. 准确定位，创新细化工作模式

"以地控税、以税节地"，指依托部门间常态化的信息共享和现代信息技术手段，通过开展土地信息和税收信息的相互比对，强化土地利用和税收管理。试点工作既是信息管税工程的重要组成、税源管理模式的重要变革、综合治税建设的重要成果，也是防范税收风险的重要平台，意义深远。基于这样的认识，沧州市地税局遵循国家税务总局提出的"以地控税"基本工作要求和管理流程，形成了全面控管土地相关税收工作新思路，在强化城镇土地使用税税源管理的基础上，向土地取得和土地流转环节延伸，全面提升房产税、营业税、土地增值税、印花税和所得税等各税种的管理质效。"以地控税、以税节地"的重点是完整获取国土部门的地籍数据并进行可视化加工处理，难点是税收管理员的案头审核和实地核查。试点工作涉及许多新知识、新情况、新业务和新问题。为此，该局在程序管理上创新，提出"七步走、三条线”。把整体工作分为宗地信息获取、应税土地筛选、关联比对、案头审核、实地核实、处理反馈和建立宗地档案七步走；在具体清查工作中“先易后难、先大后小、先主后次”，不同用途的宗地按照“先工业、次采矿、再次仓储等”确定清查顺序，同一用途宗地按照“面积先大后小”确定清查顺序，每块宗地按照“先土地使用税，后房产税，再其他税种”确定清查顺序。与此同时，沧州市地税局结合 2013 年 8 月启动的为期几个月的“税收政策落实”专项清查行动，将土地使用税清查作为一项重点工作，完善和更新房产、土地税源登记信息库，推动企业进行税收自查，为试点工作中的信息比对打下了基础。

2. 综合治税，畅通部门协作机制

试点工作的前提是获取国土部门的“二调”（第二次土地调查）数据，因此部门协作非常重要。在试点过程中，部门配合不畅成为一些地区面临的难题。而在沧州，因为有了社会综合治税平台，部门协作变得方便简单。自 2007 年以来，沧州市地税局积极推动市政府构建以“强化税源管理”为核心，以“营造法治、公平、有序的税收环境”为目标，以“政府领导、部门配合、信息支撑、司法保障、社会参与”为主要形式的社会综合治税工作机制。沧州市政府制定下发了《全市综合治税工作实施办法》，成立了专职的沧州市综合治税办公室，建立了联席会议制度、信息交换制度和考核奖惩制度等，为试点工作的顺利开展创建了良好的外部环境。在综合治税大格局下，“以地控税、以税节地”试点被列入沧州市综合治税重点工作，得到当地政府、国土和财政三方的全力支持，每年的工作经费列入政府财政预算。沧州市地税局、财政局和国土局第一时间联合制定了《沧州市城镇土地使用税“以地控税”试点工作实施方案》，在信息交换、信息保密、组织实施和部门配合等方面做了明确规定。市、县两级均成立了由财政、地税和国土三部门成员组成的试点工作领导小组。试点初期，地税、国土两部门就国土已有“二调”信息的格式内容、存储地点、空间信息的保存和查看、部门数据传递方式和保密制度等多项议题召开联席会议，共同协商。通过联席会议制度，沧州市地税局从市国土局地籍科获取了全市 19 个县（市、区）局 10 个“二调”作业队伍的名单，确保各单位在采集数据时能及时找到相关部门；明确了全市各单位数据交换的内容和格式，以及从国土部门进行空间信息采集的方法。截至 2014 年 3 月，全市地税系统 19 个县（市、区）局共获取 176088 条宗地信息。除宗地信息外，所有试点局均取得了宗地空间信息，运河区、新华区和献县等几个试点局还获取了正射影像图信息。

3. 因地制宜，突破信息支撑瓶颈

“以地控税、以税节地”试点改变了以往“就数论数”的税源管理模式，依托宗地图和最新正射影像图叠加形成的立体化税源分布影像，实现了对涉地税收的可视化、无缝隙和立体化管理。因此，要保证试点工作顺利进行，信息化技术手段是重要支撑。为避免信息系统的开发影响试点工作的开展，沧州市地税局采取“因地制宜、分类实施”的办法，在“以地控税”管理系统开发中将19个县（市、区）局分成三类推进：在任丘市局，开发基于本辖区的“以地控税”管理系统，实现图形叠加、数据清分、任务推送、动态监控和成果统计信息化；在新华区局和运河区局，开发单机版的工具软件，实现图形叠加、税额确定、数据统计、查询检索、面积测量、宗地图形与属性关联打印等功能；在青县、渤海新区局、献县局等其他单位，利用国土部门提供“加密狗”的“二调”数据库开展工作。2013年7月，沧州市地税局选定政府财政支持力度最大的任丘局为土地税源监控软件开发试点单位，探索利用GIS地理信息技术与征管数据融合，开发可视化界面来加强土地使用税管理。当年年底，“以地控税”管理系统完成上线，实现了四项功能：一眼定位、面积测量、查询检索和统计分析。在数据清分、风险派送和成果统计等方面均由人工操作转为系统自动完成，使税务人员能将更多的时间用于下户核查。

4. 规范流程，建立长效工作机制

如何让每位参与试点的人员明确每步怎样做、做到什么程度，最终建立起长效控管机制？沧州市地税局将试点工作规范化、制度化，制订了严格的执行标准。该局以市局为主导，统领各区县局，提出“三上三下互动”工作方式。由沧州市地税局监控局采集新华区信息形成全市样本，下发数据采集格式，交由其他县市区采集；由市局监控局实际操作案头审核和实地核查，下发“以地控税”步骤详解，基层单位统一使用制式文书；由市局监控局集中进行数据清分，下发基层局核实清查，制订“以地控税”验收标准。在试点过程中，沧州市地税局制作了“以地控税”工作步骤详解、《案头审核工作底稿》和《实地核查工作底稿》等文件，规范税务人员的工作流程。同时，提出涵盖了试点工作应当解决的6个问题和应当回答的26个问题的验收标准，要求各单位参照执行。

截至2014年3月底，试点工作为沧州市地税局增加城镇土地使用税应税面积1588万平方米，增加应税房产1341万平方米，增加城镇土地使用税及房产税税源6696万元，累计清查入库房地产相关税收1.38亿元，加收滞纳金6699万元。2013年，沧州市城镇土地使用税入库6.58亿元，比上年增加2.7亿元，增长72.03%，同时加收滞纳金5495万元。

**【社会评价】**

沧州市“以地控税、以税节地”模式在定期获取国土部门宗地地籍信息的基础上，以国土部门地理信息系统为依托，通过将国土部门宗地信息与征管数据进行关联比对，查找漏征漏管或申报面积不实的应税土地，从而能够全面、准确地掌握城镇土地使用相关税收信息。“以地控税”模式实现了税源的精细化管理，促进了社会节约用地，形成了“政府增加财力、地税增加税源、国土规范管理”的多方共赢局面。

**【政策文件】**

《沧州市城镇土地使用税“以地控税”试点工作实施方案》。

## 国家税务总局国土资源部关于深化部门配合联合开展“以地控税、以税节地”试点工作的通知

**（税总发〔2013〕59号）**

各省、自治区、直辖市和计划单列市地方税务局、国土资源厅（局），西藏自治区国家税务局；新疆生产建设兵团国土管理局：

近年来，各级地税部门在国土资源部门积极支持与密切协作下，强化土地税收管理，取得明显收效。特别是在全国开展第二次土地调查后，一些地方税务部门依托国土资源部门的土地调查信息，积极探索“以地控税”工作，有效提升了城镇土地使用税的税源控管水平。为了进一步深化地税部门与国土资源部门的合作，加强和创新社会管理，促进土地节约集约利用，国家税务总局和国土资源部决定自2013年起在全国范围内联合开展“以地控税、以税节地”试点工作，现就有关事项通知如下：

一、加强组织领导，积极协作配合

地税部门与国土资源部门联合开展“以地控税、以税节地”试点工作，是地税部门应用土地管理信息提高土地税收征管质量与强化税收职能作用的有效手段，也是国土资源部门推进地籍信息成果应用建设及运用税收信息促进土地节约集约利用的重要途径。各地要充分认识两部门联合开展“以地控税、以税节地”试点工作的重要意义，牢固树立合作共赢理念，加强组织领导，积极沟通协调，共同做好试点工作。

地税部门与国土资源部门要积极协作配合，通过信息的共享和深化应用，切实加强税收征管和土地管理工作。地税部门要将税收征管和稽查中发现的纳税人未批先占、私改用途等违法用地信息以及其他土地管理所需的涉税信息提供给国土资源部门。国土资源部门要将本地最新的土地调查信息（包括土地权利人、土地坐落、四至、用途、面积、正射影像图等）和土地登记信息提供给地税部门。

二、共同安排部署，联合组织实施

省、自治区、直辖市和计划单列市地税部门要与国土资源部门相互协商，在充分尊重地方意愿的基础上，研究确定 1~2 个试点地区，及时制定试点工作方案，联合下发文件部署试点工作。要共同对试点地区的工作进行指导、检查和验收。

试点地区地税部门要会同同级国土资源部门制定试点工作实施办法，明确试点工作的具体内容、时间安排、部门分工和实施方式。要联合成立信息共享工作小组，由双方分管领导亲自负责，指定牵头处（科）室和具体责任人；要建立常态化的工作机制，规范共享信息的标准、口径，确定交换的方式和频率；要通过召开联席会议等形式，及时研究解决信息共享工作中的问题，切实抓好工作落实。

三、争取政府支持，形成工作合力

地税部门要会同国土资源部门主动向地方政府汇报试点工作，争取政府的重视和支持，形成各部门积极配合的工作局面。共同提请地方财政部门安排专项资金用于开展“以地控税，以税节地”试点工作，积极探索常态化的经费保障方式，确保信息共享工作持续开展。

四、规范试点工作，建立长效机制

试点地区要抓好各项工作制度建设，规范试点工作。要建立健全信息保密制度，对涉密信息要签订保密协议，确保信息安全。保密协议应在省地税部门和国土资源部门进行备案。

地税部门和国土资源部门要形成信息共享和双向流动的长效机制，定期交换新增和变更信息。要尽可能利用国土资源部门已有的平台作为统一的信息共享平台，积极探索建立信息共享机制，大力推进在线信息查询，力争实现信息的实时共享。

在试点工作推进过程中，各地对出现的新情况、新问题、新措施，要及时沟通协商，认真梳理、深入研究、找准对策，促进成果应用与共享，实现部门工作的共同推进。

各地要在2013年6月15日前将试点名单和工作方案联合上报国家税务总局（财产行为税司）和国土资源部（地籍管理司）。

国家税务总局　国土资源部

2013年5月27日

【信息链接】

媒体线索：

沧州土地使用税同比增长72.03%［EB/OL］. 河北新闻网，http：//hebei. he bnews. cn/2014-04/17/content_3887015. htm.

国土资源部关于深化部门配合联合开展以地控税以税节地试点工作的通知［EB/OL］. 税屋2013年法律政策文件，http：//www. shui5. cn/article/95/83717. html.

河北沧州打造“以地控税”新模式［EB/OL］. 凤凰网，http：//he bei. ifeng. com/house/dichan/detail_2014_04/16/2135262_0. shtml.

河北沧州打造“以地控税”新模式［EB/OL］. 和讯网，http：//tax. hexun. com/2014-04-15/163943875. html.

河北沧州地税全力打造“以地控税”新模式［EB/OL］. 房天下，http：//news. cangzhou. fang. com/2014-04-18/12581518. htm.

### 5.2.2　江苏省靖江市

【案例摘要】

江苏省城镇土地使用税征管逐步显现出一些问题：一是纳税申报不准确，二是征管效果不理想，三是数据利用率不高。为了改善这些问题，江苏省政府在全省范围内深化推广“以地控税，以税节地”的措施，并且取得了较大成效。

【案例介绍】

长期以来，城镇土地使用税的征管依据主要由纳税人提供，纳税人自行申报后，再由税务机关进行核实。江苏省的城镇土地使用税在征管过程中遇到了较多挑战——由于地税机关缺少实时获取税源信息的途径和手段，部分纳税人存有侥幸心理，少申报，甚至以拿地不使用、拿地未办证为由拒绝履行纳税义务，导致申报数据不准确；“以查促征”的传统征管手段，耗费了大量的人力、物力，实际监管效果不甚理想，仍然存在税源不清、底数不明等现象。一方面，税务机关获取第三方数据不完整、不匹配、不及时，加工分析有难度；另一方面，纳税人未批先占、私改用途等违规用地信息也无渠道传递给国土部门。土地的税收贡献率由于多头计算，数据不一致、口径不一致、计算不及时，不能满足政府的决策需求。

为解决这些问题，江苏省深入推进“以地控税、以税节地”的战略，要求各地充分认识两部门联合开展“以地控税、以税节地”工作的重要意义，成立深化推广工作领导小组和办公室，联合研究制订本地区工作方案。以靖江市为例，主要采取了以下举措：

1. 建立地籍数据库

对国土部门提供的城镇地籍信息，根据“以地控税”业务的需要进行处理并质检，形成集影像、图形、税源信息于一身的数据库。

2. 加工征管数据库

结合地籍信息进行税源普查，并进行质检、入库，明确重点税源户、漏征漏管户纳税人税源信息，以及辖区范围内税收状况、行业税额统计信息和税源分布信息，形成税收征管数据库。

3. 搭建数据交换平台

确定信息交换的标准、格式、内容和频率，实时获取国土部门基础地理信息、城镇地籍信息和登记变更发放信息，地税机关依据金税三期系统的标准，提供相关企业的税收征管信息。

4. 加强税收风险预警

一方面，实现税源登记预警，即内部管理风险，将金税三期系统中的房土登记信息与国土地籍信息的差异推送给纳税人，督促纳税人完善房土两税明细申报数据。另一方面，实现纳税申报预警，即外部申报风险。通过自动计算关联结果，建立风险模型，并应用于金税三期系统风险管理平台，推送风险应对，查补税款。以上举措在推进靖江市工业企业低效用地再开发、工业用地弹性出让的过程中发挥了重要作用，促进了靖江市土地经济效益的最大化和使用的集约化。同时，土地税收和土地资源实现可视化、全覆盖管理，能为政府提供决策参考，方便当地政府科学管理税和地，最终达到提高工业用地利用效率、降低企业用地成本的目的。

江苏省明确了地税和国土资源两部门的工作任务和职责分工，要求规范信息交换内容，建立数据动态更新机制，完善信息技术，创新数据应用模式，构建部门长效合作机制，探索土地资源市场配置综合改革试点，细化城镇土地使用税管理，提高国土资源和土地税收治理能力，促进土地节约集约利用。

在此基础上，为优化土地资源配置、提高土地利用效率，在江苏省政府授权的前提下，省地税部门、国土资源部门将选择部分地区作为试点，在合理划分土地等级的基础上，适当调整城镇土地使用税税额标准，试行分类分档的城镇土地使用税政策。加大对符合产业转型升级方向企业的扶持力度，提高低效用地企业的土地持有成本，倒逼企业转型发展，从而引导企业科学布局用地区域，促进土地资源节约集约利用。

**【社会评价】**

江苏省“以地控税、以税节地”战略通过加大对符合产业转型升级方向企业的扶持力度，提高低效用地企业的土地持有成本，达到了倒逼企业转型发展的目的，从而引导企业科学布局用地区域，促进了土地资源节约集约利用，实现了税源的精细化管理，形成了“政府增加财力、地税增加税源、国土规范管理”的多方共赢局面。

**【信息链接】**

媒体线索：

“以地控税、以税节地”：大数据综合治税的探索与实践［EB/OL］. 中国税务报，http：//www. 360 doc. com/content/17/0724/09/7991247_673691465. shtml.

# 第6章　农村土地整治

## 6.1　“政府引导、村民自治”模式

“政府引导、村民自治”模式，是以实施主体改革为特征的土地整治模式。具体做法是，农村集体经济组织向国土管理部门申请整治项目，经当地国土管理部门审查同意后，开展项目规划设计与报批工作，再由农村集体经济组织负责实施。如广西壮族自治区，由国土资源厅、财政厅、农业厅联合出台《鼓励农民自发开展“小块并大块”耕地整治以奖代补专项资金管理暂行办法》，鼓励农村集体经济组织或农民开展土地整治工作；江西省贵溪市成立村级土地整治理事会，充分发动村民全程参与土地整治工作；河南省邓州市实行“四议两公开”，将开展土地整治工作的决策权、实施权交给村集体经济组织，由党支部提议、村支两委商议、党员大会审议、村民代表大会或村民大会决议，并公开决议结果和实施结果，确保群众的知情权和参与权，得到群众的广泛认同。

这种模式有助于因地制宜形成实施主体的多元化。农民用国家的钱整自己的地，激发了基层组织和农民的积极性，实现了土地整治与土地利用方式的有效结合。

### 6.1.1　江西省贵溪市

**【案例摘要】**

贵溪市是江西省工业大市（县）之一，为有效缓解经济快速发展带来的巨大用地压力，该市成立了耕地与基本农田保护工作领导小组，出台土地开发整理规划，积极实施农村土地开发整理工程，改善农田基础设施条件，增加可用耕地面积，为发展现代农业、促进农民增产增收铺路搭桥，并从相关部门抽调专职技术骨干，组成技术、资金等5个服务小组，为土地开发整理项目的选址、规划设计、立项提供指导和帮助。市财政每年拨付2000余万元土地开发整理专项资金，专门用于低产田、荒地滩涂开发整理的奖励和补助。共实施土地整治项目102个，建设规模2万亩。土地整治项目现已全部建设完成，新增耕地1.3万亩，连续13年实现了建设用地的占补平衡。

**【案例介绍】**

贵溪市位于江西省东北部，信江中游。全市国土面积2480平方千米，拥有60.04万人口，18个乡镇、3个街道办事处、7个林（垦殖、园艺）场，是国家铜冶炼基地、全国商品粮基地、江西省重点产材基地、长江防护林基地、国家储备粮基地，被誉为“铜都银乡”，连续六届蝉联“全省双拥模范城”，并首次荣膺“全国双拥模范城”。

为拓展用地空间，江西省贵溪市积极实施土地开发整理，以改善农民生产、生活条件为出发点，以增加有效耕地面积、提高耕地质量和节约集约用地水平为目标，大力开展农村土地整治工作，对散乱、废弃、闲置、低效利用的土地实施田、水、路、林、村综合治理和整体推进。十年来，该市共完成土地整理项目8个，建设规模8.75万亩，土地开发项目52个，建设规模4.73万亩，新增耕地5.02万亩，累计投入资金2.83亿元，连片群众8.6万余人直接受益，产生直接和间接效益达7亿余元。村民85%以上的土地集中在现代规模农业、高效农业，80%的劳动力由传统农业转向现代农业。其主要做法有：

1. 坚持高位推动，实现经费保障

为了确保农村土地整治示范建设工作顺利开展，贵溪市成立了以市长为组长，分管副市长为副组长，相关单位负责人为成员的农村土地整治示范建设工作领导小组，下发了《农村土地整治示范建设目标责任书》，将土地整治示范建设工作列入乡镇、市国土资源局及相关部门的年度考核。每年由市国土资源局根据土地整治示范建设实施方案，对当年度的土地整治示范建设任务进行分解，作为年度考核的重要内容，并将考核结果作为评价乡镇领导班子政绩的一项重要指标。

2. 实行“四级联动”，突出主体作用

在农村土地整治示范建设中，实行“政府龙头、部门配合、乡镇担纲、村组参与”的四级联动机制。市政府作为龙头，制订土地整治示范建设方案，并协调和督促工作开展；财政、监察、发改、农业等27个成员单位密切配合，对项目建设实行“明确目标、明确任务、明确人员、明确责任”的全程跟踪服务；有关乡镇成立相应的机构，组建项目部，具体负责项目的组织实施；村委会、村民理事会全面跟进，对项目建设实行关口前移，突出群众的主体作用。

3. 注重因地制宜，彰显示范效应

在土地整治示范建设实施过程中，坚持统筹兼顾、全面推进，做到“土地整治示范建设与新农村建设相结合、与生态保护相结合、与现代农业发展相结合、与基本农田保护相结合”，确保土地整治示范建设的社会效益、经济效益、生态效益“三丰收”。注重因地制宜，一是充分考虑生态环境的适宜性；二是充分考虑土地整治的全面性；三是充分考虑示范建设的实效性。项目区初步形成了田成方、林成网、渠相连、路相通、结构合理、效益显著的农业生产新格局，为当地农民增收、农业增效提供了有力保障。目前，项目区及周边地区已形成绿色水稻基地 20 万亩、生态蔬菜基地 2 万亩，一村一品项目达 90 多个，每年增收约 3000 万元。

**【社会评价】**

贵溪市通过土地开发整理，促进了农业产业化发展，使农民收入增加，得到了实惠。该市 13 个村小组在土地整治后，村民 85%以上的土地实现了现代规模农业、高效农业，80%的劳动力由传统农业转向现代农业。

在兴农富农的同时，土地开发整理也使建设用地得到了有效保障，确保了重点建设项目占用耕地“先补后占”。一大批重要基础设施、重大招商引资项目和重点民生工程及时落地，有力地保障了白鹤湖现代农业科技示范园、生物质热能发电等一批重点项目的用地需求。

**【政策文件】**

**贵溪市土地利用总体规划（2006—2020 年）（节选）**

**第八章　土地整治安排**

第二十七条　鼓励推进土地整理，提高土地的综合质量

一、耕地整理

大力开展田、水、路、林、村综合整治，建设高标准基本农田，改善农田基础设施，增加有效耕地面积，提高耕地质量，改善农村生产生活条件和生态环境。

…………

二、农村居民点整理

按照依法依规、尊重民意、循序渐进的要求，组织农村建设用地整理，加大废弃土地和闲置宅基地整理力度，推进迁村并点、退宅还田。

…………

第二十八条　加强废弃工矿地复垦，集约利用土地

按照改善生态环境，优先用于农业，鼓励多用途利用的原则，因地制宜，科学安排，加快对采矿塌陷地、取土废弃地、挖损压占土地、废弃砖瓦窑用地等工矿废弃地的复垦。

…………

第二十九条　有序实施土地开发，提高土地利用率

土地开发主要以开发其他用地后备资源为主……土地开发应因地制宜，根据开发时的科学技术与经济水平，坚持先易后难、相对集中、优先安排农业的原则，有计划、有步骤地进行。

…………

第三十条　逐步推进城乡建设用地增减挂钩

为推进土地的节约集约利用，促进城乡统筹和经济社会发展，规划期内拟通过安排城乡建设用地增减挂钩来增加城镇用地的需求。

…………

第三十一条　土地整治保障措施

（一）规划期间，采取土地置换、整理复垦等各种方式积极开展土地综合整治，以增加耕地面积，补充耕地。根据现代化建设要求，促使农民向城镇转移，农民建房向城镇或中心村集中，企业向预留的工业园区集中。

（二）充分发挥总体规划的龙头作用，依法控制土地供应总量，促进非农建设走内涵挖潜的路子。采取激励措施，调动存量土地使用者的积极性。

（三）开发土地后备资源必须全面规划，充分考虑其对整个土地利用的影响，使之有助于全部土地利用结构的合理调整。

（四）成立“增减挂”工作实施领导小组，下设专门机构，组成专门班子推行领导管理目标责任制，责任到人；加强资金使用管理力度，项目资金筹集后由财政部门设立“增减挂”项目资金专户，严格审批，专项使用。

…………

## 第十章　乡（镇）土地利用调控

…………

第四十二条　乡（镇）级土地利用调控规则

《规划》确定的各项目标和指标，纳入国民经济和社会发展规划与计划，要严格执行。耕地保有量、基本农田保护面积、城乡用地规模，新增建设用地占用耕地和土地整治补充耕地指标等约束性指标分解下达到各乡（镇），严格落实，不得突破。预期性指标通过经济手段、法律手段和必要的行政手段

加以引导，力争实现。

**【信息链接】**

媒体线索：

贵溪市“三坚持”做好农村土地整治示范建设工作［EB/OL］. 鹰潭市自然资源局网站，http：//www. jxgtt. gov. cn/yt/News. shtml？p5＝26677979.

贵溪开拓土地节约新路子［EB/OL］. 鹰潭在线，http：//www. toutiao. com/i1059728147/.

贵溪市土地开发整理成效显著［EB/OL］. 鹰潭日报，http：//www. yingtan. gov. cn/dtxx/gzdt/ztxq/201710/t20171018_440901. htm.

贵溪市土地利用总体规划（2006—2020 年）［EB/OL］. 中国贵溪网，http：//www. guixi. gov. cn/item/9893. aspx.

江西贵溪土地整治成效显新增耕地两万亩［EB/OL］. 中国粮油信息网，http：//www. chinagrain. cn/liangyou/2012/6/15/20126151012451426. html.

### 6. 1. 2　广西壮族自治区“龙州模式”

**【案例摘要】**

地处中越边境的广西壮族自治区龙州县属于典型的喀斯特山区，特殊的地形曾使农户昔日的承包地既碎又小，被当地群众自嘲为“蚂蚱一跳三块地，草帽一扔不见地”。因为地块小，耕作、收获都相当困难。随着广西壮族自治区经济不断发展，耕地面临着利用率不高的问题，千家万户分散经营的传统模式对发展现代农业的制约非常明显。为了充分利用土地，实现耕地使用和保护效益最大化，当地政府鼓励农民自发开展耕地整治，采取“先建后奖”方式，鼓励农民自发开展 50 万亩以上耕地整治，促使整治区域内的农村土地利用格局明显优化，耕地质量和综合生产能力明显提高，农民的生产条件和生活环境明显改善，土地承包经营权流转和适度规模经营取得明显成效。这一变化来自该县实施的“小块并大块”模式，极大地推动了现代农业的发展，促进了农民增收致富。村里的生态环境改善了，群众生产生活条件提升了，维护了农村和谐稳定、繁荣发展，龙州县这个昔日有名的贫困村摇身变成了全国文明村镇。

**【案例介绍】**

广西壮族自治区是以壮族为主体的少数民族自治区，也是全国少数民族人口最多的省（区），南临北部湾，面向东南亚，西南与越南毗邻，东邻粤、港、澳，北连华中，背靠大西南，与广东、湖南、贵州、云南等省接壤。龙州县位于广西壮族自治区西南部，距广西壮族自治区首府南宁市200千米，有壮、汉、瑶、苗、回、侗等民族，壮族人口占总人口的95%。

20世纪80年代初分田到户，不同地域的耕地分为好、中、差三类地块。“蚂蚱一跳三块地，草帽一扔不见地”，这句山歌形象地描述了广西壮族自治区崇左市龙州县昔日的土地境况。责任田地块小、四处分散、界限多、田埂多、土地浪费且耕作强度大，难以形成规模种植，早已成为龙州县农民致富的拦路石，各村普遍存在承包耕地“面积小、地块多、分布散、机耕难、效益低”的现象，阻碍了农业的发展和农民的增收。自2006年起，龙州县开始探索“结对并地”，即农民自发结对进行土地互换，进而“小块并大块”。这一方面，为农村土地承包经营权流转、实现土地规模经营奠定基础，是一种更符合规模化经营的土地整合、互换、再分配模式；另一方面，在并地过程中，通过采取工程措施等有效提高了耕地质量，实质上也是一种土地整治创新模式。

“结对并地”发源于广西壮族自治区崇左市龙州县上龙乡。1999年，龙州县弄农屯在全屯范围内开展520亩土地调整，耕地由原来星罗棋布的1324小块并为整齐划一的121大块，成为龙州县“小块并大块”耕地整治的雏形。自2006年起，上龙乡以屯为单位，以连片田块为基础，村与村、屯与屯共同制定友好协议和村规民约，村与村结成友好村、屯与屯结成友谊屯、户与户结成兄弟户进行结对，拿出自己的小块土地并成大块，在无数小块并成一大块后，再按各户原有的面积重新抽签分配，并通过落实“一事一议”制度协商修缮水利渠道和机耕路，逐步推进农业生产机械化、标准化和规模化种植。“并地”的操作程序是：召开群众大会—核实地块面积—公示—确定地块及地类—规划水利、机耕路等—农户签字确认—丈量—绘图—抽签—农户签字确认—上报政府、村委备案。截至2010年年底，龙州县12个乡镇已有7个乡镇推行了土地“小块并大块”优化调整措施，调整面积3.26万亩，占全县总耕地面积的4.4%。其中，上龙乡推行最快，8个村已有7个村推行了“小块并大块”，共优化整合土地2.8万亩，占该乡耕地总面积的50.9%，占全县调整总面积的85.97%。“并地”前，上龙乡4000多名农户每户耕地少则十多块，多则几十块，且分散于各处，单块地面积最大的一亩多，最小的不到一分。“并地”后，龙州县弄农屯抢抓国家实施土地整理项目的有利时机，不断完善“小块并大块”后的农田基础设施，将全屯余下的762亩土地全部实施了“小块并大块”，并自筹24万元资金配套建设喷灌治旱工程，4米宽的道路形成一个方形环道，电线和供水管道沿路基埋设，每一块田都接有喷淋的水阀，建立了 520 亩黑皮果蔗种植示范基地，实现了农业种植规模化、耕种机械化、管理现代化。黑皮果蔗种植示范基地的亩产由并地前的 6 吨提高到了 8～12 吨，收入也由原来的每亩 6000 元提高到每亩 8000～12000 元，实现了亩产值超万元。

"小块并大块，分钱不分田" 耕地整治龙州模式的主要做法有：

1. 强化农民主体，村民自发、民主推进

一是自发自愿。各自然屯在决定 "并地" 前，由屯（队）长和党员对 "并地" 的时间、区域、群众意愿等进行初步调查，特别是把群众意愿放在首位，确保 "并地" 工作获得广泛的群众基础。二是民主议定。召开村民大会，讨论 "并地" 方案、成立工作小组等事宜，并在获得 2/3 以上村民同意后实施。三是自主实施。由村民组成工作组，核实原地块、地类和面积，张榜公示，待村民无异议后，由村民自行组织实施。四是规范分地及登记。"并地" 完成后，按农户人口、"并地" 后耕地面积采取随机抽取方式，造册登记签字确认，再由农户向政府申请换发土地承包经营证。

2. 强化政府引导，帮助扶持、示范带动

一是加强服务。组织县国土、财政、农业等部门深入田间地头，帮助、指导农民群众登记统计，绘制工程图，进行规划设计、预算编制、开展招投标等工作，协调解决 "并地" 过程中遇到的困难和问题。

二是分类指导。由县国土、农业、水利等部门组成工作组，提供技术服务，指导农民群众按照相关行业标准进行施工建设，统筹道路、水渠、边沟等农业基础设施建设，合理布局，最大限度地降低各地块之间的生产条件差异。

三是加大扶持。根据 2013 年中央 1 号文件中关于加大公共财政对农村基础设施建设的覆盖力度、逐步建立投入保障和运行管护机制的精神，该县按照自治区国土资源厅、财政厅、农业厅联合下发的《自治区鼓励农民自发开展 "并地" 耕地整治以奖代补专项资金管理暂行办法》和《关于鼓励农民自发开展耕地整治工作的意见》等文件要求，采取 "以奖代补、以补代投" 等方式，鼓励和发动群众实施 "并地"。"小块并大块" 土地平整、田间道路工程分别奖励 200～400 元/亩、100～200 元/米。整合国土、水利、财政、农业和企业资金，按建设高标准农田的层次建设相关配套设施，最大限度地减少农民投入，调动农民 "并地" 积极性。例如 2012 年，该县对实行 "小块并大块" 连片 500 亩以上、实施甘蔗高效节水灌溉的，由政府安排一定的资金建设灌溉基础设施；达到50亩以上的，由制糖企业以200元/亩的标准，补助机耕费、化肥、地膜等。2013年，该县又出台了《龙州县2013—2015年甘蔗产业发展扶持实施办法》，对新建规模2000亩以上的甘蔗种植专业公司、300亩以上的合作社、100亩以上的家庭农场给予每亩150元的奖励扶持。

四是示范带动。选择基础好、见效快、辐射广的村屯，集中人力、财力、物力实施“小块并大块”耕地整治和甘蔗高效节水灌溉建设，树立典型，示范带动，激发农民群众参与支持“小块并大块”耕地整治的积极性和主动性。如上龙、彬桥、水口、逐卜等乡镇通过“并地”，建成了2.85万亩甘蔗节水灌溉示范基地，为龙州县农业现代化发展奠定了坚实基础。

3. 强化企业参与，探索创新整治模式

根据2013年中央1号文件中关于稳定农村土地承包关系，鼓励和支持承包土地向专业大户、家庭农场、农民合作社流转，大力支持发展多种形式的新型农民合作组织，培育壮大龙头企业的精神，龙州县因地制宜，积极探索实施与现阶段“小块并大块”耕地整治相适应的新模式。

一是大户承包经营构建家庭农场模式。如朔龙农业综合开发公司（个体老板）在政府不给予任何扶持的情况下，在上降乡里成村实施土地流转，承包500亩耕地，建成了水肥一体化高效节水灌溉甘蔗基地。该模式的优点在于由企业全额投资，项目建设周期短、见效快，典型示范性强。

二是“并户联营”构建农民专业合作社经营模式。如逐卜乡弄岗村那坎屯72户农民，将各自的小块土地并成一块面积达500亩的甘蔗地，交由该屯成立的农民专业合作社经营管理，由3户专业种植大户具体实施。通过机械化耕作，进行水、肥、药一体化管理，提高甘蔗单产。农户按照土地比例投入和收益。每年每亩保底5吨，超过5吨则按六四分成，农户六成，专业种植户四成。该模式可实现农户与农民专业合作社收益共享、风险共担，将农民从土地上“解放”出来，使其能外出务工，增加其收入。

三是“公司+基地+农户”新型农场模式，即农业开发公司承包农户土地，农户进行土地流转，政府在水源建设等方面给予企业支持和补助，由企业实施甘蔗高效节水灌溉和甘蔗“六化”，应用甘蔗种植现代科技提高单产和土地产出率。如2011年，龙州节节高农业产业开发公司在彬桥乡清明村、上龙乡板汪和弄平村、水口镇埂宜村分别实施3000亩、5000亩、3500亩的第一期甘蔗高效节水灌溉工程，最大限度地让利于民。该模式可确保农户有稳定的租金收益和劳务收益，实现企业增效、农民增收、财政增长，促进农业综合扶贫开发。另外，在实施“小块并大块”的基础上，龙州县荒田屯通过农户合资的方式建设了60亩绿色生态体验农业示范点——百果园。2011年，荒田新村将960多亩土地流转承包给广州大唐公司，以“公司+基地+农户”的经营模式，建设了香蕉标准化种植基地。村民从中除获取每亩每年900元的租金外，还以返聘方式在大唐公司担任蕉园管理员，使农民足不出户就有多重收入。土地流转后，荒田新村依托周边水陇水库、红军路、土司文化旧址等旅游资源，大力发展农家乐旅游，多渠道增加收入。

四是实施土地整理项目模式。如武德乡板想村的高效节水灌溉项目，主要是利用上级的土地整理项目来实施。该项目投资2232.4万元，面积达7000亩，在实施“并地”后建设水利设施，依托绿施水库进行渠灌，由农民进行规模化、机械化经营。

4. 强化资金整合，多元投入、强力驱动

一是抓住自治区鼓励农民自发开展“小块并大块”耕地整治以奖代补的机遇，鼓励和指导各乡、镇、村、屯农户实施“并地”后，积极申报以奖代补扶持资金。

二是整合国土、水利、财政、农业等资金，统筹安排，加大投入。广西壮族自治区安排农民自发开展耕地整治，投入奖补资金和管理工作经费。奖补资金通过“一卡通”直接发放给获得奖补的农户，管理工作经费实行单列，用于支付奖补管理工作所需的技术费用和业务管理费用；拨付到市、县财政的奖补资金和管理工作经费实行专账核算、专项管理、专款专用、即到即拨，严禁虚报、套取、截留和挪用；各市、县、乡镇政府及相关部门加大对鼓励农民自发组织耕地整治工作的监督和成果核定管理，对建设质量不合格、不能发挥使用效益的耕地整治，不予下发奖补资金。

三是大力支持农业产业龙头企业参与土地流转，出资投入“小块并大块”耕地整治和甘蔗高效节水灌溉建设，实施“公司+基地+农户”规模化经营，增加农民收入，提高企业效益，实现“小块并大块，分钱不分田”的目标。

四是鼓励乡村集体和农民个人增加投入或投工投劳，充分发挥农民群众的主体作用。

5. 强化规范管理，依法确权、维护民利

“并地”后的土地权属、新增耕地调整是难点，容易引起群众间的矛盾纠纷。针对该问题，龙州县根据2013年中央1号文件中关于健全农村土地承包经营权登记制度，强化对农村耕地、林地等各类土地承包经营权的物权保护的精神，投入16万元，建立了“小块并大块”耕地整治信息管理平台。由乡镇政府收集、整理自1995年以来相关的土地承包材料和“小块并大块”后新的土地权属信息，并张榜公示，待群众确认无误后录入系统，经县农业部门再次审核后，由县政府换发新的土地承包经营证。目前，换证工作已在全县有序开展。

通过“结对并地”“小块并大块”等方式，改善了农业机械化作业条件，提高了农户增加农业投入的积极性，促进了农业产业结构调整及规模经营，增强了土地利用节约集约水平和村民民主管理意识等，取得了良好成效。

（1）有利于农业机械化作业，便于统一生产经营管理，进一步解放了生产力。上龙乡荒田屯村民龙天葵感受很深，他家16亩土地共分为76小块，过去装一车甘蔗要转几十个地方，现在土地整合成两大块，工作效率大大提高。

（2）有利于提高农户增加农业投入的积极性。过去田块小、零散，群众觉得修路、修水渠道、建田头水柜和安装滴灌喷灌设施等投入大且收益少，不划算。“小块并大块”后，村屯一般都筹资筹劳建设农业基础设施。如上龙乡把敏屯筹资4.2万元，扩建了1000多米机耕路，改善了农业生产条件。

（3）有利于产业结构调整和规模经营，促进农民增收、农业增效。土地零散经营，难以形成规模，也难以吸引经销商。开展“小块并大块”后，规模经营有了基础。如上龙村弄农屯连片种植香蕉和黑皮果蔗，经济效益很好。

（4）有利于节约集约使用土地和减少矛盾纠纷。土地整合后，减少了农户间田埂的占地，增加了土地使用面积。如上龙乡荒田屯土地整合后，用水纠纷、土地纠纷等多发性矛盾基本消除。

（5）有利于提高村民民主管理的意识。为改善农村生产生活条件，农民群众纷纷出谋划策，通过“一事一议”筹资筹劳加强农业基础建设，积极参与村内民主管理，增强了村民民主议事与决策的意识。

通过“结对并地”“小块并大块”等方式，改善了农业机械化作业条件，提高了农户增加农业投入的积极性，促进了农业产业结构调整及规模经营，增强了土地利用节约集约水平和村民民主管理意识等，取得了良好成效。截至2017年，龙州县12个乡镇已推行耕地“小块并大块”措施，整治面积累计达29.3万亩，占全县总耕地面积的39%。为探索新形势下耕地保护新机制，建设高标准农田提供了有益尝试，在全国开了先河，得到国务院相关部委、自然资源部和自治区党委、政府的高度重视。现今广西壮族自治区正在开展“美丽广西·清洁乡村”行动，搞土地整治，建高标准农田。发展高效农业正是为清洁家园、清洁水源、清洁田园作贡献，龙州县这个文明新村就是“美丽广西·清洁乡村”的真实一景。

**【社会评价】**

龙州县围绕“农业增效、农民增收、农村繁荣”的目标，突出“五个强化”，创新实施“小块并大块，分钱不分田”的耕地整治龙州模式，加快推进甘蔗高效节水灌溉工程，转方式、调结构，大力发展蔗糖循环经济主导产业，以“先建后奖”方式，鼓励农民自发开展耕地整治，促使整治区域内的农村土地利用格局明显优化，耕地质量和综合生产能力明显提高，农民生产条件和生活环境明显改善，土地承包经营权流转和适度规模经营取得明显成效。

“结对并地”“小块并大块”是土地承包经营权和谐流转的新模式，但从土地管理角度讲，也可以被看作是一种群众自发、小规模、低水平的土地整治创新模式。这种模式，虽然政府投入很少，但因遵循了做群众工作必须坚持的“群众自愿、民主管理”“因地制宜、量力而行”的基本原则，通过实施规模化、集约化、机械化生产，农业获得规模效益，生产力大大提高，在劳动力需求减少，农民得以摆脱土地束缚，转而从事第二、第三产业，实现转移就业，增加收入等方面取得了很好的成效，对创新农村土地整治、加强耕地保护工作有重要的借鉴意义。

**【政策文件】**

《自治区鼓励农民自发开展“并地”耕地整治以奖代补专项资金管理暂行办法》。

《关于鼓励农民自发开展耕地整治工作的意见》（桂国土资发〔2012〕57号）。

《龙州县2013—2015年甘蔗产业发展扶持实施办法》。

## 广西壮族自治区人民政府办公厅关于印发《广西整村推进土地整治重大工程实施方案》的通知

## （桂政办发〔2009〕194号）（节选）

七、2009年实施计划

（一）总体计划

2009年计划安排14亿元，建设80个左右整村推进土地整治示范项目，综合整治60万亩土地，建设期限为两年。

（二）项目选择

1. 项目选择的原则和重点实施区域

整村推进土地整治项目确定要遵循“符合规划、集中连片、突出综合整治的示范效应”原则，以流域（水系）和区域性整治为主，坚持“五个相结合”，突出“五个重点区域”。“五个相结合”指整村推进项目要与基本农田保护、现代农业发展、新农村建设、城乡用地增减挂钩、地质灾害防治相结合。“五个重点区域”包括基本农田重点分布区、粮食主产区、特色农业示范区、新农村建设示范区、后备资源富集区。

2009 年重点在广西北部湾经济区、桂中治旱区、城乡风貌改造区、沿边地区、重要交通干线等地区实施整村推进土地整治重大工程。

2. 项目应具备的基本条件

（1）符合当地土地利用总体规划和经济社会发展规划，区位条件和交通条件较好。

（2）项目实施规模不小于 5000 亩且集中连片，丘陵地区实施规模可适当调整。

（3）农业资源条件较好、灌溉水源有保证、增产潜力较大并具备实施土地整治工程建设的基本条件。

（4）有良好的群众基础，有组织能力较强的村委会和村党支部带头人，有要求村庄整治的强烈意愿。

（5）当地政府工作积极性高，组织实施能力强，并能够以土地整治工程为载体，聚合相关涉农资金，共同投入项目区集中使用。

在符合上述条件的前提下，优先实施已经编制村镇建设规划和新农村建设村庄整治规划的整村推进项目。

**【信息链接】**

媒体线索：

广西鼓励耕地“小块并大块”激活农村土地改革新动力［EB/OL］. 人民网——广西频道，http：//gx. people. com. cn/n/2014/0320/c179430-208 24580. html.

广西壮族自治区人民政府办公厅关于印发《广西整村推进土地整治重大工程实施方案》的通知（桂政办发〔2009〕194 号）［EB/OL］. 广西造价信息网，http：//www. gxzj. com. cn/news. aspx? id=14195.

广西龙州农村土地“小块并大块”改革见闻［EB/OL］. 新华网，http：//news. xinhuanet. com/2015-05/21/c_1115364059. htm.

龙州县小块并大块突出“五个强化”［EB/OL］. 农业部网站，http：//www. moa. gov. cn/fwllm/qgxxlb/gx/201306/t20130603_3482013. htm.

龙州县“小块并大块”耕地整治有了区级定义［EB/OL］. 新华网，http：//www. gx. xinhuanet. com/2015-04/23/c_1115072140. htm.

龙州县弄农屯：土地“小块并大块”村民集体奔小康［EB/OL］. 人民网——广西频道，http：//gx. people. com. cn/n/2015/0526/c179430-25016822. html.

龙州县人民政府关于印发《龙州县 2015 年落实稳增长若干措施》的通知［EB/OL］. 龙州县人民政府，http：www. longzhou. gov. cn/zwgk/zfxxgkml/zfwj/10279.

“小块并大块”并出上龙新天地［EB/OL］. 广西新闻网，http：//sub. gxnews. com. cn/staticpages/20150527/newgx55653218-12882369. shtml.

广西崇左荒田屯：小块并大块并出新天地［EB/OL］. 农业产业信息网，http：//www. d1cy. com/news/201505/28/493052. html.

肖建刚到龙州县调研：推广完善土地整治新模式［EB/OL］. 广西壮族自治区自然资源厅网站，http：//www. gxdlr. gov. cn/show？id=49267.

文章线索：

卢艳霞，黄盛玉，王柏源，等．农村土地整治创新模式的思考——基于广西壮族自治区崇左市龙州县“小块并大块”的启示［J］. 中国土地科学，2012，26（2）：84-87.

陶琦，李欣松，覃卫勇，等．“小块并大块”：集约耕地更惠民生——广西龙州县实施上龙土地整理项目纪实［J］. 南方国土资源，2010（1）：14-16.

赵丽．“小块并大块”——农业用地平整的龙州实践［J］. 广西经济，2011（11）：46-47.

## 6.2　“社会参与、市场导向”模式

### 四川省成都市

**【案例摘要】**

为了进一步发挥农民的主体作用和市场配置资源的基础性作用，显化农民土地资产的价值和权益，实现“还权赋能”，构建城市反哺农村、城乡统筹发展的机制，自 2010 年以来，在总结成都市农村土地综合整治经验的基础上，成都市委、市政府经过反复研究，决定开展农村土地整治节约的建设用

地指标在有形市场公开交易、有偿使用和构建农民自主、市场交易、持证准入、收益返还机制的尝试，探索建立起建设用地指标交易制度和农村土地综合整治新机制，实现鼓励社会投资者参与，变土地综合整治、增减挂钩项目由政府主导实施为农民集体和农户自主实施的目标。

**【案例介绍】**

2008年“5·12”汶川地震后，成都市充分运用自然资源部灾后重建支持政策，将都江堰市、彭州市等地震重灾区具备复垦条件的农村居民点和零星分散宅基地，与区位条件好、发展较快的双流区、郫都区等城镇组成城乡建设用地增减挂钩项目区，以筹集重建资金、有力支撑地震重灾区农房快速、高水平重建。与此同时，紧密结合第二次全国土地调查，全力推进农村产权制度改革，扎实开展集体土地“确实权、颁铁证”。2010年基本完成了集体土地确权颁证工作，明晰了农民群众的土地权益，建立了城乡统一的土地产权登记制度，做到了“应确尽确、五个一致（土地、台账、证书、合同、耕保金）、程序规范、群众满意”，为开展包括建设用地指标在内的农村土地产权交易奠定了坚实基础。

成都市探索建立建设用地指标交易制度，是在城乡建设用地增减挂钩政策框架下，通过整理、复垦农村废弃建设用地，并将农村集体经济组织或农户拥有的、附属于集体建设用地（含宅基地）上的土地发展权剥离出来（同时对失去土地发展权的农村集体和农户给予经济补偿），以“建设用地指标”的形式，通过在有形市场公开交易、有偿使用，实现土地发展权的再次配置，为协调耕地保护和城市开发的利益平衡、促进城乡统筹发展搭建起一座“桥梁”。

2010年11月，成都市国土资源局发布了《关于进一步完善国有经营性建设用地使用权出让“持证准入”制度的公告》，要求公告后参加成都市国有经营性建设用地使用权竞买的申请人，须持相应面积的《建设用地指标证书》方可报名；竞买人可通过实施农村土地综合整治项目直接获取建设用地指标，也可在成都农村产权交易所购买相应面积的建设用地指标。2010年12月，成都农村产权交易所组织开展了“持证准入”公告后的首次建设用地指标交易，推出的2000亩国有建设用地指标，平均成交价达到了72.49万元/亩，惊动了社会各界，引起了广泛关注。成都市政府经反复研究、讨论，认为这样的交易制度还需要完善，即在强调进一步发挥农民集体和农户的主体作用的基础上，从指标来源、用途、交易方式、价格、期限等多方面对指标交易制度进行优化，将国有经营性建设用地出让“持证准入”调整为“持证准用”，并完善了指标交易信息披露、市场动态监管等配套措施。2011年5月，建设用地指标交易恢复，按照优化完善后的制度和规则进行。2011年，全市通过统一的交易市场流转的集体建设用地共计46宗，涉及流转总面积1400亩，流转总价4.5亿元。

成都市将建设用地指标交易和国有土地使用权出让相结合，其出发点一方面是让参与城市开发的投资者积极参与城乡统筹；另一方面是通过市场交易机制保障农村和农民分享城市化的土地收益，通过实施建设用地指标交易将国有土地使用权出让收入的一定比例转移支付给农村。这也是成都市继建立耕保基金制度之后，在构建城市反哺农村、城乡统筹发展长效机制方面作出的又一重要的制度创新。

**【社会评价】**

成都市建立建设用地指标交易制度，有利于满足城市化的用地需求，同时又能保护耕地，确保在18亿亩耕地红线不被突破的前提下，促进土地资源节约集约利用，优化资源配置，建立促进城乡生产要素相互流动的新机制，统筹城乡经济全面、协调、可持续发展；能够充分尊重农民和农村集体的复垦立项意愿、指标流转意思自治等，将农民和农民集体视为复垦的权利人和责任主体；在利益分配上倾向于农民，吸引农民和农村集体参与到改革进程中。

**【政策文件】**

**成都市国土资源局**

**关于完善建设用地指标交易制度促进农村土地综合整治的实施意见**

**（成国土资发〔2011〕80号）**

各区（市）县人民政府：

为进一步发挥农民的主体作用和市场配置资源的基础性作用，显化农民土地资产的价值和权益，实现“还权赋能”，构建城市反哺农村、城乡统筹发展的机制，经市政府研究同意，现就完善建设用地指标交易制度促进农村土地综合整治提出如下实施意见。

一、进一步发挥农民集体和农户的主体作用

（一）农村土地综合整治项目的申报主体为农民集体和农户。农村土地综合整治项目立项，可由农民集体和农户以村为单位或者多村联合申报；也可由农民集体和农户委托投资者、政府土地整治专业机构等申报立项，但须出具授权委托书。

（二）农村土地综合整治项目的资金筹集方式由农民集体和农户自主决定。农村土地综合整治项目立项批准后，农民集体和农户可以自行筹资实施，也可寻找投资者。

（三）农村土地综合整治项目实施中的重大事项由农民集体和农户自主决定。农村土地综合整治项目实施过程中，农民集中居住区点位选址、建房方式、房屋户型、收益分配、权属调整等重大事项由农民集体和农户自主决定。

（四）农村土地综合整治项目实施完成后节余的建设用地指标归属由农民集体和农户自主决定。农民集体和农户自行实施农村土地综合整治项目，节余建设用地指标全部归农民集体和农户所有；农民集体和农户委托投资者、政府土地整治专业机构实施农村土地综合整治项目的，节余建设用地指标归属由双方合同约定。

二、完善建设用地指标交易制度

（五）建设用地指标的来源。通过实施农村土地综合整治项目，整理废弃农村建设用地并复垦为耕地，扣除农民集中居住区占地、预留给农民集体的发展用地，经验收合格节余的建设用地面积，为建设用地指标。

（六）建设用地指标的用途。建设用地指标作为国有经营性建设用地首次出让的“准用”条件。成都市中心城区、二圈层区县（含青白江区）的国有经营性建设用地（不含工业用地）使用权首次出让，竞得人须持有相应面积的建设用地指标签订《国有建设用地使用权出让合同》；三圈层县（市）的国有经营性建设用地（不含工业用地）使用权首次出让，竞得人在签订《国有建设用地使用权出让合同》时，须按照市政府确定的建设用地指标当年最低保护价标准，缴纳竞买宗地相应面积的建设用地指标价款。成都市范围内城镇改造整理出的国有经营性建设用地使用权出让（非首次供应），竞得人不需持有建设用地指标，也不缴纳建设用地指标价款。

（七）建设用地指标的交易方式。建设用地指标可采取挂牌、拍卖等多种方式，在成都市土地（矿权）交易中心、成都农村产权交易所进行交易，经登记生效。建设用地指标交易后，不得再次转让，但可以分割、合并使用。

（八）建设用地指标的价格。建设用地指标的价格应以最低保护价为基础，按市场规则由交易双方决定。建设用地指标的最低保护价在考虑实施农村土地综合整治项目的成本，包括农村基础设施建设、公共服务配套、农房建设的“四性”要求等基础上，由成都市人民政府每年1月1日确定并公布。

2011 年建设用地指标的最低保护价为每亩 18 万元。

（九）建设用地指标的期限。建设用地指标自交易、登记生效之日起 2 年内有效。在规定期限内未使用的，由成都市人民政府指定的机构按建设用地指标当年最低保护价回购。

（十）建设用地指标的收益分配。农民集体和农户自行实施农村土地综合整治项目，收益归农民集体和农户所有；农民集体和农户委托投资者、政府土地整治专业机构实施农村土地综合整治项目的，节余建设用地指标的收益由双方按合同约定分享。建设用地指标交易后，由指标供给方按成交价款的10%缴纳基础设施配套费。

（十一）建设用地指标的登记管理。经立项、实施、验收合格的节余建设用地指标，由市国土资源管理部门登记并发放《建设用地指标证书》。指标证书载明验收合格证号，做到产生地、面积、验收项目等各项数据信息和档案资料完备，可溯源和复核。按规定直接使用节余集体建设用地的，不发放《建设用地指标证书》。

建设用地指标权利人可根据《建设用地指标交易成交确认书》或《国有经营性建设用地使用权出让成交确认书》，申请建设用地指标变更登记。

三、完善配套措施

（十二）健全指标交易信息披露机制。加强土地市场和指标市场信息化建设，及时公布土地及指标供需相关信息，确保政策、信息公开透明。

（十三）健全指标交易市场动态监管机制。对建设用地指标交易市场进行动态监测，同时针对异常状况，采取相应处置措施。

（十四）促进指标市场与国有土地市场协调运行。根据指标市场供需情况，适时进行交易，实现指标交易常态化。考虑建设用地指标价格等因素，合理确定国有经营性建设用地出让起始价，确保土地市场健康发展。建设用地指标价款计入取得土地的总成本。

（十五）鼓励各类资金参与农村土地综合整治。投资者可在成都市范围内投资农村土地综合整治项目，与农民集体和农户就整治规模、资金投入、补助金额、农房建设标准、指标归属等相关事项进行商谈。各区（市）县政府及相关部门应按照各自职责，进一步做好项目规划、立项、推介、验收及法律等服务和监管工作，引导投资者与农民集体和农户直接签订投资协议。

（十六）建立健全指标交易指导协调机制。按照“严格审批、局部试点、封闭运行、风险可控”的要求，做好建设用地指标交易政策衔接。积极争取国土资源部、省国土资源厅的业务指导，并成立专家咨询委员会，对建设用地指标交易情况及时研判、沟通、协调和评估，积极稳妥推进农村土地综合整治工作。

二〇一一年四月十三日

【信息链接】

媒体线索：

改善民企参与土地整治投资环境，成都首例“持证准用”用地指标融资成功［EB/OL］. 成都农村产权交易所，http：//pj. cdaee. com/www/article/jrfw/ncjrfwdxal/201808/20180800001940. shtml.

关于实行国有经营性建设用地使用权出让“持证准入”制度的公告［EB/OL］. 四川日报，news. 163. com/10/0805/07/6DABE82000014AED. html.

解读成都土地“持证准用”竞得人必须持“地票”［EB/OL］. 房天下，http：//news. cd. fang. com/2011-04-19/4886015. htm.

文章线索：

刘澄宇，龙开胜．集体建设用地指标交易创新：特征、问题与对策——基于渝川苏浙等地典型实践［J］. 农村经济，2016（3）：27-33.

杨惠，张燕萍．成渝两地建设用地指标交易制度的对比研究［J］. 经济法论坛，2013，11（2）：241-255.

## 6.3 “统筹规划、综合整治”模式

### 湖南省

【案例摘要】

为了提高农村土地的综合效益，从2009年开始，湖南省积极探索土地整理向农村土地综合整治转型，逐步实现了“由单一的土地整理向‘田、水、路、林、村’综合整治转变”“由国土资源部门一家投入向政府牵头、多部门以及社会资金共同投入转变”“由增加耕地、改善耕地质量的单一目标向增加耕地、提高农业综合生产能力、推进村庄整治、发展现代农业等多目标转变”这三大转变，形成了农村土地综合整治“三结合三促进一聚合”的“湖南模式”，即土地整治与提高农业综合生产能力相结合，促进高标准基本农田建设；与新农村建设相结合，促进基础设施和人居环境改善；与发展现代农业相结合，促进农业增效、农民增收；以土地整治为平台，有效聚合各类涉农

资金，集中投入项目区建设。

【案例介绍】

2016年，为规范全省农村土地整治项目管理，湖南省政府制定了相关规划，根据相关法律、法规和政策的规定，结合湖南省实际，制定了《湖南省农村土地整治项目管理办法》。

该办法要求在农村土地整治中要统筹规划，聚合资金，集中连片开展“田、水、路、林、村”综合治理，优化土地利用结构与布局，增加有效耕地面积，加强生态环境保护，改善农村生产生活条件，促进现代农业发展和社会主义新农村建设，推动城乡统筹协调发展。

高标准基本农田，是通过农村土地整治建设形成的集中连片、设施配套、高产稳产、生态良好、抗灾能力强、与现代农业生产和经营方式相适应的基本农田。简而言之，高标准基本农田就是能够实现旱涝保收的基本农田。然而统计显示，湖南省4885万亩基本农田中，有85%以上达不到旱涝保收的条件。为此，湖南省以农村土地整治为抓手，积极推进高标准基本农田建设，要求建设“绿色湖南”。其主要做法有：

1. 科学编制土地规划

科学规划是建设“绿色湖南”的重要基础保障。促进“绿色湖南”建设，重在结合部门职能，优化国土空间开发格局，编制科学的“绿色规划”。湖南省国土资源厅通过编制实施国土整治规划、土地利用总体规划等各类规划，积极优化国土空间开发格局，促进“绿色湖南”建设。根据重点开发区、优化开发区、限制开发区和禁止开发区的功能定位及配套政策，科学编制了《湖南省国土资源“十二五”规划》，明确到2015年，全省建设用地总规模控制在162万公顷以内，耕地保有量不低于377万公顷，主要矿种平均开采回采率和平均选矿回收率提高3%~5%，单位地区生产总值土地消耗面积降低到10.50公顷/亿元。自2000年以来，湖南省国土资源部门积极探索土地整理向农村土地综合整治转型，开展了大规模的田、水、路、林、村综合整治，在全国率先开创了土地整治与提高农业综合生产能力、改善农业生态条件相结合，促进高标准基本农田建设；与新农村建设相结合，促进基础设施和人居环境改善；与发展现代农业相结合，促进农业增效、农民增收；以土地整治为平台，有效聚合各类涉农资金，集中投入项目区建设的土地综合整治“三结合三促进一聚合”“湖南模式”。累计新增耕地150余万亩，建设高标准基本农田600余万亩，连续13年实现耕地占补平衡和耕地总量动态平衡。

2. 实施矿山复绿工程

湖南省将矿山地质环境治理作为促进“绿色湖南”建设最直接、最重要、影响面最大的切入点之一，多措并举，积极推进绿色矿山建设。湖南省先后开展了由省政府主导，国土资源、公安、煤监等14个省直属部门参与的整治矿山超深越界专项行动和深入整顿规范矿产资源开发秩序专项行动，关闭、整合各类矿山近2000个。同时，该省大力开展矿山地质环境调查和治理，投入资金5000余万元，对全省7328个在建、闭坑矿山逐一开展矿山地质环境调查；争取中央资金超过13亿元，连续实施了冷水江、资兴、耒阳3个资源枯竭型城市矿山地质环境恢复治理项目，以及湘潭锰矿区和郴州苏仙区多金属矿区2个国家矿山地质环境恢复治理示范工程等项目；以全国矿山复绿行动为契机，启动了郴州宝山、柿竹园以及湘潭锰矿3个国家级矿山公园和沅陵沃溪金锑钨矿等18个国家级绿色矿山的建设工程。湖南还通过财政投入和矿山自筹两种方式，筹措资金20亿元以上，督促2000个矿山实施矿山复绿工程。

3. 加强地质环境治理

湖南省是全国受地质灾害威胁最严重的省份之一，地灾高等级和中等级易发区面积占全省总面积的77%，目前已查明各类地灾隐患1.22万处，直接威胁人口达91.5万人。在长期遭受地灾侵扰的湖南人民心中，绿就是家园的平安、亲人的幸福。2004年，湖南省在全国率先推行了覆盖全矿种、全矿山的矿山地质环境治理备用金制度。截至2012年年底，共收存备用金23.97亿元，督促矿业权人投入6.75亿元用于矿山环境治理和矿山复绿，目前全省已有1187座矿山通过验收。湖南省不断加强地质环境治理，着力打造绿色家园。省政府出台了《关于加强地质灾害防治工作的意见》，组建了省地灾应急中心，编制了《湖南省突发地质灾害应急预案》和《湖南省“十二五”地质灾害防治规划》；近两年投入资金3亿多元，30个县市区开展了1：50000比例尺的地灾详查，避让搬迁1.8万余人，成功预报、避让地灾87起，避免人员伤亡5639人，近10年没有发生群死群伤事件。

湖南模式的出现，表明了各地土地整治观念认识在不断深入，土地整治在范畴、目标、内涵方面都发生了深刻变化。在整治范畴上，已由分散的土地开发整理向集中连片的田、水、路、林、村综合整治转变；在整治目标上，已由单纯的补充耕地向建设性保护耕地、推进新农村建设和城乡统筹发展相结合转变；在整治内涵上，已由以增加耕地数量为主向“数量管控、质量管理、生态管护”三位一体综合管理转变。

【社会评价】

湖南省“三结合三促进一聚合”的土地综合整治措施极大地提升了基础设施水平，改善了农民的居住环境和出行条件，提供了更多的就业机会，促进了高标准基本农田建设和现代农业产业的发展，促进了农业增效、农民增收，对落实国家统筹区域发展战略、促进中部地区快速崛起具有重大的现实意义和深远的战略意义。

【政策文件】

**湖南省农村土地整治项目管理办法（节选）**

**第一章　总　则**

…………

第三条　农村土地整治要统筹规划，聚合资金，集中连片开展“田、水、路、林、村”综合治理，优化土地利用结构与布局，增加有效耕地面积，加强生态环境保护，改善农村生产生活条件，促进现代农业发展和社会主义新农村建设，推动城乡统筹协调发展。

…………

**第四章　项目实施**

第二十四条　县级国土资源部门应提请同级人民政府成立项目实施组织领导机构，建立相关制度，明确责任分工，强化工作措施，确保项目顺利实施。

第二十五条　县级土地整治机构依据项目设计和预算组织编制项目实施方案，并在项目所在地公告。

第二十六条　项目工程施工实行监理制，由县级土地整治机构按规定选取工程监理单位。监理单位应制定工程监理方案，并报市级土地整治机构审定。

第二十七条　项目施工分批次统一时间集中进行招投标，省土地综合整治局根据项目预算和建设任务下达时间，规定每批次项目集中招标时间。

第二十八条　由县级国土资源部门会同相关部门，按照招投标法律法规及相关政策的规定，具体确定项目施工招标方式。县级土地整治机构应按规定选取项目施工招标代理机构，由招标代理机构具体承担施工单位的招投标工作。

项目标段划分应符合相关规定，施工招标文件确定的发标工程量必须与经批准的项目设计完全一致。

第二十九条 工程监理单位和施工单位确定后，县级土地整治机构应分别与相关单位签订监理合同和施工合同。

第三十条 项目开工前设计单位应当进行设计技术交底，做好项目实施中有关设计的咨询、指导等技术服务工作。

第三十一条 项目施工单位应按规定确定项目经理和相关技术人员，按照项目设计和有关技术标准及合同约定施工，并加强施工现场管理。对出现质量问题或验收不合格的工程负责返工或返修，对因违反项目设计、施工合同延误农时等造成经济损失的，依法负责赔偿。

第三十二条 工程监理单位应当依照项目设计、有关技术标准、合同约定和工程量清单进行工程监理，对工程投资、质量和进度进行控制，承担监理责任。

第三十三条 项目建设任务及预算一经下达原则上不得变更，确需变更的，必须按照相关规定报批，经审批同意后方可施工。

涉及建设范围、建设规模、投资规模、新增耕地面积调整的，由省国土资源厅审批。其他变更由市级国土资源部门审批。

有权批准机关应进行实地核实，同意变更的由原项目设计单位编制设计变更和预算调整方案。因设计变更增加的投资预算，由项目所在县市区自行解决。

第三十四条 项目原则上应在项目建设任务书规定的时间内完成项目验收，因特殊原因确需延期的，由县级国土资源部门逐级向省国土资源厅报批。

自预算下达之日起2年内未开工的项目，停止项目实施，按规定追回项目资金，另行安排。

第三十五条 省土地综合整治局、市级土地整治机构应加强项目实施管理，监督招投标工作，督促项目实施进度，稽查工程质量、资金使用等情况，及时解决项目实施中出现的重大问题。

县级土地整治机构应加强项目现场管理，控制工程投资、质量和进度，及时处理项目实施中出现的问题。

…………

## 第八章 监督检查

第五十五条 省国土资源厅和市级国土资源部门应联合纪检、监察、检察等部门，建立项目组织实施责任追究制度，对项目管理中失职、渎职，甚至伙同施工单位、中介机构弄虚作假的，严肃追究相关单位和人员的责任。涉嫌犯罪的，应移送司法机关处理。

第五十六条 各级国土资源部门及其土地整治机构应当建立项目实施定期检查制度，对项目实施进度、工程质量、中介机构从业情况等进行监督检查。要建立信息公布和反馈平台，及时按规定公布相关信息，受理相关建议意见。

第五十七条 省国土资源厅和市级国土资源部门应分别将农村土地整治工作开展情况作为市州、县市区人民政府耕地保护责任目标考核的重要内容，严格考核与奖惩。

第五十八条 各级国土资源部门及其土地整治机构应建立对项目测绘、设计、招投标代理、监理、施工、审计等机构的诚信考核制度，切实加强从业管理。

第五十九条 项目建设有关单位应主动接受财政、监察、审计等部门对项目实施和资金使用情况的监督检查，主动接受社会监督。

**【信息链接】**

媒体线索：

湖南省农村土地整治现状及相关政策［EB/OL］. 个人图书馆，http：//www. 360 doc. com/content/16/0925/20/33093154_593585370. shtml.

湖南省农村土地整治项目管理办法［EB/OL］. 土流网，https：//www. tuliu. com/rea d-36988-3. html.

湖南省国土资源厅关于印发《湖南省农村土地整治项目管理办法》的通知［EB/OL］. 湖南省人民政府，http：//www. hunan. gov. cn/xxgk/wjk/szbm/szfzcbm_19689/sgtzyt_19762/gfxwj_19763/201405/t20140505_4885056. html.

湖南国土资源系统助力“绿色湖南”建设记略［EB/OL］. 吉屋网，http：//cq. jiwu. com/news/1498854. html.

土地综合整治形成“湖南模式”［EB/OL］. 湖南日报，http：//hnrb. voc. com. cn/hnrb_epaper/html/201302/01/content_620476. htm? div=-1.

文章线索：

姚艳，高世昌. 农村土地整治模式创新探析［J］. 中国土地，2014（5）：35-37.

## 6.4 “政府主导、城乡互动”模式

### 重庆市

**【案例摘要】**

为缓解城乡建设用地供需矛盾，促进农村集体建设用地节约集约利用，重庆市于2008年12月成立了农村土地交易所，试图通过建设用地挂钩指标交易的方式探索建立城乡统一土地市场的新模式。地票交易制度的基本原理与城乡建设用地增减挂钩制度相同，其创新之处在于运用指标概念市场化配置土地发展权。地票交易制度既是土地制度改革领域的一次重大突破，也是土地发展权流转实践的一次积极试验。作为统筹城乡综合配套改革试验区，重庆市通过地票交易统筹配置城乡建设用地资源，在解决工业化、城镇化过程中建设用地短缺的同时，盘活了农村建设用地，提高了农民财产性收入，成效显著；重庆市地票交易制度在理论上为破除长期以来困扰农村土地市场化改革的制度性障碍提供了可行思路，对我国统筹主体功能区土地资源配置产生了深远的影响。

**【案例介绍】**

2008年12月4日，伴随着重庆市农村土地交易所的挂牌成立以及地票的第一次公开拍卖，“地票”由此走进人们的视线。

地票是指将闲置的农村宅基地及其附属设施用地、乡镇企业用地、农村公共设施和农村公益事业用地等农村集体建设用地进行复垦，变成符合栽种农作物要求的耕地，经由土地管理部门严格验收后腾出的建设用地指标，由市国土房管部门发给等量面积建设用地指标凭证，这个凭证就称为“地票”。地票是建设用地指标凭证的通俗说法，尽管目前尚未规定地票拥有者在城市建设用地拍卖中有优先权，但是地票仍被称为“土地VIP卡”。地票交易，字面理解就是在特定场所对地票进行买卖。现实中，因二级市场尚未成形，地票交易仅仅是指在农村土地交易所进行的一级市场地票拍卖。需要注意的是，地票交易仅仅是民间对指标交易的称呼，官方仍称地票交易为“指标交易”。

2008年12月4日，重庆市农村土地交易所挂牌，该交易所以“地票”作为主要交易标的，中国的地票交易制度就此诞生，重庆市农村土地交易所进行了第一场地票拍卖。2009年2月，《国务院关于推进重庆市统筹城乡改革和发展的若干意见》正式批准重庆市建立统筹城乡的土地利用制度，在确保基

本农田总量不减少、用途不改变、质量有提高的基础上，稳步开展城乡建设用地增减挂钩试点。2009年12月3日，重庆市农村土地交易所进行第六次地票拍卖，共有玉豪龙公司、腾翔公司、中渝公司、晋愉公司、东港公司、龙湖地产6家民企拿到过地票。截至2009年12月3日，重庆市农村土地交易所成交44宗地票交易，共计8300亩用地指标，成交总金额7.38亿元，均价每亩9万元。重庆玉豪龙实业（集团）有限公司成为第一个“吃螃蟹的人”，2008年12月4日，该公司以2560万元拍下第一张地票；2010年2月4日，重庆媒体称该公司已经“兑现”地票。

重庆地票的运行模式如下：

（1）规划布局。市国土资源行政主管部门依据土地利用总体规划、城镇规划，编制城乡建设用地挂钩专项规划，确定挂钩的规模和布局，经市人民政府批准后实施。

（2）立项申请。经村集体2/3成员或2/3成员代表同意，闲置的农村宅基地及其附属设施用地、乡镇企业用地、农村公共设施和公益事业用地等农村集体建设用地可以成为立项申请的标的，经区县土地行政管理部门同意后，可以组织复垦。有其他稳定居所，而且有稳定工作或稳定生活来源的村民也可申请复垦耕地。复垦整理新增的耕地继续由原宅基地农民承包经营；自己不经营的，可再次流转，获得相应收入。

（3）村集体或村民复垦的土地经土地管理部门严格验收后，腾出建设用地指标，并由市土地行政主管部门向土地使用权人发放相应面积的地票。

（4）地票交易价格确定在综合考虑开垦费、新增建设用地土地有偿使用费等因素的基础上，由市土地行政主管部门制定全市统一的城乡建设用地挂钩指标交易基准价格，供交易双方参考。

（5）农村土地交易所交易。重庆市农村土地交易所是开展地票交易的固定场所。所有法人和具有独立民事能力的自然人，均可通过公开竞价购买地票。地票交易总量实行计划调控，原则上不超过当年国家下达的新增建设用地计划的10%。

（6）地票交易收益分配。除缴纳少量税费外，绝大部分归农民家庭所有。耕地、林地的承包经营权交易收益，全部归农民家庭所有。农村集体经济组织获得的土地收益，主要用于农民社会保障和新农村建设等。

（7）地票兑现。地票作为城市建设用地指标凭证，在城镇使用时可以纳入新增建设用地计划，增加等量城镇建设用地，并在落地时冲抵新增建设用地土地有偿使用费和耕地开垦费，在符合土地利用总体规划和城乡总体规划，办理征收转用手续，完成对农民的补偿安置，征为国有土地后，通过“招、拍、挂”等法定程序，取得城市土地使用权。

土地是农民的生存之本，法律对农村土地流转作出了较为严格的限制，然而，随着城乡一体化进程的加快，一方面，城市建设用地供不应求；另一方面，农村土地浪费严重，空心村大量出现。地票的出现，在某种意义上缓解了上述矛盾，有效促进了农村土地使用权流转，并提高了农民收入，促进了城乡一体化进程。

**【社会评价】**

重庆市地票交易的制度设计，与国家全面深化农村土地制度改革和健全城乡发展一体化体制机制，在方向上是完全一致的，从探索情况来看也是平稳的，有利于耕地保护、显化农村土地价值、拓宽农民财产性收益渠道，在创新城乡建设用地置换模式、建立城乡统一的土地要素市场、打通城乡建设用地市场化配置渠道等方面产生了明显效果，推动了农业转移人口融入城市，优化了国土空间开发格局。

**【政策文件】**

## 重庆市地票管理办法
## （重庆市人民政府令第295号）（节选）

### 第一章　总　则

第一条　为统筹利用城乡土地资源，严格保护耕地，推动土地节约集约利用，维护农民和农村集体经济组织合法权益，促进城乡协调发展，根据《中华人民共和国物权法》《中华人民共和国土地管理法》和有关法律法规，结合我市实际，制定本办法。

第二条　本市行政区域内用于地票的建设用地复垦和地票交易，使用适用本办法。

本办法所称地票，是指土地权利人自愿将其建设用地按规定复垦为合格的耕地等农用地后，减少建设用地形成的在重庆农村土地交易所交易的建设用地指标。

第三条　地票管理应当遵循自愿复垦、公开交易、依规使用、收益归农的原则。

第四条　国土资源主管部门负责建设用地复垦、地票交易和使用的监督管理工作。

农业、财政、监察、水利、审计、林业等部门按照职责分工做好相关工作。

区县（自治县）人民政府负责本行政区域内建设用地复垦及地票使用的组织协调工作。

乡镇人民政府、街道办事处负责建设用地复垦相关工作，并对复垦形成的耕地等农用地的管理利用实施监督。

**第二章 建设用地复垦**

第五条 市国土资源主管部门应当根据城镇化发展需要、经济社会发展水平、建设用地复垦周期等因素，科学编制土地整治规划，测算建设用地复垦规模，引导建设用地有序复垦。

区县（自治县）国土资源主管部门应当根据本行政区域土地权利人复垦意愿，有序组织建设用地复垦，优先支持扶贫搬迁、地质灾害避让搬迁等复垦项目实施。

第六条 建设用地复垦应当以土地利用、产业发展、乡村规划和环境保护等规划为基础，考虑人口流动指数等因素，合理预留农村发展建设用地。

第七条 申请复垦的土地应当具备以下条件：

（一）现状为建设用地，且符合土地利用现状分类；

（二）在土地利用总体规划确定的城镇建设用地扩展边界及能源、交通、水利等工程设施用地范围外，符合土地利用规划，具备主要复垦为耕地的条件；

（三）权属清晰，具有合法权属证明。

除前款规定外，申请国有建设用地复垦的，还应当符合国有建设用地复垦的有关规定。

…………

第九条 土地权利人是建设用地复垦的主体，包括农户、农村集体经济组织及拥有土地权属的其他主体。

宅基地及其附属设施用地复垦，由农户自愿提出申请。申请宅基地复垦的农户应当有其他合法稳定住所。

农户的宅基地复垦后，不得新申请宅基地。确因法定情形需新申请宅基地的，应当以有偿方式取得。

…………

第十三条 土地权利人可以自行或者委托他人按照复垦规定组织实施

复垦。

复垦项目地票收益权可以依法向金融机构申请融资。

第十四条　建设用地复垦后，形成的农用地应当满足农业生产的条件，土地质量应当达到以下标准：

（一）有效土层厚度不低于40厘米，砾石及瓦砾含量不超过15%；

（二）耕地平均台面坡度不超过15度，园地不超过25度；

（三）生产道路通达，排灌沟渠畅通，与周边农用地集中连片；

（四）田埂、土石坎结构坚实平整。

第十五条　复垦项目竣工后，区县（自治县）国土资源主管部门应当根据项目规划设计方案和复垦验收标准，组织本级农业、水利等部门和乡镇人民政府、街道办事处进行验收。

验收合格的，区县（自治县）国土资源主管部门应当组织乡镇人民政府、街道办事处将复垦项目实施前后相关信息进行公示，公示时间不少于7日。公示期内利害关系人有异议的，区县（自治县）国土资源主管部门应当会同乡镇人民政府、街道办事处在7日内组织复核；公示期内无异议或者经复核异议消除的，由区县（自治县）国土资源主管部门核发建设用地整理合格证。

验收不合格的，由区县（自治县）国土资源主管部门责成建设用地复垦的土地权利人限期整改。

第十六条　建设用地整理合格证应当记载土地权利人信息，复垦项目新增农用地面积、新增耕地面积及等别、减少的建设用地面积、农村发展留用面积、剩余可使用面积等信息。

剩余可使用面积是复垦减少的建设用地面积扣除农村发展留用面积之后的面积，是土地权利人用于申请地票交易的面积。

第十七条　复垦项目建设用地整理合格证核发后，区县（自治县）国土资源主管部门应当向市国土资源主管部门申请复核。

市国土资源主管部门应当及时组织抽查复核。复核合格的，配发建设用地整理合格证备案号；复核不合格的，出具书面整改意见。

第十八条　取得建设用地整理合格证备案号后，区县（自治县）国土资源主管部门应当注销复垦地块相关权属证书，并对土地利用现状进行变更登记。

第十九条　建设用地复垦为耕地等农用地后，其土地权利人不变。

## 第三章　地票交易

第二十条　地票交易包括初次交易和转让。

取得建设用地整理合格证备案号后，权利人可以申请初次交易；购得地票超过 2 年，或者因地票质权人行使质权的，权利人可以申请地票转让。

初次交易或者转让完成后，市国土资源主管部门向购得人核发地票证书，记载权利内容。

第二十一条　市国土资源主管部门应当制定并公布地票交易最低保护价格。地票交易起始价格不得低于最低保护价格。

第二十二条　申请出让人申请地票交易应当提交以下资料：

（一）地票交易申请书；

（二）已备案配号的建设用地整理合格证或者地票证书；

（三）需要提交的其他文件。

重庆农村土地交易所受理申请后，应当即时向申请出让人出具受理回执。

第二十三条　受理申请出让面积累计达到 100 公顷及以上，或者受理申请出让最长时间满 30 日时，重庆农村土地交易所应当在 5 个工作日内发布交易公告。

重庆农村土地交易所根据市场供需情况，可以在受理申请出让申请后及时发布交易公告。

第二十四条　重庆农村土地交易所应当通过报刊、网站等媒介向社会公开发布地票交易公告，公告交易面积、交易时间、交易起始价、竞买保证金及交易规则等信息。地票交易公告时间不得少于 7 日。公告期满即可组织地票交易。

第二十五条　申请购买人可以单独申请购买地票，也可以联合申请购买地票。申请购买时应当向重庆农村土地交易所缴清保证金，并提交以下资料：

（一）申请购买文件；

（二）申请购买人有效身份证明文件；

（三）需要提交的其他材料。

重庆农村土地交易所应当向申请购买人提供规范格式的申请购买文件。

第二十六条　地票交易采取挂牌或者拍卖方式进行。地票交易公告时间截止时，申购总面积大于可交易地票总面积的，采取拍卖方式交易；申购总面积小于或者等于可交易地票总面积的，采取挂牌方式交易。

采取拍卖方式交易的，由重庆农村土地交易所及时将拍卖时间、地点、方式等通知申请购买人，并依法组织拍卖。

采取挂牌方式交易的，按照交易起始价成交；以公告先后为序，依序确认成交的地票。未成交部分继续公开交易。

第二十七条　地票成交后，购得人应当签订成交确认书，并在30日内缴清地票价款和交易服务费。

购得人未在前款规定时间内缴清地票价款的，按放弃购得地票处理，已缴纳的保证金不予退还，相应数量的地票纳入下一次交易。

未购得地票的申请购买人已缴纳的保证金，应当在交易活动结束后5个工作日内予以退还。

第二十八条　地票成交总价为同一批次公告的地票在各交易日成交的地票价款之和。

同一批次公告的地票，其成交均价是向该批次地票的相关申请出让人结算、拨付价款的依据。

第二十九条　地票初次交易的，重庆农村土地交易所在地票价款中按规定扣除建设用地复垦成本后的地票净收益，按照下列原则支付给权利人：

（一）农村宅基地及其附属设施用地复垦的，单户交易总面积未超过667平方米的部分，地票净收益的85%归宅基地使用权人，15%归农村集体经济组织；超过667平方米部分对应的地票净收益全部归农村集体经济组织。但是，单户复垦交易的宅基地证载面积已超过667平方米的，宅基地证载面积部分对应收益的85%归宅基地使用权人，15%归农村集体经济组织，其附属设施用地对应的地票净收益全部归农村集体经济组织。

（二）农村集体经济组织公共设施、公益事业等建设用地复垦的，地票净收益全部归农村集体经济组织。

（三）其他集体建设用地复垦的，根据土地使用权人和所有权人的约定支付，其中农村集体经济组织作为所有权人分得地票净收益不低于15%。

（四）国有建设用地复垦的，地票净收益归土地使用权人。市人民政府另有规定的，从其规定。

本办法实施前已签订复垦协议，但尚未交易的复垦项目，复垦协议确定的农户收益大于前款规定的，按原复垦协议执行。

第三十条　地票转让交易的，所得地票价款全部归转让人。

…………

## 第四章　地票使用

第三十三条　新增经营性建设用地（含商业、旅游、娱乐、商品住宅等用地）办理农用地转用手续的，应当使用地票。其他新增建设用地可以使用地票办理农用地转用手续。

市人民政府可以根据社会经济发展需要，对应当使用地票的用地类型进行调整。

第三十四条　在全市城乡建设用地规划规模不增加、耕地保有量目标不减少的前提下，地票可以在土地利用总体规划确定的有条件建设区内使用。具体使用规则由市国土资源主管部门制定。

第三十五条　自本办法实施后尚未供应的经营性建设用地，属于2009年1月1日后使用新增建设用地计划指标办理用地手续的，应当在土地出让时补充使用地票。未补充使用地票的，市、区县（自治县）国土资源主管部门不得出让土地。

第三十六条　使用地票办理农用地转用手续的，不缴纳耕地开垦费和新增建设用地土地有偿使用费。

地票取得成本可以计入土地出让成本。地票取得成本包括地票成交价款、缴纳的税费、财务成本等。

第三十七条　本办法第三十三条、第三十五条规定的建设用地位于城市发展新区、渝东北生态涵养发展区和渝东南生态保护发展区的，实行差异化使用地票政策。市人民政府可以根据社会经济发展需要，对差异化使用地票政策进行调整。

第三十八条　地票证书权利人可以一次性使用或者分割使用地票。

地票可以质押。

使用地票时，应当提供地票证书原件，市国土资源主管部门在地票证书上记载地票使用信息。

第三十九条　地票证书记载的地票面积全部使用完后，国土资源主管部门予以注销。

地票证书灭失、遗失的，地票权利人应当在指定媒体上刊登灭失、遗失声明，声明期满30日后可以向原发证机关申请补发。补发的地票证书应当注明“补发”字样。

**【信息链接】**

媒体线索：

重庆市地票管理办法（重庆市人民政府令第 295 号）[EB/OL]. 重庆农村土地交易所，http：//www. ccle. cn/zcfg/flfg/tdxzgz/html-1860/10666. html.

地票净收益 85%直补农民　重庆地票首创城市反哺农村新途径 [EB/OL]. 重庆晚报，http：//news. 163. com/11/0729/06/7A4193MM00014AED. html.

黄奇帆：地票制度实验与效果 [EB/OL]. 中国社会科学网，http：//www. cssn. cn/dzyx/dzyx_xyzs/201505/t20150504_1718474. shtml.

文章线索：

姚艳，高世昌. 农村土地整治模式创新探析 [J]. 中国土地，2014（5）：35-37.

陈悦. 重庆地票交易制度研究 [J]. 西部论坛，2010，20（6）：1-5.

沈冰，郭培媛，李婧. 完善地票交易制度的个案研究 [J]. 经济纵横，2010（8）：83-87.

## 6.5 "环境友好、生态整理"模式

### 6.5.1 辽宁省阜新市

**【案例摘要】**

据资料记载，中华人民共和国成立前阜新市水土流失面积达 7000 平方千米，占总面积的 67.6%。据 2005 年辽宁省第四次遥感调查显示，阜新市现有水土流失面积 4187.650 平方千米，占总面积的 40.44%。水土流失状况较为严峻，阜新市当地采取了小流域综合治理的模式，主要措施包括工程措施、植物措施。经过多年的实践，目前成效显著。

**【案例介绍】**

阜新市位于辽宁省西北部，总土地面积 10355 平方千米。区域地形以低山丘陵为主，全区受辽河和大凌河两大水系控制，共划分为 523 个小流域。阜新市水土保持生态建设起步较早，20 世纪 80 年代就开始实施以小流域为单元的水土保持综合治理。1983—1992 年，国家把辽宁省阜新市柳河流域列为全国八片水土保持重点治理一期工程，开创了阜新市以小流域为单元，实行山、水、田、林、路综合治理的先河。1993—2002 年，阜新市大凌河流域被列入全国八片水土保持重点治理二期工程，共治理 36 个小流域，完成治理面积 398 平方米。2002 年，国家将阜新市作为资源枯竭型城市经济转型试点市，并将水土保持生态建设列入重点项目，治理小流域 81 个，完成治理面积 245

平方千米。2003—2005 年，国家将阜新市阜新、彰武两县列为东北黑土地水土流失综合防治试点县，共治理小流域 41 个，完成治理面积 306 平方千米。2006—2010 年，阜新市阜新、彰武两县被正式列入黑土地一期工程项目区，共治理小流域 25 个，完成治理面积 667 平方千米。“十二五”期间，阜新市规划治理小流域 167 个，完成治理面积 870 平方千米，重点治理大凌河流域西部、柳河流域北部地区。

东北自古以来便是中国土地最肥沃的地区之一，但由于长期的土地不合理利用造成水土流失。阜新市通过工程措施和植物措施，从自然和人为两个方面来进行土地保护，总体上取得了一定成效。

**【社会评价】**

国家鼓励单位或个人按照土地利用总体规划，在保护和改善生态环境、防止水土流失和土地荒漠化的前提下，开发未利用土地；开发的未利用土地如果是适宜农用地的，应当优先开发成农用地。但是，开垦利用土地必须经过科学论证和评估，在土地利用总体规划的可开垦耕地，禁止围湖造田和侵占江潭滩地。根据土地利用总体规划，对破坏生态环境开垦、围垦的土地，要有计划、有步骤地退耕还林、还湖、还牧。

**【政策文件】**

### 阜新市土地整治规划（2016—2020 年）（草案）（节选）

#### 第二章　指导原则与规划目标

##### 第一节　指导原则

第六条　基本原则

（一）坚守耕地红线

（二）推进节约集约

（三）促进城乡融合

（四）加强生态保护

（五）维护群众权益

（六）健全工作机制

##### 第二节　规划目标

第七条　总体目标

围绕促进乡村振兴发展、农业现代化和城乡融合发展，全面推进土地综合整治，农用地整理、农村建设用地整理和土地复垦取得明显成效，城镇工矿建设用地整理取得重要进展，宜耕后备土地资源得到适度开发；切实稳定耕地数量，提升耕地质量，注重耕地生态管护，粮食等主要农产品综合生产能力稳步提高；土地利用结构趋于合理，用地布局得以优化，土地利用日益集约，农村生产生活条件不断提高，城乡发展空间得到有效拓展；基础性生态用地比重逐步提高，绿色生态网络更加合理，土地生态环境质量明显改善，推动形成人与自然和谐共生发展的新格局。

第八条 具体目标

（一）高标准农田建设稳步推进

落实藏粮于地战略，积极推进高标准农田建设，确保“高标准建设、高标准管护、高标准利用”，高产稳产农田比重明显提升，粮食产能得到进一步提高，粮食安全基础更加巩固。“十三五”期间，全市再建成高标准农田规模不低于57000公顷（85.5万亩），力争建成高标准农田141333公顷（212万亩）。其中：土地整治农用地整理规模不低于1480公顷，力争完成66666公顷，土地整治建成高标准农田不低于1333公顷（2万亩），力争建成60000公顷（90万亩），经整治的耕地质量提高1个等级等，粮食安全基础更加巩固。

（二）耕地数量质量保护全面提升

落实最严格的耕地保护制度，提高补充耕地质量。“十三五”期间，全市通过土地整治补充耕地5000公顷以上，其中农用地整理补充耕地15公顷以上，农村建设用地整理补充耕地1200公顷以上，土地复垦补充耕地300公顷以上，宜耕后备土地资源开发补充耕地3485公顷以上；加强耕地质量建设，大力改造中低产田，完善农业基础设施，加强土壤改良和培肥地力，耕地质量得到进一步提升。

（三）城乡建设用地整理取得积极成效

落实最严格的节约用地制度，规范有序推进城乡建设用地整理。“十三五”期间，通过加大废弃、闲置和低效利用农村建设用地整理力度，全市完成农村建设用地整理规模不低于1500公顷；通过加大旧城镇、旧工矿和“城中村”更新改造力度，全市完成城镇工矿建设用地整理规模不低于100公顷，促进单位地区生产总值的建设用地使用面积降低18%以上，节约集约用地水平进一步提高。

（四）土地复垦和土地生态整治力度加大

落实生态文明建设要求，切实加强土地修复和土地生态建设。按照宜耕则耕、宜林则林、宜草则草的原则，全面复垦生产建设新损毁土地，加快复垦自然灾害损毁土地，推进工矿废弃地复垦利用。“十三五”期间，全市通过分期复垦历史遗留损毁土地，完成土地复垦规模500公顷以上，努力做到“快还旧账、不欠新账”；积极开展土地生态整治，加强农田生态建设，耕地等农用地的生态、景观、间隔功能得到进一步强化，基础性生态用地面积进一步稳定。

（五）宜耕后备土地资源得到适度开发

在保护和改善生态环境、保持水土平衡的前提下，因地制宜适度开发宜耕后备土地资源。“十三五”期间，全市安排宜耕后备土地资源开发规模3900公顷以上，在有效增加耕地数量的同时，强化新增耕地农田基础设施建设，努力提高补充优质耕地。结合土地生态修复和水土流失治理，因地制宜利用未利用地营园造林和草地改良，提高土地利用率和植被覆盖度。

…………

**第八章　土地整治投资与效益**

**第二节　土地整治预期效益**

第五十三条　经济效益

（一）提高农业规模经营效益。通过土地整治补充耕地和高标准农田建设，有效增加耕地面积，提高耕地质量，改善农业生产条件，有利于提高粮食产能，降低农业经营成本。到2020年，全市通过土地整治补充耕地7.50万亩，建成高标准农田85.5~212万亩，预计可增加粮食产能0.85亿~2.12亿公斤。

（二）扩大农民增收的途径。通过参与整治项目施工、推进土地流转、增加租金收入等方式扩大了农民增收途径；通过增加农村地区投入，带动农村消费，促进相关行业、产业发展，进而促进农村地区经济发展。通过土地整治，预计项目区内农民人均年纯收入增加400元左右。

（三）提升节约集约用地水平。通过城镇工矿建设用地整理、农村建设用地整理和土地复垦，减少了低效、废弃、闲置的建设用地比重，促进单位地区生产总值建设用地使用面积下降18%以上。

第五十四条　社会效益

（一）保障国家粮食安全。通过土地整治，落实耕地保护目标，有效改善农业生产条件，促进现代农业发展，农业综合生产能力大幅提高，有力保障了国家粮食安全。

（二）优化土地利用格局。通过土地整治，扩大城镇用地在城乡建设用地中的比重，改变农村建设用地分散布局、效率低下的状态。通过土地整治，进一步突出不同区域土地的主体功能，推进土地利用结构和布局优化。

（三）促进城乡融合发展。通过土地整治，落实乡村振兴战略，加强农村基础设施和公共服务设施建设，提升城乡基础设施互联互通水平；积极改善村容村貌和农村人居环境，推进美丽宜居乡村建设，进一步提高了城乡基本公共服务均等化水平，有利于促进城乡统筹融合发展。

第五十五条　生态效益

（一）增加基础性生态用地面积。通过土地整治，增加耕地等农用地的数量，完善区域生态网络体系，强化区域生态系统服务功能和生物多样性保护，基础性生态用地的比重预计增加 0.2 个百分点，基础性生态用地的生态功能将进一步巩固。

（二）推进生态建设和环境保护。通过土地整治，推进污染、退化土地治理，改善城区和农村地区人居生态环境，加强矿山地质环境修复治理，强化重要生态功能区、生态环境敏感区脆弱区保护，将大力推进土地生态建设和环境保护。

（三）促进生态文明建设。通过开展山水林田草综合整治，有利于促进形成绿色发展方式和生活方式，有利于化解突出环境问题，提升生态系统保护力度和保护水平，进一步促进全市生态文明建设。

**【信息链接】**

媒体线索：

关于《阜新市土地整治规划（2016—2020 年）（草案）》公示的公告［EB/OL］. 阜新市自然资源局，http：//gtzyj. fuxin. gov. cn/gtj/gtdt/gggs/content/ff80808164c60ea801674ef762473433. html.

文章线索：

王英，王宝琛. 阜新市小流域综合治理措施［J］. 中国水土保持，2012（7）：18-19.

### 6.5.2　贵州省黔南布依族苗族自治州荔波县

**【案例摘要】**

荔波县属喀斯特地形地貌，耕地后备资源匮乏，“九分石头一分土”是这里大部分土地的真实写照。如何跟石头“抢”土地，让老百姓有田可用，靠田增收？为保障全县经济建设可持续发展，全面贯彻落实耕地保护和改造占补平衡政策，荔波县通过引进社会资本，实施土地整治。2018 年土地整治开工建设项目 25 个，项目建设规模 7358. 1 亩，新增水田 6450 亩，新增机耕道

29704米、水沟水渠32438.3米，预计项目总投资近1亿元。涉及受益户数10474户，人口43447人，其中贫困户达3456户，贫困人口达12206人，项目区人均新增耕地0.62亩。

**【案例介绍】**

荔波县全县土地总面积为241545.38公顷，耕地面积为21726.81公顷，占土地总面积的8.99%，耕地后备资源匮乏，高标准农田建设任务艰巨且资金不足，实现耕地占补平衡，尤其是占优补优的难度日益加大，单纯依靠政府财政投资的土地整治管理模式，已难以满足经济社会发展对耕地保护及占补平衡的需求。为此，引进了荔波县国土资源投资开发有限责任公司参与实施土地整治工作，其整治内容大致符合以下规划：

1. 农田斑块景观生态规划与设计

为稳定格田田面，当其与相邻下级田面之间高差超过0.5米但不到1.5米时，用素土夯筑田坎，田坎外侧坡度为1∶0.3，顶宽为0.3米；当上下级格田田面高差达到或超过1.5米时，均采用砌石田坎，砌石田坎外边坡度为1∶0.3，内层填充石渣。土地平整是在确定土地利用方式的前提下进行的，在实施时不仅要重视表层土壤的保护，保持土壤肥力，还要借助生物措施改良土壤，提高土壤肥力。研究区对于挖填厚度≤10厘米的区域不做表土剥离、回填，挖填厚度>10厘米的区域做表土剥离、回填，设计表土剥离、回填厚度为15厘米，对剥离的表土加以覆盖保存，防止土壤养分流失，有利于在回填过程中保持原有良性土壤剖面的有机组合和整体性。通过增施有机肥、绿肥、秸秆肥和灰渣肥，并配植有固氮作用的豆科作物，增加土壤有机质含量，提高土壤肥力。

2. 农田水利工程景观生态规划与设计

（1）沟渠采用防渗渠道或管道，提高水资源利用效率。研究区在自然河道两侧布设8条农渠、6条管道，横断面为梯形，坡降1/500。

（2）布设提水水车，满足灌溉需求。水车半径设计为4米，采用钢筋混凝土桩方式进行固定，并以当地的竹子和马尾松木板为材料制作框架，体现出生态化设计，形成一种文化景观。

（3）设置蓄水池，方便野生动物饮水，形成野生动物生存的有利环境，设计容积约100立方米。

3. 道路工程景观生态规划与设计

尽量利用原有道路，根据需要新建部分田间道和生产道，以便于机械化耕作及田间生产运输。通过设置生物引导栅栏，引导野生动物找到生物通道位置。考虑生物的流动和对生物多样性的保护，扩大道路的生态廊道功能，在田间道旁边配植林草缓冲带，实施人工种草，设计宽度为 1 米。从研究区的周围环境来看，中间有一条河流，需新建生产桥，以便使河流两侧的生产道相连，提高道路林带的整体连通性。设计生产桥宽度为 3 米，道路路面宜以泥结碎石路面为主，便于不同斑块内的野生动物迁移。

4. 生物多样性保护工程景观生态规划与设计

（1）农田防护林生态设计。土地边坡设置林草带，间植单性木兰、香木莲等被选植物，保护国家重点保护植物，营造田间空闲地乔灌斑块，配植香椿、杨梅等地被植物，并平整土地。以卧牛石清理工程中产生的石块砌成石坎、石堆，提供两栖、爬行动物隐蔽环境和生存场所，有效地保护两栖、爬行动物。

（2）溪、渠、塘生态系统修复设计。溪流两岸在现有草被、稀树的基础上，间植重阳木、蚊母树等地被植物，修复溪流生态系统；为保护沟渠植被系统，沟渠岸边配植当地矮灌木和草本植物；研究区包括永久性湿地和季节性湿地，永久性湿地配植紫芋、睡莲，季节性湿地配植香蒲、李氏禾等植物，恢复沼泽湿地生境。溪、渠、塘生态系统的修复对鱼类、两栖、虾类、水禽等物种的保护具有重要作用。

（3）生态岛屿设计。根据岛屿生物地理学理论及研究区实际情况，利用位于田间与沼泽湿地比邻的自然小山丘，通过在山顶种植乔木树种，周围配植灌木树种，形成林岛，这时林岛将与沼泽湿地、森林边缘的灌草丛形成间断式生境走廊，有利于动物的栖息与迁徙。

5. 景观生态规划与设计的布局

根据荔波县板寨河头土地整理项目的规模及所在地区的生态环境特征，对其整体大尺度景观空间结构予以规划，布设土地利用工程，调整土地利用空间结构，形成布局合理的新的景观空间格局，并在小尺度上景观要素中进行具体生态化设计，提高物质与能量的流动效率，促进自然景观和生物多样性的保护，最终形成一个良性景观生态系统。

**【社会评价】**

贵州省荔波县从实际出发，考虑喀斯特地貌的特殊性，将其特殊性转化为自身地区发展的机遇。农田水利工程景观生态规划和设计既可以在保护生物多样性和城市美观大方上取得成效，使旅游业成为其支柱产业，又可以改善土壤，提高土壤肥力，应用生物技术保护生态环境。保护生态环境的生物技术措施不断丰富和发展，如营造防护林，抗风固沙，防止水土流失，调节农田小气候；利用害虫的天敌捕杀害虫，利用生物农药防治病虫害和草害，逐步取代化学农药，是发展无公害农业、有效保护生态环境、保护土地资源不受污染的重要措施。此外，在种植绿肥、开发生物肥料、扩大肥源、改良土地等方面也有许多成功经验和发展的潜力。

**【政策文件】**

**荔波县推进耕地占补平衡五年行动计划工作实施方案**

为全面贯彻落实《中共中央国务院关于加强耕地保护和改进占补平衡的意见》（中发〔2017〕4 号）和《中共贵州省委　贵州省人民政府关于加强耕地保护和改进占补平衡推进绿色发展的实施意见》（黔党发〔2018〕4 号）精神，改进我县占补平衡管理，建立以数量为基础、产能为核心的占补平衡新机制，通过“算大账”的方式，落实占一补一、占优补优、占水田补水田，促进耕地数量、质量和生态三位一体保护，特制定本实施方案。

一、指导思想

深入贯彻党中央、国务院关于坚持最严格耕地保护制度的一系列决策部署，落实好《中共中央　国务院关于加强耕地保护和改进占补平衡的意见》（中发〔2017〕4 号）和《中共贵州省委　贵州省人民政府关于加强耕地保护和改进占补平衡推进绿色发展的实施意见》（黔党发〔2018〕4 号）精神，着力加强耕地管控，建设、激励多措并举，推进绿色发展，促进耕地数量、质量、生态“三位一体”保护，牢固树立绿色发展理念。

二、基本原则

1. 坚持政府主导，共同推进。建立“政府主导、国土牵头、部门联动、乡镇引导、群众参与”工作机制，在科学规划的基础上，形成共同推动耕地占补平衡工作合力。

2. 坚持因地制宜，分类指导。以高标准农田建设为重点，全面提升耕地质量等级，在有一定水源条件保障、基础设施较为完善的地区先易后难、循序渐进，大力实施旱改水项目。

3. 坚持建管并重，长效管理。按照“建得成、管得好、用得起、长受益”的要求，加强项目建设管理，完善运行管护机制，落实工程管护经费，确保工程长期发挥效益。

4. 与脱贫攻坚相结合。坚持耕地占补平衡五年行动计划实施与脱贫攻坚工作相结合的原则，积极引导群众参与项目的建设，通过参与工程的建设增加劳务性收入，通过工程建设投入，增加村级资产。

三、实施主体、目标任务和时间要求

（一）实施主体

荔波县国土资源开发投资有限责任公司。

（二）目标任务

2018 年度完成 5000 亩占补平衡指标建设任务，2019 年度完成 6000 亩占补平衡指标建设任务，2020 年度完成 4000 亩占补平衡指标建设任务，2021 年度完成 3000 亩占补平衡指标建设任务，2022 年度完成 3000 亩占补平衡指标建设任务。

（三）时间要求

2018 年度：3 月底完成 500 亩竣工验收备案；4 月底完成 1000 亩竣工验收备案；5 月底完成 2500 亩竣工验收备案；6 月底完成 1000 亩竣工验收备案。

2019 年度：6 月底完成 3000 亩竣工验收备案，12 月底完成 3000 亩竣工验收备案。

2020 年度：6 月底完成 3000 亩竣工验收备案，12 月底完成 1000 亩竣工验收备案。

2021 年度：6 月底完成 1000 亩竣工验收备案，12 月底完成 2000 亩竣工验收备案。

2022 年度：6 月底完成 1000 亩竣工验收备案，12 月底完成 2000 亩竣工验收备案。

四、新增水田指标的流转和管理

旱改水工程和耕地后备资源由县人民政府在全县范围内统一规划、统一开发，经确认的新增水田指标纳入县级占补平衡指标储备库统一管理调剂使用。

五、保障措施

（一）加强组织领导

成立荔波县土地整理工作领导小组，相关部门和乡镇为成员单位，落实工作责任，各负其责，密切配合，形成合力。领导小组办公室设在县国土资源局，从国土资源、财政、水务、农业、审计部门抽调人员统一办公，全程负责项目的指导和监督管理工作。

（二）明确工作责任

县国土资源局：负责推进耕地占补平衡有关工作的业务指导和协调；会同县财政局、农工局等部门做好项目的立项、设计及投资计划审查和项目验收等行政管理工作。

县财政局：会同县国土资源局做好项目立项、预算审核和验收工作；负责项目投资预算评审和资金使用监管工作；负责草拟项目资金收益使用管理办法等工作。

县林业局：积极参与项目的选址，对项目选址范围提出审查意见；负责对接上级部门做好我县林地与土地开发有关问题的协商对接有关工作。

县农工局：会同国土资源部门做好项目的验收；负责协调全县农业产业结构调整、耕地地力培肥；利用占补平衡建设项目成效，引导农民进行产业结构调整，推广高效农业，促进农民增收。

县水务局：将农田水利工程与占补平衡建设项目充分衔接，围绕占补平衡建设项目做好相关水利配套工程，为占补平衡建设项目提供必要的水源保障；指导占补平衡建设项目相关水利工程。

县审计局：负责指导施工单位资料的收集和整理，对项目资金的使用、工程变更进行审查，指导建设单位做好项目结算审计。

荔波县国土资源开发投资有限责任公司：负责资金筹措；负责项目的组织实施。

县督查考评局：负责对该项工作的实施情况进行监督检查。

县环保局：负责项目边界与生态红线的审查，负责项目环评手续的审批。

乡（镇）人民政府、玉屏街道办事处：负责做好项目建设实施过程中涉农问题的协调，做好项目涉及群众思想动员工作，积极组织项目区贫困户参与工程建设增加劳务性收入。

（三）严格补充耕地检查验收

加强对土地开发项目和整理项目的全程管理，规范项目的规范设计，强化日常监管和施工监理，保证新增耕地质量。做好项目竣工验收，严格新增耕地数量认定和整理评定。建立土地整治项目专家库，由国土资源局、农工局、财政局、水务局、林业局、交通局、环保局推荐2~3名专业技术人员组成，具体负责土地整治项目的立项审查和验收。

（四）实行激励机制

实行以乡（镇、街道）、部门为单位的激励机制，激励办法由县财政局草拟，提请县政府常务会审定后实施。

六、相关要求

各乡（镇、街道）、各部门要高度重视，切实加强领导，主动作为，明确一名主要领导负责，分管领导具体抓。对已明确今年实施的土地开发项目，明确建设工期和包保责任人员名单，涉及的乡（镇、街道）要做好群众的宣传发动工作，确保项目的顺利推进。同时，各乡（镇、街道）要对辖区土地进行全面摸底，对境内有条件开发的地块要及时与县国土资源局、县林业局等部门做好沟通对接，争取纳入土地开发项目，不断推进我县耕地占补平衡有关工作。

**【信息链接】**

媒体线索：

荔波：实施土地整治“撂荒地”变“聚宝盆”［EB/OL］. 民生网，http：//www. msweekly. com/show. html？ id=99324.

荔波县人民政府办公室关于印发《荔波县推进耕地占补平衡五年行动计划工作实施方案》的通知［EB/OL］. 荔波县人民政府，http：//www. libo. gov. cn/zwgk/xxgkml/czxx/zsjzytd/201803/t20180314_3005631. html.

荔波县四措施破解耕地占补平衡难题［EB/OL］. 贵州省人民政府网，http：//www. guizhou. gov. cn/xwdt/dt_22/df/qn/201804/t20180424_1114967. html.

文章线索：

王军，李正，白中科，等．喀斯特地区土地整理景观生态规划与设计——以贵州荔波土地整理项目为例［J］. 地理科学展，2011，30（7）：906-911.

# 第7章　土地节约集约利用

## 7.1　飞地模式

### 山东省临沂市沂水县

**【案例摘要】**

为了促使镇域经济在国土资源节约集约利用的“天空”中飞得更高、飞得更远，沂水县探索并实施“顶层推进，党政同责；国土搭台，部门参与；优势互补，一举多赢”的国土资源管理新模式，为县域经济科学跨越发展注入了新动力。2014年，全县实现地区生产总值334.8亿元、地方财政收入20.7亿元，18个乡镇（街道）地方财政收入全部超过3000万元，农民就近城镇化，转移农村劳动力1万余人次，实现了富民、壮镇、强县的目标，得到了山东省委、省政府众多领导的肯定和批示。2014年，沂水县跻身全省国土执法模范县和全省首届国土资源节约集约模范县行列。

**【案例介绍】**

山东沂水县是传统的山区农业大县，工业项目少，制约了镇域经济发展。自2008年以来，该县大力推行飞地经济模式：打破行政区划限制，将沂水县经济开发区作为“飞入地”，提供项目落地平台；将有项目但无落地条件的乡镇尤其是边远乡镇作为“飞出地”，充分调动各乡镇发展镇域经济的积极性。目前，全县18个乡镇均在开发区建有项目，各乡镇落户开发区的企业已达158家，总投资300亿元。开发区初步形成了食品加工等六大产业体系，具备了现代工业新区雏形。

1. 健全激励机制，搭建“飞地”经济发展保障平台

一是实行飞地经济税收分成激励机制。该县出台招商引资工作考核办法，确保“飞出地”的乡镇获得大部分财税收益，“飞入地”同时受益。二是明确“飞出地”和“飞入地”的权利与义务。作为“飞出地”的乡镇对所提报项目的真实性负责；作为“飞入地”的沂水县经济开发区协助“飞出地”争取上级优惠政策，帮助办理项目建设相关手续，并为“飞出地”创造良好的

建设和生产经营环境。三是加大对镇域经济发展考核力度。该县对乡镇地方财政收支、招商引资等指标完成情况及部门行政审批服务等方面进行考核，根据考核结果对乡镇和部门实行重奖重罚。在重奖方面，对综合考核得分前6名的乡镇各奖励现金5万元，党政主要负责人记三等功，年度考核直接定为优秀等次；对考核得分前30名的部门各奖励现金3万元，在机关和事业单位工作人员年度考核时增加5%的优秀名额。在重罚方面，对考核得分后2名的乡镇实行黄牌警告，取消当年评先树优资格，下一年度乡镇党政主要负责人不得提拔重用；连续两年被黄牌警告的，乡镇党委书记安排到县直部门副职工作岗位，乡镇长在乡镇工作摘掉黄牌之前不得提拔重用。对考核得分后3名的部门，实行黄牌警告，取消当年评先树优资格，下一年度部门主要负责人不得提拔重用；连续两年黄牌警告的，部门主要负责人安排县直部门副职工作岗位。

2. 高标准规划建设园区，搭建“飞地”经济发展承载平台

一是拓展用地空间。深度挖掘经济开发区工业园区内农村土地资源潜力，重点对农村旧宅基地、旧居民点及城区旧空闲厂房清理排查，通过农村建设用地复垦和建设用地置换实现耕地占补平衡。自2008年以来，经济开发区新增耕地9925亩，节余建新区挂钩周转指标9033亩，为园区建设提供了用地保障。二是高标准规划建设。编制园区建设长远发展规划，规划建设了12.6平方千米的开发区工业园二期、总面积75平方千米的滨河等四个项目选址区、5平方千米的四十里项目区、规划面积17平方千米的城东项目区，形成了一区七园的良好格局。目前，开发区规划控制面积达到了112平方千米。三是完善园区基础设施配套。自2008年以来，累计投入15亿元用于园区基础设施配套建设，细化了功能分区和产业布局。

3. 积极招引大型项目，搭建“飞地”经济发展产业平台

一是大幅度提高招商引资考核标准。自2008年以来，该县每年根据招商引资情况修订考核办法，全面提高招商引资项目质量，将落户开发区项目考核标准由2009年的投资额3000万元提高到目前的1亿元。二是在招商目标上突出招大引强。瞄准世界500强、中国制造业500强、行业100强等大企业，以石油化工等产业为主攻方向，引进国内外大型企业、知名品牌企业落户开发区。对2012年全县第一个引进的由世界500强或中国制造业500强投资的、固定资产投资5亿元以上且顺利实施的工业项目，按固定资产投资实际投资额的2%给予引资人一次性奖励。三是创新招商方式。积极推行专业招商与产

业招商相结合，在经济开发区成立五个专业招商局，组织开展有针对性的招商活动，目前山水水泥等一批投资规模大、科技含量高的好项目相继落地。

沂水县依托工业园区建设，大力发展飞地经济。以沂水经济开发区和项目集中区作为“飞入地”，让不具备项目落户条件的乡镇，把招引来的项目落到适合发展的园区去，为乡镇异地发展工业经济提供项目落地平台，借“飞地”之石击破镇域发展瓶颈。同时，对乡镇招引落户工业园区项目实现的地方收益，采取落地乡镇、引进乡镇利益分成的办法，不仅“飞出地”可享受大部分财税收益，“飞入地”不引项目单靠落地服务也能受益，实现了镇域经济的互利共赢。以“飞地经济”为主要特色的沂水“节地模式”已被收入自然资源部编撰的《国土资源节约集约利用一百例》中。2014 年，沂水县跻身全省国土执法模范县和全省首届国土资源节约集约模范县行列。

“飞出地”和“飞入地”双方的工作怎样分工？利益如何分配？沂水县画出了“硬杠杠”：每年按照项目“飞出地”乡镇与“飞入地”（园区）7∶3 的比例对税收收入进行分成，确保“飞出地”获得大部分财税收益，“飞入地”同时受益。作为“飞出地”的乡镇对所申报项目的真实性负责；而作为“飞入地”的沂水经济开发区协助“飞出地”争取上级优惠政策，帮助办理项目建设相关手续，并为“飞出地”创造良好的建设和生产经营环境。有了“飞地经济”，工业企业从无到有、从有到强，成了新的经济增长极。落户县经济开发区的泓达生物科技有限公司已经进入“国家级高新技术企业”行列，特色品牌由少到多，品牌集群效应开始显现。山东玻纤集团天炬节能材料项目也是一个“飞来”的项目，虽然该项目落户沂水经济开发区，但项目招引单位是沂城街道办事处，尽管沂城街道是县里最早的工业园区，造就了全国“食品城”“油顶城”，基础设施建设、地理位置比其他乡镇要强很多，但也达不到项目的基础设施要求。最终，选择落户水、电、路、热、气等基础设施配套完备的沂水经济开发区。目前，该项目亩均投资强度达到 650 万元，亩产税收达到 40 万元，是沂水县利用“飞地经济”模式实现“节约集约用地，做大做强企业”目标、达到“节地和效益双赢”目的的成功范例。

**【社会评价】**

为解决有项目无土地，有土地无项目的问题，沂水县打破行政区划限制，将有项目但无落地条件的乡镇作为“飞出地”，开发区和专门建设的特色园区为“飞入地”，基础设施集中配套，税收收入按照比例分成，实现了镇域经济的互利共赢，既促进了土地节约集约利用，又减轻了土地执法压力。近年来，仅基础设施集中配套就节约土地4000多亩，全县18个乡镇（街道）借助“飞地经济”搭建的平台落户园区企业已达213家。2015年，所有乡镇地方财政收入全部超过3500万元。沂水县的“飞地经济”模式，得到省市领导的充分肯定。

**【信息链接】**

媒体线索：

山东省沂水县“飞地经济”助推镇域经济发展纪略［EB/OL］. 中国国土资源报网，http：//www. toutiao. com/i6196821824473022978/.

山东电视台对沂水县国土资源节约集约利用作专题报道［EB/OL］. 山东省自然资源厅（省林业局），http：//www. sddlr. gov. cn/root20/gkml/201606/t20160627_58858. html.

山东沂水“飞地经济”改变了“乡乡点火”的用地方式［EB/OL］. 光明日报，http：//www. sohu. com/a/190755573_115423.

沂水县推进国土资源节约集约利用［EB/OL］. 山东省自然资源厅（省林业局），http：//www. sddlr. gov. cn/root20/gkml/201611/t20161108_62493. html.

## 7.2 容县模式

### 广西壮族自治区玉林市容县

**【案例摘要】**

随着工业化、城镇化的加快推进，坚守耕地红线与发展大量用地成了需要化解的“两难”矛盾。容县积极探索落实国土资源节约集约大战略的现实途径，用节约集约的大战略践行发展的硬道理，把实行最严格的耕地保护和节约集约用地的要求真正落到实处，把浪费资源就是透支未来的理念体现在工业、农村建设等各个方面，于是有了工业房地产，有了集“节约、集约、高效、科学、环保”于一身的新型村庄等创新之举，工业发展了，新农村建设搞起来了，用地也节约集约了。“容县模式”用鲜活的事例阐释了如何化解“两难”矛盾，如何改变粗放用地方式的道理。2012年，容县获评首届全国“国土资源节约集约模范县”。2017年7月，容县获评“自治区文明城市（县级）”“2016年度广西科学发展先进县”。2017年，容县沙田柚产业（核心）示范区获得三星级“广西现代特色农业（核心）示范区”和“国家级出口食品农产品（沙田柚）质量安全示范区”称号；国家市场监督管理总局商标局初步审定容县沙田柚地理标志证明商标，是玉林市首家获审定的地理标志证明商标。

**【案例介绍】**

近年来，随着东部产业向西部大量转移，一些电子、服装产业看好容县靠近广东的地缘优势，加快向容县产业转移，这对容县打造东部产业转移基地来说是一个难得的发展机遇。但是，据容县国土资源部门统计，目前全县有耕地面积约43.94万亩，人均耕地面积为0.55亩，远低于全国人均耕地面积的1.59亩的水平。随着用地紧张与快速发展之间的矛盾逐渐凸显，以往粗放的土地使用方式已无法适应经济社会转型期的要求。

为此，容县选择了“工业房地产”发展模式。所谓“工业房地产”，即由投资商在工业园区内成片建设标准化工业厂房，出租或出售给符合园区发展规划的工业企业用于生产，并集中为企业提供物业管理、物流配送等服务。

以往投资一个工业项目，从办批文、要地皮到建厂房，一般需要1~2年的时间以及大量资金、人力，如果有现成的厂房，既可以减少一半投资，也降低了风险，还节约了时间，从运来机器设备到开工，最多也就一个多月。“工业房地产”不仅大大方便了东部产业转移来的企业，也在很大程度上缓解了容县土地的压力。目前，容县“工业房地产”通过政府、企业、个人三种投资模式，累计建成高层标准厂房89万平方米，节约土地30%，共50多公顷，开发区内共有38家企业通过租赁标准厂房落户。开发区建成区工业用地综合容积率达到1.4以上，建筑密度达到38%以上，累计接纳企业116家，工业总产值52.5亿元，平均产出强度达每公顷3500万元以上。

容县不仅在工业用地上做足“工业房地产”的大文章，近几年在新农村建设中还向广大农村推广。容县十里乡大坡村位于容县东部，与岑溪相邻，是玉林市的东大门，全村有1680户、5100多人，其中海外侨胞4000多人，是容县第一侨乡。考虑这里的群众需求和统筹推进新农村建设需要，容县大坡村建设新农村时采取建新房与拆旧房、还地集体的原则。一方面，推进了新农村建设，使大多数群众住上了新房；另一方面，统一规划，引导农民在集中点建设新房，大大节约集约了土地。

目前，大坡村已有160户居民搬至新村，平均每户建房占地80平方米，比旧居减少70平方米，共集约节约土地11200平方米，旧居大部分已进行了复垦。新村交通方便了，昔日闭塞的小山沟成了八方客商的投资乐园。十里乡党委、政府和大坡村党支部、村委会将全村250多亩闲置场地用于招商办企业，已有藤芒工艺编织厂、胶合板厂、衣架厂、家具厂、皮具厂等10家企业进驻，600多名村民在家门口实现了就业。

2005—2011年，容县共安排了农村建设用地指标33.95公顷，用于19个农民新村点建设，全县建新居拆旧房共节约集约土地12.45公顷。通过推进一系列的农村节约集约土地措施，使耕地得到了有效保护。几年来，容县的粮食种植面积持续稳定在59.91万亩，获得了“全国粮食生产先进县”的荣誉。

**【社会评价】**

玉林市容县抓住机遇进行土地改革，在西部开发和东部扶持之下找到了一条适合自身发展的道路。一方面，增加了就业，提高了人们的生活水平；另一方面，整合了土地资源，创造了极大的价值。农村土地的适度集约可以有效克服经营规模小、资源分散、产业链条短、市场化程度低的问题；缓解、释放小生产与大市场之间的矛盾；解决由于分散经营而使农户在信息、资金、技术、劳力、运输、销售等方面的制约；消除分散经营的局限性，突破农业小生产的瓶颈，架起小生产与大市场之间的桥梁；促进农村生产要素的市场化配置；促进农村劳动力由单一的农民向技能型生产者转变；促进农业机械化的大面积运用和科学技术的推广；促进农业增长方式的转变，从而增强农业经营主体进入市场的能力和抗御自然风险的能力。

**【信息链接】**

媒体线索：

陈建军：大力推进生态国土建设［EB/OL］. 容县自然资源局，http：//rongxian. gxdlr. gov. cn/detail. aspx？ id=3557.

国土资源节约集约使用广西“容县模式”探析［EB/OL］. 广西日报，http：//cpc. people. com. cn/GB/64093/82429/83084/17273918. html.

广西国土资源节约集约利用已步入全国先进［EB/OL］. 广西新闻网，http：//www. gxnews. com. cn/staticpages/20160502/newgx5726986d-14811164. shtml.

广西容县探索“工业房地产”模式［EB/OL］. 中国新闻网，http：//house. qq. com/a/20120817/000233. htm.

容县五年发展成绩斐然！一条微信带你遇见不一样的容州大地！［EB/OL］搜狐网，http：//www. sohu. com/a/200777190_100038041.

首届国土资源节约集约模范县（市）表彰大会［EB/OL］. 中央人民政府网站，http：//www. gov. cn/gzdt/2012-02/16/content_2068445. htm.

一个奖牌阐释的道理 [EB/OL]. 央视网, http://news.cntv.cn/20120304/105677.shtml.

文章线索:

陈国章. 挖掘土地潜力　提高用地水平——广西节约集约用地现场会在容县召开 [J]. 南方国土资源, 2012 (10): 2.

李银雁. 广西容县: 做足土地"抠门"大文章 [J]. 法制与经济 (上旬), 2013 (5): 30.

## 7.3　"三精"用地模式

### 重庆市

**【案例摘要】**

受城乡差异与地形地貌限制，重庆市面临有效城镇建设用地不足与低效农村建设用地过剩并存、坡耕地与林地比重高等问题，用地现状呈现出"工业用地相对低效、农村建设用地相对粗放"的特点。为此，重庆市国土房管局创新土地资源调控机制，积极探索"三精"用地模式，在全域用地上"精打细算"，大力实施区域土地联动战略；在增量用地上"精雕细琢"，大力实施丘陵山地梯度开发战略，拓展国土利用空间；在存量用地上"精益求精"，大力实施老工业基地更新改造战略，挖掘存量建设用地潜力。这大大提高了土地节约集约利用水平，切实缓解了土地资源供需矛盾。

**【案例介绍】**

重庆市地处西南丘陵山区，以丘陵、山地为主，坡地面积较大，其中山地占 76%。复杂的地质环境和多样的地貌类型，决定了重庆市适宜的农用地和建设用地有限。数据显示，目前重庆市的耕地面积为 3676.9 万亩，人均耕地为 1.15 亩，低于全国平均水平的 1.56 亩；城镇化率约 58.34%，城镇化进程还有相当长的一段时期。耕地后备资源不足，而未来经济建设、城镇化仍会占用部分耕地，建设与耕地资源需要均衡。在这样的背景下，重庆市国土房管局创新土地资源调控机制，积极探索"三精"用地模式，大大提高了土地节约集约利用水平，切实缓解了土地资源供需矛盾。

所谓"三精"用地模式，就是在全域用地上"精打细算"，大力实施区域土地联动战略；在增量用地上"精雕细凿"，大力实施丘陵山地梯度开发战略，拓展国土利用空间；在存量用地上"精益求精"，大力实施老工业基地更新改造战略，挖掘存量建设用地潜力。

1. 全域用地精打细算

大力实施区域土地联动战略，强化“三重”（城市土地梯度重构、城乡土地挂钩重配、农村土地聚集重整）优化，引导地域空间结构优化与要素配置，提高区域土地节约集约利用水平。一是规模约束机制。统筹新增建设用地计划、城乡建设用地增减挂钩计划、地票和低丘缓坡土地开发计划安排，在严格控制建设用地总量的前提下实施建设用地规模约束。二是市场配置机制。充分发挥市场在土地资源配置中的决定性作用，进一步深化土地有偿使用制度改革，扩大建设用地有偿使用范围，减少非公益性用地划拨，完善国有建设用地出让、租赁、作价出资（入股）等资源配置方式和市场租价均衡机制。三是评价考核机制。深入开展开发区土地节约集约利用评价和城市建设用地节约集约利用评价工作，完善单位 GDP 建设用地消耗等节约集约用地指标考核办法，构建多层次节约集约利用评价考核体系。四是引导激励机制。探索建立地价与土地节约集约利用程度挂钩调节机制，综合运用产业、财政、金融、税收等调控政策，调动相关利益主体节约集约用地的积极性。

2. 增量用地精雕细琢

大力实施丘陵山地梯度开发战略，推进“三度”（向地下空间要深度、向荒坡滩地要密度、向空中用地要高度）开发，实现立体空间纵深开发与高效利用，拓展国土利用空间。在重庆市璧山区的河边镇和福禄镇之间，有一条专门用来运送矿石的空中走廊。为了实现节约集约用地，璧山冀东水泥厂放弃了修公路的想法，而是另辟蹊径，修建空中走廊，由此省下了 150 多亩土地。主城区的港城工业园区也通过“向空中要地”，盘活了不少“边角料”土地，使每平方千米的产出强度高达 126. 3 亿元，从而探索出一套都市楼宇工业发展的新思路。重庆市不仅要向天上要地，还积极鼓励开发建设单位利用地下空间。从 2005 年下半年开始，实行地下建筑面积不计入容积率和土地出让金减半征收的优惠政策。自 2005 年以来，建设地下空间建筑约 495 万平方米。

3. 存量用地精益求精

大力实施老工业基地更新改造战略，进行“三新”（三线企业要有新效益、人防工程要有新功能、旧城建筑要有新风貌）提升，促进土地利用转型与功能转变，挖掘存量建设用地潜力。20 世纪，多个三线企业曾搬迁至南川，但到 20 世纪 90 年代，有 5 个三线国防企业迁出南川，大量建设用地由此闲置下来。位于金佛山西坡的天星仪表厂便是其中之一。1966 年，该厂从西安市整体搬迁至此，主要生产军械配件。但 1997 年，天星厂迁出了南川，留下约 506 亩国有存量土地。9 年后，南川区政府回收了这些闲置土地，并引入重庆交通旅游投资集团对此地进行整体开发。让存量土地焕发二次生命的还有大渡口区的建桥工业园区。为了最大限度地提高园区内的土地利用率，该园区通过鼓励兼并重组、帮助企业有效利用内部存量土地等多种方式提高已经进驻的企业的土地利用效率。由此，园区每亩投资强度由原来的投资 334 万元、产出 667 万元提升至投资 500 万元、产出 1000 万元。存量用地的二次开发，让那些原本“沉睡”的土地焕发出新的生命和活力。

**【社会评价】**

重庆市精打细算、精雕细琢、精益求精的“三精模式”是一个循序渐进、环环相扣的过程，“三精模式”在局部和区域之间作用突出。

**【政策文件】**

**重庆市人民政府关于促进节约集约用地的意见**

**（渝府发〔2018〕108 号）（节选）**

…………

二、强化土地利用总体规划用途管制，严格控制新增建设用地规模

强化规划宏观控制，严格执行土地利用总体规划和土地利用年度计划，控制建设用地总规模和土地供应总量，优化土地利用布局和结构。

（一）科学编制土地利用总体规划。围绕保障宏观经济平稳运行和建立资源节约型社会的目标，依据国民经济和社会发展规划，坚持以内涵挖潜为主，提高土地节约集约利用水平的原则，开展土地利用总体规划修编。通过修编，进一步优化城乡用地结构和布局，统筹各业、各类用地规模。严禁在规划修编中随意扩大建设用地规模。

…………

三、积极盘活存量建设用地，提高土地利用率

（一）全面掌握建设用地利用状况。国土资源部门要会同建设、规划等有关部门在第二次土地调查的基础上，查清城镇（村）建成区内土地用途、权属、利用状况，做好年度土地变更调查，建立并及时更新土地利用现状数据库，查清各类土地变化情况。以区县（自治县）为单位建立土地利用现状、用地效益和土地管理绩效等评价体系。

（二）建立建设用地跟踪管理制度。国土、规划、建设、发展改革部门要

密切配合，共同加强对建设项目用地的跟踪管理。……在编制土地供应计划时优先安排存量土地的供应。

（三）充分利用未利用地和废弃地。对因单位撤销、迁移等原因停止使用并经核准报废的公路、铁路、机场、矿场等的可开发建设用地，市国土部门要会同城市规划部门编制开发建设和复垦规划。对不适宜选址在城镇规划区内的项目，应尽量选址在规划的未利用地或废弃地上。

（四）提高开发区土地利用效率。鼓励开发项目在符合规划要求的前提下向地下发展，同时鼓励工业项目向地上空间发展。工业用地经许可，在不改变用途的前提下利用原厂房扩建、改建的，免征增量部分的土地出让金。要按照“布局集中、用地集约、产业集聚”的原则，引导工业项目进入工业园区。根据国家的统一部署和要求，在全市开发区开展土地节约集约利用评价工作，凡经评价符合节约集约用地要求并通过国家审核公告的开发区范围的扩区，属国家级开发区的按照国家规定的政策、权限、程序申请扩区或升级，属市级开发区的按照审批程序和权限批准扩区。

四、深化土地使用制度改革，以市场机制促进节约集约用地

（一）严格执行工业项目产业政策及用地定额标准。严格执行各类工业项目准入条件。各区县（自治县）要鼓励引导符合产业政策的项目用地，不得批准新建淘汰类项目用地，控制限制类项目用地。项目用地建议书、可行性研究报告应体现土地的节约集约利用，建设项目可行性研究报告审批前，须取得国土部门用地预审意见。对不符合土地规划用途和各项用地标准的，不得供地。对申请增资扩建用地的，必须优先使用已有建设用地，并将已有的土地与新申请用地数量一并计算用地指标。对同一企业有多处土地，部分土地尚未落实项目投资建设的、已批土地尚未建设的、项目已建成或在建但投资强度低于规定标准的，不得安排新的用地。严格按国家公布的用地定额标准控制项目总用地和企业内部行政办公、生活服务设施及物业管理用房等配套设施的用地面积和建筑规模。

（二）加强经营性土地供应管理。要充分运用价格机制遏制多占、滥占和浪费土地现象。要按照《招标拍卖挂牌出让国有建设用地使用权规定》（国土资源部〔2007〕39号）的要求，进一步规范土地交易行为。建立公开、公平、公正的土地“招拍挂”出让市场秩序，经营性用地单宗土地供应原则上控制在300亩以内。坚持土地“净地”出让，坚持交清土地成交总价款后核发《国有土地使用权证》，坚持土地出让成交价“收支两条线”管理制度。

经“招拍挂”出让的土地，土地出让合同约定的用途和建设规模等规划条件不得更改。

（三）健全节约集约用地考核制度。各区县（自治县）人民政府在土地利用管理、城市规划管理和项目建设、招商引资等工作中要严格执行国家产业政策和土地供应政策，建立节约集约用地评价指标体系，并将评价结果纳入政府年度目标考核。建立目标责任制，强化节约集约用地考核，土地资源节约集约利用情况纳入市政府对区县（自治县）人民政府经济社会综合评价考核，考核结果定期公布，作为下达土地利用年度计划、农用地转用和土地征收审批工作的重要依据。建立集约用地与用地计划挂钩制度，经市人民政府节约集约用地考核评价合格的区县（自治县），在下达下一年度用地计划时予以优先安排，优先办理新增建设用地农用地转用和土地征收报批手续。对考核不合格的，将扣减下一年度农用地转用计划。

二〇〇八年十月二十一日

## 重庆市国土房管局关于深入推进节约集约用地的实施意见（渝国土房管规发〔2016〕13 号）（节选）

二、加强建设用地规划引领管控

（一）严控城乡建设用地规模。

（二）优化建设用地结构布局。

三、促进建设用地立体综合开发

（一）鼓励建设用地立体开发。

（二）支持土地综合开发利用。

（三）推行多层标准化厂房建设。

…………

四、严格产业用地供应利用管理

（一）严格项目用地准入管理。

（二）改革工业用地供应方式。

（三）完善产业用地配套政策。

（四）建立产业项目用地退出机制。

五、实施城镇存量土地盘活利用

（一）推进城镇低效用地再开发。

（二）鼓励低效工业用地内涵挖潜。

六、提高农村建设用地利用效率

（一）严格农村用地标准控制。

（二）盘活存量集体建设用地。

**【信息链接】**

媒体线索：

第24个全国土地日重庆探索“三精”土地利用模式［EB/OL］. 重庆房产网，http：//news. house365. com/gbk/cqestate/system/2014/06/25/024245706. html.

节约用地重庆探索“三精”土地利用模式［EB/OL］. 大渝网，http：//cq. house. qq. com/a/20140625/014722. htm.

探索“三精”用地模式走土地利用节约集约之路［EB/OL］. 华龙网，http：//cq. cqnews. net/cqztlm/2014-06/25/content_31165116_4. htm.

探索“三精”用地模式［EB/OL］. 重庆晨报，http：//news. ifeng. com/a/20140625/40877366_0. shtml.

文章线索：

谢必如. 全域用地精打细算，增量用地精雕细凿，存量用地精益求精——重庆锤炼用地“精”字诀［J］. 资源导刊，2014（8）：52.

## 7.4 “四位一体”模式

### 江苏省扬州市

**【案例摘要】**

以节地水平和产出效益“双提升”为目标，扬州市将节约集约用地与城市建设、生态改善、转型发展融合，持续推进“规划引导、标准控制、技术创新、综合整治”四位一体模式，优化城市布局、科学利用土地，严守供地底线、盘活土地存量，纵向利用空间、提高用地效益，推进全域整治、拓展用地空间，探索节约集约用地新路径。

**【案例介绍】**

扬州市为江苏省地级市，位于江苏省中部、长江与京杭大运河交汇处，总面积达6591.21平方千米。扬州市在土地利用的过程中有以下问题：土地节约集约利用水平有待提高，人均农村居民点用地超标，建设用地布局尚待调整，土地利用的生态压力逐渐增大。为了节约集约土地、提高产出，扬州市将节约集约用地与城市建设、生态改善、转型发展融合，持续推进“规划引导、标准控制、技术创新、综合整治”四位一体模式，探索节约集约用地新路径。

探索构建耕地数量、质量、空间与生态四位一体的综合保护模式。坚持地方政府耕地保护属地第一责任，国土、农业、发改、住建、规划等部门共担责任，强化年度目标责任考核力度，实施领导干部耕地保护责任履行情况专项审计，落实责任追究机制。强化征地报批工作计划性，科学合理安排新增建设占用耕地指标，减少非农建设对耕地的占用。以国土“一张图”平台为基础，加快完善土地规划、基本农田保护、土地整治、耕地占补平衡、耕地质量等级成果和农业“1115”工程等数据库，建立占补平衡补充耕地激励机制。全面调查农村居民点用地、采矿用地、交通运输用地和水工建筑用地复垦潜力，建立完善全区 2016—2020 年农村建设用地复垦后备项目库，强化各类涉农项目与资金整合，集中连片推进土地综合整治，积极探索生态友好型耕地保护模式。发挥耕地与基本农田的边界管控作用，坚持农地农用，对生态敏感区和重要生态功能保护区实施最严格的土地用途管制性保护，加强矿山复绿等生态环境整治，维系和提升地域景观特征，发挥耕地的生态效益。

优化城市布局，科学利用土地。2014 年 4 月，位于扬州城市中心的宋夹城体育公园正式开园。在城市中心建设占地 423 亩的人文体育中心，是扬州市“规划引导、圈层控制”的一次成功实践。扬州市被划为三个圈层，在城市核心圈层，主要注重生态保护、遗迹保护，通过工业退城进园、产业空间置换，扩大城市生态空间、保护城市特色风貌；在经济技术开发区、江广融合区等城市周边圈层，以大力发展新兴产业为导向，实行“产城融合”，为城市带来更多人气；在城市核心区和功能区外围圈层，则加强优质农田保护，留住绿水青山和今后的发展空间。扬州市国土资源局严格划定城市核心区和功能区边界，开展园区认定和优化整合，对各类园区进行“四址界定”。全市工业园区从 70 多个整合成 38 个，并分别认定了 10 个特色产业园和 6 个生态工业园，明确发展地域边界，调整优化规划布局，推进产业集聚、特色发展。在圈层管控下，扬州市土地开发强度控制在 20%以内，生态用地占国土面积比例达到了 20.11%，形成了“要素集聚、布局集中、用地集约、效益集显”的国土空间开发格局。

严守供地底线，盘活土地存量。为保障规模大、现代化程度高、带动力强的项目在扬州落地，扬州市委、市政府出台一系列政策文件，创新实行土地指标“项目挂钩、多次分配”、“存量与增量挂钩”、建设项目用地预审等制度。通过分批下达用地指标、优先盘活使用存量、从严核减用地规模等措施，既保障重大项目落地，又要求企业少用地、用好地。为了最大限度地节约集约用地、盘活土地存量，扬州市严守供地底线，达不到投资强度标准的企业不予单独供地，但可以为其提供高标准厂房。扬州经济技术开发区从优化整合资源入手，通过紧凑布局、优化结构，探索“共生、共存、共振”的“三共”节地模式，建设企业邻里服务中心，极大地方便了周边企业员工生产生活，避免了重复建设导致各类资源的不必要浪费。目前，扬州经济技术开发区计划在全区范围内再选取 1~2 个点，继续推广“共生、共存、共振”节地模式，放大“三共”节地效应，以土地利用方式转变促进发展方式转型。目前，扬州市平均每年盘活存量用地面积近万亩。2014 年年末，全市工业项目平均投入达到 330 万元/亩，亩均 GDP 产出 19.2 万元/亩，同比增长 12%，比 2010 年增长了 50%。

纵向利用空间，提高用地效益。由于土地面积有限，扬州市提出“少用地、多产出”的理念，加大技术创新，纵向拓展新空间。同时，为打破“一企一围墙”的“割地”局面，宝应、江都、广陵等地规划建设了 4 个“无围墙企业群”，近 50 家“无围墙企业”建成投产，推动产业集聚、用地节约集约。坐落在广陵新城的江苏信息产业基地（扬州），其一期、二期总建筑面积达 32 万平方米，厂房超过 10 层，京东、优酷、易讯等 300 多家知名信息企业入驻，这些企业平均一家用地只有 1 亩多，与一般工业企业相比，同样土地产出效益提高 10 倍以上，“一楼多企”大大节省了土地资源。该基地已有 2 万多名高层次人才在此就业创业，带动了周边房产业等一批产业的发展。在“向上”利用土地方面，扬州的“塔式”立体停车库独具特色。扬州市国土资源局在机关办公楼改造实施过程中，将原先的 150 平方米附属房用地改建成全市首个三联组合的“塔式”立体停车库，提供了 108 个停车位，平均每个车位占地仅 1.4 平方米。“塔库”将汽车停车室与升降装置结合起来，以同等的占地满足了数十倍的车辆停放。目前，扬州市区已经建成了 5 个同类大型立体停车库，提供了 670 多个停车位，缓解了周边的停车压力。而投资 4.8 亿元建成的扬州市最大的广陵新城人防综合工程则充分“向下”要地，其地下共两层，面积达到 7.5 万平方米，建成了集防空、娱乐、购物等多种功能于一身的休闲区。2015 年，该市利用荷花池公园湖面地下空间，建成 2.5 万平方米、上下双层的地下停车场，新增车位 1500 个，以“零占地”满足了市民停车需求。

推进全域整治，拓展用地空间。扬州市作为全国率先编制土地整治规划的试点城市，以“全域规划、全域设计、全域整治”为原则，突出“城乡互动、整体推进”，将相对单一的复垦、挂钩等技术方法，整合为“山、水、田、林、路、村、厂、镇”系统整治，实现了建设用地、农用地同步更新再造。在农村，扬州市以土地整理项目建设为主要载体，实施各类项目 2129 个，建设高标准基本农田 96.45 万亩，新增耕地近 14 万亩，连续 10 年实现占补平衡有余，全市高效农业占耕地比重达 80%。在项目区内，“田成方、路成网、沟渠通、树成行”。在城市，扬州市以城中村改造、旧城改造和工矿废弃地复垦整理为平台，形成以主城区和仪征、高邮、宝应 3 个县级城区，以及 11 个重点中心镇镇区为重点的“1+3+11”综合整治组织体系，全面整合现有建设用地，为城市发展留出更多空间。

目前，扬州市已建成的高标准农田面积占耕地的比重达到 45%，高效农业占耕地的比重达到 40%，无公害、绿色和有机食品基地占耕地的比重达到 80%。通过系统的城市土地整治，扬州市已累计腾出土地近 2 万亩，有效减少了土地资源耗用。

**【社会评价】**

扬州市“规划引导、标准控制、技术创新、综合整治”四位一体模式适应了当地土地现状。在政府的领导下深化土地管理划分和监督制度，推动了土地集约化使用，维护了生态可持续发展。优化了城市空间布局，构建了产业园，发展了产业链，提高了产品附加值，综合利用开发土地，实现了区域共同发展。

**【政策文件】**

**关于加快土地利用方式转变　促进节约集约用地的实施办法**

为落实最严格的节约集约用地制度，提高土地资源配置效率和产出效益，根据国务院《关于促进节约集约用地的通知》，省委、省政府《关于全面推进节约集约用地的意见》，省政府办公厅《关于改革工业用地供应方式促进产业转型升级提质增效的指导意见》以及市有关文件精神，制定本实施办法。

一、加强项目用地准入管理

1. 建立工业项目用地综合评估机制。工业项目需要用地的，由区招商部门会同经发、财政、国土、规划等部门，从产业类型、投资规模、注册资本、产出效益、环境影响等方面对项目进行综合评估，国土部门根据评估结果编制工业用地供地方案，供地方案应明确供应方式、四至面积、出让价格和相关约束条件，经管委会批准后实施。

2. 提高工业用地准入门槛。对新建工业项目实行投资强度和注册资本双控，除特殊项目外，施桥镇、八里镇范围投资强度和注册资本应分别达到350万元/亩和150万元/亩以上，总投资6000万元以下的项目原则上不单独供地；朴席工业集中区投资强度和注册资本应分别达到250万元/亩和100万元/亩以上。

3. 严格土地使用规划指标。新建工业项目，无承载、高度等特殊要求的一般应建造3层及以上多层厂房，建筑容积率不低于1.0，建筑密度不低于35%，绿地率控制在20%以内。工业用地中内部行政办公及生活服务设施用地面积不得超过总用地面积的7%，建筑面积不得超过总建筑面积的10%。

科技研发、文化创意、众创空间等新产业新业态用地，按上级有关支持新兴产业用地的政策执行。

二、加快存量建设用地盘活利用

4. 建立全区存量建设用地清理盘活数据库。结合开展低效产业用地再开发工作，对闲置低效用地进行全面清查，分别建立征而未供、供而未用、用而未尽、停产破产企业、抵押融资土地台账，分类制定处置意见，逐宗明确盘活措施时限和责任单位。

5. 加大闲置低效用地处置力度。按照“以用为先、一地一策、全面处置”原则，通过限期开发、协议回购、依法收回等措施加快盘活利用闲置低效用地。今后新增项目优先使用存量建设用地，逐步提高存量土地在供地总量中的比重，力争“十三五”期末基本完成闲置低效用地处置任务。

三、推进土地集约利用模式创新

6. 实行分期供地政策。对建设周期较长或者首期建设不足应开发面积70%的项目，可以分期建设的，预留规划范围，根据实际到账资金、建设进度、产出效益分期供地。项目分期建设预留用地原则上不超过3年。

7. 合理确定工业用地供应方式。逐步推行工业用地长期租赁、租让结合、先租后让、弹性出让等供应方式。在办理立项、规划、建设手续时，土地租赁合同与土地出让合同具有同等效用，土地使用者可经有关部门批准，建造永久性建（构）筑物。采取弹性出让方式供地的，出让期限一般不超过30年，出让起价依照基准地价对应的最高使用年限进行年期修正。重大招商引资、战略性新兴产业、先进制造业和信息经济等产业项目用地，经管委会同意可以按法定最高年限出让。

8. 鼓励建设和使用高标准厂房。鼓励多元主体参与高标准厂房建设，新建的高标准厂房项目容积率一般应达到1.6左右，建筑密度不低于35%，厂房层级须达 4 层以上。对符合规划、不改变用途的现有工业用地，通过厂房加层、老厂改造、内部整理等途径提高土地利用率和增加容积率的，不再增收土地价款。今后对用地规模小于 1.5 公顷且适宜使用多层标准厂房的工业项目，原则上不再单独供地，鼓励和引导其进入高标准厂房。

四、强化建设项目用地监管

9. 加大建设用地全程监管力度。国土部门以《国有建设用地使用权出让合同》《国有土地和建设用地划拨决定书》为依据，建立《建设用地跟踪管理卡》，通过预警提醒、开竣工申报、现场核查、竣工验收、闲置土地处理、建立诚信档案等手段，全面监管建设用地批后开发利用情况，对土地使用权人的违约违规行为及时提醒、上报并督促整改。

10. 实行工业项目用地履约保证金制度。对新出让的工业用地，由国土部门与土地使用权人签订《土地出让合同履约保证金协议》，按照成交价格的 5%~10%收取履约保证金，其中 50%为开工履约保证金，50%为竣工履约保证金。按照合同约定时间开工建设的，退付开工履约保证金；按合同约定时间竣工，并达到约定的投资强度、容积率等集约用地指标的，退付竣工履约保证金。未按时开竣工或集约用地指标不符合约定要求的，追究违约责任，并按照协议没收部分或全部履约保证金。《工业用地履约保证金征收管理办法》由国土分局另行制定。

11. 完善土地利用效益评估考核机制。在《项目进区协议》中约定单位土地面积投资、产值、税收等约束性指标，并纳入土地出让合同。项目竣工投产后组织评估考核，未达到产出标准或约定要求的，应责成用地单位整改，所用土地不得申请抵押和转让；投产 3 年后仍不达标的，可以有偿收回国有土地使用权。

本办法自 2017 年 1 月 1 日起实施。

**【信息链接】**

媒体线索：

关于印发《关于加快土地利用方式转变促进　节约集约用地的实施办法》的通知［EB/OL］. 扬州市自然资源局，http：//www. jsmlr. gov. cn/yz/kfq/tzgg/201705/t20170526_460980. htm.

扬州："四位一体" 探索节约集约用地新路径［EB/OL］. 新民网，https：//ihouse. if eng. com/news/2015_09_23-50562566_0. shtml.

扬州市土地利用现状的评价［EB/OL］. 百度文库，https：//wenku. baidu. com/view/e67c6fb026fff705cc170aba. html.

## 7.5 五种高效用地模式

### 湖北省

**【案例摘要】**

自2010年以来，湖北省按照“一年起步试点，两年推广扩面，三年达标变样”的总体思路，探索出土地、矿产节约集约利用的五种模式。包括以十堰“工业梯田”为代表的山区节地模式，以崇阳节约集约用地“超市”为代表的城镇“节地模式”，以钟祥彭墩村“迁村腾地、增减挂钩”为代表的农村“节地模式”，以“零地招商、非生产性设施共享”为代表的开发区“节地模式”和以“矿产资源整合、磷矿采选加一体化”为代表的矿产综合利用模式。共节约土地8万多亩，为推动全省乃至全国土地和矿产资源节约集约利用积累了宝贵经验。

**【案例介绍】**

湖北省简称“鄂”，是中华人民共和国省级行政区，省会武汉，因位于长江中游、洞庭湖以北，故名湖北，地处中国中部，东邻安徽省，西连重庆市，西北与陕西省接壤，南接江西、湖南两省，北与河南省毗邻。自2010年6月24日全国国土资源节约集约模范县（市）创建活动启动以来，湖北省根据自然资源部开展创建活动的部署安排，按照“一年起步试点，两年推广扩面，三年达标变样”的总体思路，坚持以积极主动服务、严格规范管理、探索构建保障科学发展用地用矿新机制、完善和落实节约集约利用资源的治本措施为出发点和落脚点，立足省情，全面部署，精心组织，积极试点探索，勇于实践创新，通过“五种模式”创新，全面推进国土资源节约集约模范县（市）创建活动，并取得初步成效。

1. 以“工业梯田”“人造平原”为代表的山区“节地模式”

为拓展城市发展空间，湖北省十堰市根据山区城市“山多地少”的现状，按照“三少一无”（耕地少、林地少、拆迁少、无基本农田）的要求，大规模开展山地整理，不仅突破了用地瓶颈，还有效保护了耕地。一是人造“工业梯田”。根据企业生产工艺要求，利用海拔落差，依山就势打造“工业梯田”，实行土地的立体式开发。茅箭区普林工业园，整理山地3000余亩，从海拔228米到276米，建成8个梯级平台，入驻企业72家，实现工业产值100多亿元。二是“人造平原”。选择海拔落差较小的区域，通过削峰填谷，移山造地，以平方千米的规模推进山地整理。张湾区先后累计投资 50 多亿元，集中搬走上百座山头，连片开发平整 1.2 万亩“人造平原”，引进了 26 家大型企业入驻，全区工业增加值达 120.75 亿元，增长 48%，走出了一条山区城市拓展发展空间、节约集约用地的新路子。

2. 以“迁村腾地”“增减挂钩”为代表的农村“节地模式”

钟祥市彭敦村以“企业+农户”的模式，实施“迁村腾地”。新建农民住宅 184 栋，通过旧宅基地复垦整理，净增耕地面积 1400 多亩，户均占地由原来的 8 亩下降到 200 平方米以下，不仅节约了土地资源，还利用新增地建立起 200 亩精品蔬菜大棚和年产 50 万只的肉鸭基地，增加了农民收入。武汉东湖高新技术开发区佛祖岭社区，开展“增减挂钩”试点，建设高层住宅腾地安民，集中安置 1.2 万人，户均占地仅为 66 平方米，腾出土地超过 6000 亩，节约用地率达 60% 以上。结合新农村建设，全省近三年来通过土地整理、“迁村腾地”、“增减挂钩”试点归并自然村 1200 个，减少村庄用地 20 万亩，增加耕地 16 万亩。

3. 以“零地招商”“非生产性设施共享”为代表的开发区“节地模式”

武汉经济技术开发区坚持“严控总量、用好增量、优化存量、提高质量”的原则，严把供地闸门，充分挖掘存量土地潜力，鼓励企业在不增加用地面积的前提下增资扩股，实现从“零地价招商”到“零面积招商”的转变，今年“零地招商”已超过 30 多亿元。对投资额在 3000 万元以下的一般工业项目不单独供地，集中进驻多层标准厂房。在“企业非生产性设施共享”方面，武汉经济技术开发区在园区内分区集中建设融“倒班楼、食堂、娱乐中心、百货超市”为一体的园区综合服务中心 2 个，节约土地 220 余亩，解决了 100 多家企业近万名员工的就餐、住宿等难题，实现了企业生产生活配套设施的共享，避免因企业分散自建而浪费土地资源。

4. 以“二次开发”“退城进园”为代表的城镇“节地模式”

武汉市城区老工业基地多，存量土地资源丰富，进行“二次开发”潜力巨大。近年来，武汉市把新办都市工业园与改造老工业基地结合起来，先后建设 8 个都市工业园，通过“进二退二”，清退高能耗、高污染、低效益的企业，引进科技类、环保类的都市型工业企业，激活存量土地 1.25 万亩，引进企业 896 家，实现年工业总产值 500 多亿元，提供就业岗位 6.7 万个。嘉鱼、宜都、蕲春三县（市）坚持走内涵挖潜道路，通过转让、收储、合作开发等方式，实现土地的“二次开发”，盘活存量建设用地 600 公顷以上，显化土地资产超 40 亿元，有效缓解了县域经济发展建设用地矛盾。

5. 以“矿产资源整合”“磷矿采选加工一体化”为代表的矿产综合利用模式

宜昌市的夷陵区、襄阳市的保康县等磷矿资源大县（区）以全面整顿和规范矿产资源开发秩序为契机，在治乱的同时，着力治散，努力治本，转变资源利用方式和管理方式。编制重点矿区矿业权设置方案，依据方案调整重置矿业权，优化磷矿勘查开采布局；明确“采选加工一体化”为市场准入和资源配置条件，引导磷矿开发上下游产业整合，拉长产业链条；组织矿山企业重新编制开发利用方案，实行磷矿全层开采、贫富兼采，提高回采率；大力发展选矿企业，促进采选结合，提高中低品位磷矿利用能力；实行磷矿计划开采和运销监管，控制开采总量和产品流向，维护市场秩序。

在2013年第23个“国土日”，国土资源部在浙江省绍兴市召开的第二届国土资源节约集约模范县（市）表彰会上，湖北省崇阳县、远安县、钟祥市、应城市、十堰市张湾区，以及黄石市获得“国土资源节约集约模范”荣誉称号，获奖数量位列全国第一方阵。

**【社会评价】**

湖北省的成功之处在于不仅整合了土地资源，还整合了矿产资源，有效缓解了土地紧张和资源价值低问题。通过整合该地区所有矿区，不仅可以减少对当地自然环境的破坏，还能增加农民的就业机会。资源整合可以减少浪费，还能够延长产业链，增加产品附加值，改进开发技术，进而影响教育和科技的发展，牵一发而动全身的作用由此显现。

**【政策文件】**

**湖北省人民政府关于实行最严格节约集约用地制度的通知**

**（鄂政发〔2014〕24号）**

一、优化建设用地布局，保障科学发展用地

（一）强化土地利用总体规划管控。科学编制土地利用总体规划，按照近、中、远期相结合的原则，合理安排各类用地，划定城镇扩展边界，预留独立选址项目通道。充分发挥土地利用总体规划的龙头作用，城乡建设、产业发展等规划要与土地利用总体规划相衔接。严格执行土地利用总体规划，推进人口向城镇集中、居住向社区集中、产业向园区集中，实现土地资源的高效配置和节约集约利用，确保全省耕地总量和基本农田面积不减少、质量有提高、建设用地总规模不突破。

（二）保障重点项目建设。按照“好而优又快则先”的原则，保障高端装备制造、电子信息、生物医药、新能源、新材料等重点产业和保障性安居工程等民生项目用地需求，保障节地、环保、高效、高科技项目用地。禁止向列入《禁止用地项目目录》和产能过剩项目供地。

（三）优化建设用地空间。积极盘活存量建设用地，鼓励采取协商收回、协议置换、自行开发等多种形式推进城镇低效用地二次开发。大力开展农村土地综合整治，规范推进城乡建设用地增减挂钩试点，稳步有序实施中心镇、中心村和农村新型社区建设。鼓励开展工矿废弃地复垦利用，做好低丘缓坡、荒滩未利用地开发利用，不断挖掘存量建设用地潜力。

（四）鼓励土地立体开发利用。因地制宜，科学编制地上地下空间开发利用规划，推进立体交通和社区人车分流、复合绿化。鼓励综合利用地下空间，地下空间可单独或与地上土地使用权一并出让，在出让价格上予以优惠，具体标准由市、县人民政府研究确定。

二、完善土地市场建设，发挥市场配置资源的决定性作用

（一）推进土地资源市场化配置。

（二）探索集体经营性建设用地入市。

（三）推进创新和完善土地管理制度。

三、强化节约集约用地措施，提高土地利用效率

（一）科学合理布局工业项目。从严控制零星工业用地，鼓励工业项目进园区集聚发展。支持小微企业通过利用存量土地、租赁标准厂房等途径解决生产经营场所。对“退二进三”、“退城入园”、转型升级的企业，优先在工业园区内安排建设用地或提供标准厂房。

（二）明确工业项目准入门槛。国家级开发区（高新区）、省级开发区、其他工业集中区新建工业项目投资分别不低于 300 万元/亩、200 万元/亩、100 万元/亩；投产后税收分别不低于 25 万元/亩、15 万元/亩、10 万元/亩。新建工业项目容积率不低于 1.0，建筑系数不低于 40%，绿地率不超过 15%，工业项目所需行政办公和生活服务设施用地面积不得超过总用地面积的 7%。严格控制开发区房地产开发，开发区生产和基础设施用地比例不低于 70%。各市、县人民政府要在不低于以上标准的前提下，结合当地实际制定具体的投入产出强度标准。

（三）激励开发区节约集约用地。

…………

（四）严格建设用地使用标准。实行“统一规划、分期供地”制度，当期用地未达到约定条件的，不得安排下期用地。

（五）鼓励建设多层标准厂房。多层标准厂房容积率一般应达到1.2以上。在多层标准厂房集中区域内，可根据需要建设企业入驻所需的各类公共服务平台。鼓励和引导社会投资主体参与多层标准厂房建设经营，城市基础设施配套费第一层全额征收，第二层减半征收，第三层及以上免征。多层标准厂房建成后，经所在地市、县人民政府同意，在不改变功能和土地用途的前提下，可对房产、国有建设用地使用权分割转让，市、县人民政府享有优先购买权。各地要结合实际，出台扶持多层标准厂房建设和中小项目向标准厂房集中的政策。

（六）加强工业用地管理。严禁擅自改变土地用途，对未开发建设的工业用地，经依法批准改变用途进行经营性开发的，按原协议价格收回土地，重新招标、拍卖、挂牌出让。支持物流中心、标准厂房建设，严禁以物流中心、标准厂房、工业地产等名义建设批发零售市场和写字楼。对工业用地改变功能和土地用途，变相进行房地产开发的，房管部门不得批准商品房预售许可，国土资源部门不得分割办理土地使用权证书。

2014年4月24日

**【信息链接】**

媒体线索：

湖北省三年节约用地8万多亩　创造五种高效用地模式［EB/OL］. 湖北省人民政府网，http：//www. hubei. gov. cn/zwgk/hbyw/hbywqb/201306/t20130626_455607. shtml.

湖北“五种模式”促进国土资源节约利用［EB/OL］. 自然资源部网，http：//www. mlr. gov. cn/tdzt/zdxc/tdr/22tdr/jbntjs/gdjy/201206/t20120626_1113977. htm.

湖北省人民政府关于实行最严格节约集约用地制度的通知［EB/OL］. 湖北省自然资源厅，http：//zrzyt. hubei. gov. cn/html/news/2018/11/19/181119192937906000 01. html.

文章线索：

湖北：五种高效用地模式节地8万多亩［J］. 上海城市管理，2013，22（4）：93.

## 7.6 九江模式

### 江西省九江市

**【案例摘要】**

随着新型城镇化的不断推进和发展，九江市探索出“严格规划管控、严把供地标准、拓展用地空间、盘活存量土地、高压全程监管”的土地节约集约利用新模式，破解了如何解决土地供给与耕地保护的问题，严守耕地红线这一难题。九江市将耕地保护作为考核地方领导政绩的重要内容，一级抓一级，实行动态保护，严守耕地红线。通过土地节约集约利用新模式，既解决了土地供需矛盾，又保障了发展用地。

**【案例介绍】**

九江市位于江西省最北部，赣、鄂、皖、湘四省交界处，号称“三江之口、七省通衢”“天下眉目之地”，有“江西北大门”之称，地处长江、鄱阳湖、京九铁路三大经济开发带交叉点，是“昌九一体化”的双核之一、环鄱阳湖城市群城市，也是江西省将建设的 3 个省域副中心城市之一、长江中游城市群重要节点城市、中部地区重要物流枢纽和先进制造业基地、现代化港口旅游城市。

在九江市土地管理、利用中，存在一些问题：一是人地矛盾突出，耕地保护压力大；二是土地利用结构仍不够合理，用地供需矛盾有待协调；三是土地开发利用程度和土地集约经营程度不高，综合效益偏低；四是可供开发利用的后备土地资源少，尤其耕地后备资源潜力较小。如何解决土地供给与耕地保护的问题，严守耕地红线？九江市探索出“严格规划管控、严把供地标准、拓展用地空间、盘活存量土地、高压全程监管”的土地节约集约利用新模式，破解了这一难题。

1. 严格规划管控

充分发挥土地利用总体规划的“龙头”作用，不断优化用地结构，尽量把工业园建在荒滩、荒坡、荒山上，减少工业占用耕地。同时，该市科学制订工业园产业规划，提高配套设施共享率，规定工业园建设标准厂房，既减轻了企业负担，又提高了土地利用效率。目前，九江开发区、湖口、武宁、永修等地都建设了标准厂房，其中九江开发区建有标准厂房 44.2 万平方米，有 32 家企业在标准厂房里生产。

2. 严把供地标准

从严控制建设用地规模，尽可能减少企业占用土地。例如，一个能源项目在用地预审时，使用土地为83亩。为节约用地，该市国土资源部门多次与这家企业沟通，在确保企业正常运行的前提下，减少占地面积。这家企业最终用地为61亩，亩均投资强度达1000万元，节约土地22亩。

3. 拓展用地空间

鼓励企业“零地技改”，提高用地容积率。武宁县工业园已有9家企业通过技改扩大生产规模，没有增加土地，平均容积率由原来的0.65增加到1.12。同时，结合镇村联动建设，该市大力推进自然资源部城乡建设用地增减挂钩、低丘缓坡荒滩等未利用地综合开发利用、工矿废弃地复垦三项试点工作，增加了24.1万亩建设用地。

4. 盘活存量土地

此外，该市盘活存量用地，通过拆旧建新、环境再造来提升老城区的存量土地的价值。浔阳区作为老城区，没有可直接利用的土地。该区启动了十大片区旧房改造工程，预计可腾退老城区优质土地约3373亩，同时清理处置闲置用地。

5. 高压全程监管

九江市将土地集约化发展作为政府官员绩效考核的重要标准之一，这是一种全新的探索方式，也是一种自上而下的管理方式。考核不仅是政府体系的规划设计，也不仅是一个奖惩的依据，因为奖惩只是强化考核功能的手段。调整待遇是对官员价值不断开发的再确认，考核是为了不断提高政府官员的职业能力，改进其工作绩效，提高员工在工作中的主动性和执行有效性，进而作为员工培训、职业发展规划的有效依据，为社会不断创造价值。

九江市将耕地保护作为考核地方领导政绩的重要内容，一级抓一级，实行动态保护，严守耕地红线。目前，虽然九江市经济发展占用了大量土地，但全市451.62万亩耕地和381.24万亩基本农田总量没有减少、质量没有降低。正是通过土地节约集约利用新模式，既解决了土地供需矛盾，又保障了发展用地。

**【社会评价】**

2018年以来，该市已清理处置供而未用、低效利用土地3878亩，清理处置闲置用地4313亩，盘活了城区、工业园的土地资源，促进了土地节约集约利用。

【政策文件】

## 九江市土地利用总体规划（2006—2020 年）（节选）

### 前　言

为深入贯彻党的十七大精神，全面落实科学发展观，更好地贯彻落实“十分珍惜、合理利用土地和切实保护耕地”的基本国策，优化土地利用结构与布局，解决耕地保护、经济发展与生态建设之间的矛盾，建设资源节约和环境友好型社会，促进九江市经济社会又好又快发展，九江市人民政府依据《中华人民共和国土地管理法》等法律、法规及政策，结合九江市国民经济和社会发展实际，编制了《九江市土地利用总体规划（2006—2020 年）》（以下简称《规划》）。

…………

### 第一章　总　则

…………

第二条　规划原则

贯彻“十分珍惜、合理利用土地和切实保护耕地”的基本国策，落实最严格的耕地保护制度和最严格的节约用地制度，并遵循以下基本原则：

（一）坚持严格保护耕地特别是基本农田，控制非农建设占用农用地。

（二）坚持节约集约用地，提高土地利用效率。

（三）坚持统筹各业用地需求，协调土地利用空间布局。

（四）坚持保护和改善生态环境，促进土地资源可持续利用。

（五）坚持耕地占补平衡，实现耕地保护数量与质量并举。

（六）坚持公众参与，提高规划透明度和科学性。

…………

### 第二章　规划背景

第六条　上轮规划实施评价

（一）实施概况与成效

…………

（5）提高了土地利用集约水平。统筹安排各类建设用地，提高了土地利用效率和效益，显化了土地资产价值。

…………

（二）存在问题

…………

（3）土地节约集约利用程度不高，规划目标评价体系不完善，土地利用目标缺乏科学的土地利用战略、土地利用效益、生态环境影响评价体系。

…………

第十六条　土地利用功能分区与管制

…………

（三）基本农田集中区

…………

5. 贯彻合理用地、节约集约用地原则，优先利用现有低效建设用地、闲置地和废弃地；区内新增建设用地受规划指标和年度计划指标约束；农用地在批准改变用途之前，应当按原用途使用，不得荒芜。

…………

第十九条　建设用地空间布局调控措施

…………

（二）整合规范农村建设用地

在“全面建设社会主义新农村，扎实推进农业农村现代化”方针的指引下，加强对农村居民点的规划和引导，严格限定农村居民点发展方向和范围，促进农民居住向城镇和中心村集中，改善居住生活条件，提高土地集约利用程度；积极稳妥开展“空心村”“闲置宅基地”等农村集体建设用地整理，促进城镇建设用地增加与农村建设用地减少相挂钩；加快城乡一体化建设进程，大力建设农村社区服务中心，完善公共服务配套设施，建设“生产发展、生活宽裕、乡风文明、村容整洁、管理民主”的社会主义新农村。

（三）加强建设用地空间管制

围绕引导建设用地合理布局、促进集约节约利用土地目标，按照本规划确定的城乡建设用地规模指标，落实城乡建设用地规模边界，明确允许建设区；同时，为适应城乡建设发展的不确定性和控制城乡建设用地无序扩张，在加强与城镇体系规划和新农村规划有效衔接的基础上，划定城乡建设用地扩展边界，明确有条件建设区；为更好地保护市域内具有重要意义的自然资源、生态、环境、景观地域，划定禁止建设用地边界，明确禁止建设区。

**【信息链接】**

媒体线索：

解决供需矛盾　保障发展用地　九江探索出土地节约集约利用新模式

[EB/OL]. 江西日报，http：//jx. people. com. cn/n/2014/1211/c359143-23190121. html.

九江市土地利用总体规划（2006—2020 年）[EB/OL]. 土流网，https：//www. tuliu. com/read-22910. html.

探索土地节约集约利用新模式，省国土资源厅到我市调研，充分肯定了这项成绩 [EB/OL]. 搜狐网，http：//www. sohu. com/a/240377071_800303.

## 7.7　宜都“八种模式”

### 湖北省宜都市

**【案例摘要】**

为保障城镇化、工业化发展用地需求，解决项目建设用地供求矛盾，宜都市在工作实践中不断挖掘用地潜力，积极探索符合实际的八种方法和模式：科学规划“管地”模式、开发整理“增地”模式、增减挂钩“换地”模式、旧村改造“腾地”模式、撤户并点“节地”模式、拓展空间“扩地”模式、清理闲置“收地”模式、盘活存量“生地”模式，全力推动土地资源节约集约利用，走出了一条“有限资源、无限发展”的新路子。

**【案例介绍】**

宜都市，湖北省直辖、宜昌市代管县级市，位于鄂西南长江中游南岸，地处江汉平原向鄂西南山地过渡地带，东隔长江与宜昌市猇亭区、枝江市相望，东南邻松滋市，西南、正西与五峰土家族自治县、长阳土家族自治县交界，北与宜昌市点军区接壤。

为保障城镇化、工业化发展用地需求，解决项目建设用地供求矛盾，近年来，宜都市不断挖掘用地潜力，积极探索符合实际的方法和模式，全力推动土地资源节约集约利用，走出了一条“有限资源、无限发展”的新路子。

1. 科学规划“管地”模式

在项目选址过程中，积极引导投资者能占荒地不占耕地，能占劣地不占好地，能原址挖潜则不占增量土地。积极推行经营性用地公开招标拍卖挂牌出让，强化土地的高效利用。

2. 开发整理“增地”模式

按照“先造地，后用地；先做加法，再做减法”的思路，大力实施土地整理项目和造地增粮富民工程。大力实施以低丘岗地改造为主的土地整理项目，净增耕地达 3 万亩。

3. 增减挂钩“换地”模式

积极编制《增减挂钩实施方案》，着力推进工业集中发展、农民相对集中居住、耕地适度集中规模经营。通过实施城乡建设用地增减挂钩项目建设释放建设用地计划指标，并连续七年实现耕地占补平衡且有剩余，为全市的招商引资、项目建设和城镇基础设施建设提供强有力的用地保障。

4. 旧村改造“腾地”模式

按照“险村避灾、旧村复耕、新村节地、拆旧建新”的要求，因地制宜，对红花套蔡家冲变电站附近的居民点实行整体搬迁、拆旧建新、改旧刷新、拆迁安置等。

5. 撤户并点“节地”模式

结合新农村建设，采取村庄整理、撤户并点、异地置换等方式，以点带面，相继推动周家河、吴家岗、解放公寓、赤溪河农民新村改变农村住宅的粗放用地方式。

6. 拓展空间“扩地”模式

充分发挥工业园区在产业集聚和节约集约用地上的优势，鼓励建设多层标准厂房和引进多层标准厂房生产的工业项目。通过改建厂房，减少占地率，提高土地均亩产出效率。

7. 清理闲置“收地”模式

通过采取实地踏勘、用地单位协助调查等方式，对已经出让的土地、工业企业改制的土地、停产和半停产企业的土地、行政划拨土地和其他类型的土地进行全面清理，按照“批而未供、供而未建、建而未用、用而未尽”分类进行处置。

8. 盘活存量“生地”模式

采取“退二进三”“腾笼换鸟”等处置方式，大力实施低丘缓坡土地综合开发利用项目建设，充分改造、利用废弃土地，拓展用地空间，有效保障宜都高新技术产业园的用地需求。

宜都市的八种模式，提高了土地节约集约利用水平，获得了国土环境资源厅和社会的肯定，走出了一条“有限资源、无限发展”的新路子。

**【社会评价】**

面对用地瓶颈制约，宜都市按照“控制总量、用好增量、盘活存量”的思路，以节约集约利用土地为主线，推进土地综合开发利用创新，探索出了多种模式，提高了土地节约集约利用水平，实现了生态、经济和社会综合效益的有机结合，为经济社会的全面协调、可持续发展提供了可靠的资源保障。

**【信息链接】**

媒体线索：

宜都市探索“八种模式”推动土地节约集约利用［EB/OL］. 湖北省国土资源厅，http：//zrzyt. hubei. gov. cn/html/news/2018/11/19/18111921161993400001. html.

省国土资源厅肯定宜都节约集约用地［EB/OL］. 湖北宜都网，http：//yidu. 58xw. net/news/show-18608. html.

# 第 8 章　耕地保护

## 8.1　“四位一体”模式

### 江苏省南京市浦口区

**【案例摘要】**

在“十分珍惜和合理利用土地，切实保护耕地”这一基本国策的背景下，为切实履行耕地保护职责，南京市浦口区于 2014 年探索构建了“四位一体”的耕地保护模式，即建立融合耕地数量、质量、空间与生态“四位一体”的综合保护体系，明确耕地保护责任分工，划定基本农田实施永久保护，真正落实最严格的耕地保护制度，为农业现代化提供基础要素支撑和生产空间保障，发挥耕地的生态基底作用，并取得了良好效果。

**【案例介绍】**

浦口区地处江苏省南京市西北部，与南京市鼓楼区、建邺区、雨花台区、江宁区隔江相望，北部、西部分别与安徽省来安县、滁州市、全椒县、和县毗邻。浦口区地貌总体表现为融平原、岗地、丘陵、低山及大江、大河为一体的综合型地貌，区境东南部为长江沙洲平原，面积约 157 平方千米，西北部为河谷平原，面积约 125 平方千米，平原地区低平坦荡，土壤肥沃；中部为东北—西南走向的老山山脉，总面积约 90 平方千米，山体起伏，植被丰厚；低山与平原之间分布着砂砾丘陵、黄土岗地，总面积约 530 平方千米。浦口区土地开发程度较高，2012 年，农业用地中耕地面积达 2.81 万公顷，旱涝保收面积占耕地面积的 75%以上，实有林地面积 31938 公顷。浦口区后备土地资源少，主要分布于沿江滩涂，还有部分丘陵山地尚未开发利用。2014 年，南京市浦口区人民政府出台《关于建立完善长效机制落实最严格耕地保护制度的意见》，探索构建耕地数量、质量、空间与生态“四位一体”综合保护模式。坚持地方政府耕地保护属地第一责任，国土、农业、发改、住建、规划等部门共同责任，强化年度目标责任考核力度，实施领导干部耕地保护责任履行情况专项审计，落实责任追究机制。强化征地报批工作计划性，科学合理安排新增建设占用耕地指标，减少非农建设对耕地的占用。以国土“一张图”平台为基础，加快完善土地规划、基本农田保护、土地整治、耕地占补平衡、耕地质量等级成果和农业“1115”工程等数据库，建立占补平衡补充耕地激励机制。全面调查农村居民点用地、采矿用地、交通运输用地和水工建筑用地复垦潜力，建立完善全区 2016—2020 年农村建设用地复垦后备项目库，强化各类涉农项目与资金整合，集中连片推进土地综合整治，积极探索生态友好型耕地保护模式。发挥耕地与基本农田的边界管控作用，坚持农地农用，对生态敏感区和重要生态功能保护区实施最严格的土地用途管制性保护，加强矿山复绿等生态环境整治，维系和提升地域景观特征，发挥耕地的生态效益。具体措施如下：

（1）完善空间管控机制，通过加强土地规划计划引导，严格建设占用耕地审核，落实基本农田永久保护，优化土地利用布局。

（2）健全耕地建设机制，通过建立耕地建设整合协同体制，完善耕地数量与质量占补平衡制度，加强耕地保护信息化建设，落实耕地占补平衡。建立耕地补充激励机制，区政府每年初按市里下达的补充耕地任务，结合全区补充耕地需求，将年度耕地占补平衡任务分解到各相关街道，并对验收确认的新增耕地单独给予街道一定资金补偿。逐步推行“占优补优、占水田补水田”，有效落实耕地数量与质量占补平衡制度。

（3）创新系统协调机制，通过促进耕地保护与现代农业协调发展，探索生态友好型耕地保护模式，坚持传统有效的耕地质量保护措施，完善耕地保护路径。以土地综合整治为平台，加快建设旱涝保收的高标准农田，逐步建立“管养结合、用养并重”的耕地数量与质量同步建设机制。积极探索“以补促建”“以补代投”等耕地建设措施。

（4）构建补偿激励机制，通过加大建设性补偿力度，建立完善经济补偿制度，增强耕地保护动力。

（5）落实责任追究机制，通过明确耕地保护责任分工，加强责任目标考核，推动建立耕地保护审计制度，强化耕地保护执法监管。细化分解耕地保护责任，全区按照“党委领导、政府负责、部门协同、公众参与、上下联动”的要求，落实耕地保护责任分工，强化耕地保护责任考核。

截至 2015 年年底，南京市耕地保有量为 355.76 万亩（含可调整地类），为规划目标 354.05 万亩的 100.48%。划定基本农田 341.72 万亩，比规划目标 341.08 万亩多划 0.64 万亩。大力推进土地整治和高标准农田建设，完成土地综合整治 115.27 万亩，新增耕地 9.68 万亩，形成土地综合整治建新指标 5.62 万亩，建成的高标准农田总规模达到 142.45 万亩。

【社会评价】

南京市通过建立空间管控机制、耕地建设机制、创新系统协调机制、补偿激励机制“四位一体”模式，严格按照土地利用总体规划确定的用途和土地利用计划的安排使用土地，严格控制占用农用地特别是耕地，实现土地资源合理配置、合理利用，从而保证耕地数量稳定，充分挖掘现有建设用地潜力，逐步实现土地利用方式由外延发展向内涵挖潜转变，切实保护城郊接合部的耕地资源。

【政策文件】

《市政府关于建立完善长效机制落实最严格耕地保护制度的意见》（宁政发〔2014〕252 号）。

### 关于印发《关于进一步落实耕地占补平衡工作的指导意见》的通知
### （浦政发〔2016〕189 号）

一、高度重视，实施严格措施保护耕地红线。

二、明确责任，落实耕地占补平衡法定义务。

三、规范管理，确保耕地占补平衡有效实施。

四、深入调查，充分挖掘补充耕地后备资源。

五、严格标准，坚持补充耕地数量质量并重。

六、保障重点，加大补充耕地指标竞买力度。

七、实施奖励，增强地方政府耕地保护动力。

八、加强考核，确保占补平衡工作有效推进。

### 关于印发《关于进一步加强耕地保护和管理的通知》的通知
### （浦政发〔2015〕36 号）

一、构建耕地综合保护体系。“十分珍惜和合理利用土地，切实保护耕地”作为一项基本国策，全区上下必须充分认识耕地保护的极端重要性，紧紧围绕落实 41.64 万亩耕地保护目标，始终坚持耕地保护红线意识和底线思维，探索建立融合耕地数量、质量、空间与生态四位一体的综合保护体系，明确耕地保护责任分工，划定基本农田实施永久保护，真正落实最严格的耕地保护制度，为农业现代化提供基础要素支撑和生产空间保障，发挥耕地的生态基底作用。

二、细化分解耕地保护责任。全区要按照“党委领导、政府负责、部门协同、公众参与、上下联动”的要求，落实耕地保护责任分工。坚持耕地保护属地第一责任，各街道对辖区范围内耕地保护工作负总责，主要领导为第一责任人。区国土部门为耕地保护的主管部门，主要领导为主管责任人，要坚持依法执行耕地保护的各项规定和政策，全面履行组织协调、监督管理等职责；区农业部门要强化耕地流转管理与耕种项目指导，严格设施农业项目审核，加强耕地质量管理；区财政部门要做好耕地保护有关资金的征收、拨付和使用管理工作；区审计部门要切实做好耕地保护专项审计；区监察部门要依法严肃追究党政领导干部违反土地管理规定行为的责任。区发改、住建、规划、交通、水利、农开等部门是耕地保护的共同责任人，非农建设单位主要负责人（法人）为保护耕地的项目责任人，须履行耕地占补平衡任务；集体经济组织负责人和承包农户是保护其所有（承包）耕地的直接责任人，应保护和合理利用耕地，不得撂荒、闲置耕地。

三、强化耕地保护责任考核。区政府健全耕地保护监督检查制度，强化对各街道耕地保护责任履行情况考核，考核结果纳入区政府年度目标考核。区国土部门根据土地利用总体规划、年度土地利用变更调查成果、耕地占补平衡落实情况以及上级下达的各项耕地保护目标任务，合理确定全区及各街道年度耕地保护责任目标，按年报请区政府与各街道签订耕地保护目标责任状，作为年度考核的依据。区国土、农业、统计等部门共同做好省、市年度耕地保护责任目标考核工作，并结合日常执法巡查、质量监测、调查统计等，探索建立耕地保护动态调查监测和预警制度，及时报请区政府通报各街道的耕地数量和质量变化情况，督促各街道切实履行耕地保护属地责任。区审计部门结合街道党政领导干部经济责任审计工作，实施耕地保护责任履行情况审计。严格执行责任追究制度，对耕地保护责任目标考核不合格、管理秩序混乱、年度管辖范围违法占用耕地严重或造成恶劣社会影响的，依据有关规定，启动党政领导问责制，对党政主要负责人和其他责任人实行问责追究，严肃处理。

四、划定基本农田永久保护。区政府组织区国土、农业、财政、规划、环保、住建等部门在已有划定永久基本农田工作基础上，将城镇周边、交通沿线现有易被占用的优质耕地以及已建成的高标准农田优先划为基本农田，做好永久基本农田划定成果调整完善工作。区国土部门会同农业部门要切实做好永久基本农田划定调查摸底、核实举证、方案制定和组织实施等工作，与土地利用总体规划调整完善工作同步推进；区规划、环保、住建等部门要结合城市开发边界与生态保护红线划定，强化部门协同，共同做好核实举证和方案制定，合理布局全区城乡建设与生态保护空间；区财政部门要对永久基本农田划定工作给予资金保障。基本农田一经划定，将实施永久保护，严禁以农地流转之名违规搞非农业建设，严禁占用基本农田挖塘造湖、种植林果、建绿色通道，以及发生其他毁坏种植条件的行为。区国土部门依托土地综合整治平台，建立基本农田后备库，探索开展零散基本农田归并整合工作，推动形成集中连片的高标准农田。

五、推进落实耕地占补平衡。建立耕地补充激励机制，区政府每年初按市里下达的补充耕地任务，结合全区补充耕地需求，将年度耕地占补平衡任务分解到各相关街道，并对验收确认的新增耕地单独给予街道一定资金补偿。各街道要加强辖区内耕地后备资源潜力调查，对新增耕地率较高的项目区需优先立项实施耕地占补平衡项目，科学编制项目规划设计方案，加大资金投入力度，努力将新增耕地建设成为水田或者水浇地，提升全区补充耕地能力。区农业、国土部门进一步健全耕地质量评价制度和监测体系，开展耕地质量等别年度更新评价，启动补充耕地质量评定工作。严格执行“以补定占、先补后占”规定，全面落实法人耕地占补平衡责任，区国土、规划、住建、交通等部门要强化非农建设选址占用耕地与补充耕地方案论证，建设项目用地规划预审时各建设单位需提出补充数量与质量相当的耕地安排，并根据全市统一部署，逐步推行“占优补优、占水田补水田”，有效落实耕地数量与质量占补平衡制度。

六、健全耕地建设保护机制。按照“以建设促保护”的总体要求，以土地综合整治为平台，加快建设旱涝保收的高标准农田，逐步建立“管养结合、用养并重”的耕地数量与质量同步建设机制。积极探索“以补促建”“以补代投”等耕地建设措施，区统筹办会同区国土、农业、水利、农开、财政等部门，结合自然资源条件和农业生产布局，坚持规划引导，强化各类涉农项目与资金整合，集中连片推进土地综合整治，有效改善农业生产条件。推进耕地质量建设和综合治理，区农业部门要通过土壤培肥改良、农艺措施和农业机械技术推广，加强耕地地力建设，各街道要积极鼓励和扶持耕地使用者应用测土配方施肥、保护性耕作等技术，开展秸秆还田，合理种植绿肥，增施有机肥料，提高土壤有机质含量，改善农田生态环境。加强耕地保护信息化建设，区国土部门以“一张图”平台为基础，加快完善土地规划、基本农田保护、土地整治、耕地占补平衡、耕地质量等级成果和农业“1115”工程等数据库，强化耕地保护全流程监管。

**【信息链接】**

媒体线索：

关于印发《关于进一步落实耕地占补平衡工作的指导意见》的通知［EB/OL］. 浦口区人民政府，http：//www. pukou. gov. cn/pkqrmzf/201810/t20181022_586882. html.

关于印发《关于进一步加强耕地保护和管理的通知》的通知［EB/OL］. 浦口区人民政府，http：//www. pukou. gov. cn/pkqrmzf/201810/t20181022_586655. html.

南京市政府办公厅关于印发南京市“十三五”国土资源保护和利用规划的通知［EB/OL］. 南京市人民政府，http：//www. nanjing. gov. cn/zdgk/201810/t20181022_573351. html.

南京市浦口区构建耕地保护“四位一体”模式［EB/OL］. 江苏省国土资源厅，http：//www. cgl. org. cn/auto/db/detail. aspx？ db = 999002&rid = 198850&md = 76&pd = 351&msd = 63&psd = 207&mdd = 76&pdd = 351&count = 10.

《关于进一步加强耕地保护和管理》的通知［EB/OL］. 南京市人民政府，http：//www. nj. gov. cn/xxgk/qzf/pkq/201503/t20150324_3233109. html.

我市出台《关于建立完善长效机制落实最严格耕地保护制度的意见》［EB/OL］. 南京市人民政府，http：//www. nanjing. gov. cn/zdgk/201411/t20141118_1056511. html.

## 8.2　嘉兴模式

### 浙江省嘉兴市

**【案例摘要】**

随着统筹城乡改革工作的进一步深化，工业化、城镇化进程的进一步发展，以及由此带来的土地资源过度消耗，已经不能完全支撑起经济的持续增长和社会可持续发展，如何处理好保发展、保红线、保（农民）权益的“三保”问题，怎样明确耕地保护的主体职责，落实耕地保护的载体责任，完善耕地保护的实施措施等一系列激励政策，以充分调动农民和村级集体经济组织保护耕地的积极性和主动性，将保护耕地与“无违建”创建有机结合起来，减少违法用地现象，是当前和今后一个时期国土资源管理和“三农”工作迫切而又重大的任务。在这方面，浙江省嘉兴市作为浙江省唯一的耕地保护补偿机制建设试点地级市，大力开展耕地保护共同管护机制建设，扩展耕地保护空间；着力推进耕地保护补偿资金落实，挖掘耕地保护综合潜力；整合进行耕地保护项目建设，发挥耕地保护中涉农资金叠加效应。多年来，嘉兴市一年一个台阶，耕地保护工作取得了明显成效，2013 年在全省耕地保护工作目标责任考核中获优秀评价，别具一格、扎扎实实打造出耕地保护工作中的“嘉兴模式”。

**【案例介绍】**

嘉兴市，别称“禾城”，浙江省地级市，长三角城市群、上海大都市圈重要城市，环杭州湾大湾区核心城市，杭州都市圈副中心城市，沪嘉杭 G60 科创走廊中心城市，位于浙江省东北部、长江三角洲杭嘉湖平原腹地，地处江河湖海交汇之位，扼太湖南走廊之咽喉，与上海、杭州、苏州、宁波等城市相距均不到百千米，作为沪杭、苏杭交通干线中枢，交通便利。

根据 2014 年度土地变更调查结果，截至 2014 年 12 月 31 日，嘉兴市土地总面积为 422286. 79 公顷，其中农用地 255269. 74 公顷，占全市土地面积的 60. 45%。随着时间推移，嘉兴市人均耕地面积在逐渐降低。2004 年，嘉兴市人均耕地为 0. 063 公顷，而到 2010 年这一数字降为 0. 0471 公顷。

随着工业化、城镇化向纵深发展，过度消耗土地资源支撑经济持续增长的模式，已经触到了资源供给的边界和生态维系的底线。在土地资源稀缺的嘉兴市，如何处理好保护耕地与保障发展的关系？从 2013 年开始，嘉兴市在全省率先全面建立了耕地保护补偿机制，旨在通过这一激励政策，调动农民和村集体保护耕地的积极性。2014 年，嘉兴市又进一步完善该项机制，将耕地保护补偿与“无违建”创建结合起来，大大减少了违法用地现象，推动了嘉兴市经济社会可持续发展，为全省乃至全国树立了耕地保护的样板。

强化耕地保护职能部门共同管护职责。2012 年，中共嘉兴市市委办公室嘉兴人民政府办公室颁布了《关于建立健全耕地保护共同责任机制扎实做好耕地保护工作的实施意见》（嘉委办〔2012〕74 号），同时在 2014 年度保护耕地目标责任制考核中，嘉兴市以保护耕地和造地改田领导小组办公室名义出台了嘉保耕办〔2014〕1 号文件，除市县两级国土部门外，还增加了财政、农经、水利和审计等多部门参与和提供材料，体现了耕保共管。同时，重点要求地方党委、政府强化对耕地保护共同管理责任机制的落实，将垦造耕地建设、高标准农田建设、土地整治复垦等土地整治工程任务的完成、耕地质量建设及部门共同责任机制的落实作为重点考核内容，在考核分值、内容上加重分值、细化细则。

加大耕地管护资金力度。2013 年，嘉兴市国土资源局、嘉兴市财政局联合印发《〈关于嘉兴市基本农田保护补偿实施（暂行）办法〉的通知》（嘉土资发〔2013〕64 号），认真贯彻“十分珍惜和合理利用土地、切实保护耕地”的基本国策，实施最严格的耕地保护制度。依据《浙江省基本农田保护条例》等规定，落实市委、市政府提出的关于建立耕地和基本农田保护补偿机制，采取筹补分离、差别补偿原则，2013 年补偿标准不低于每亩 50 元，保障了承担基本农田保护任务主体（农民与村级集体经济组织）的利益，促进了经济社会的可持续发展。

将涉农项目进行整合，综合建设和质量提升。2014 年，嘉兴市国土资源局、农业经济局、财政局、水利局四部门根据浙江省农业厅、浙江省国土资源厅、浙江省财政厅《关于协同推进粮食生产功能区和高标准基本农田建设的意见》（浙农专发〔2013〕55 号）和中共嘉兴市委嘉兴市人民政府《关于全面深化统筹城乡综合配套改革　加快实现更高水平城乡一体化的实施意见》（嘉委发〔2014〕20 号），联合下发《关于印发〈嘉兴市以高标准基本农田建设为平台协同推进农田基础设施建设〉的实施意见》（嘉土资发〔2014〕92 号），协同推进嘉兴市本级高标准基本农田、粮食生产功能区、农业综合开发项目和小型农田水利建设，完善农田基础设施，有效提高耕地质量，稳定发展粮食生产。

**【社会评价】**

嘉兴市明确责任，落实补偿措施和激励措施，提高农民保护耕地的参与度。顺应了土地利用总体规划的要求，制定耕地保护规划，合理确定耕地保护的区域，对可能造成水土流失、土地沙化和洪涝灾害的耕地进行严格保护。另外，把耕地保护与生态环境建设结合起来，采取有效措施防止水土流失和土地沙化。

**【政策文件】**

**关于建立健全耕地保护共同责任机制　扎实做好耕地保护工作的实施意见**

**（嘉委发〔2012〕74 号）（节选）**

…………

二、进一步明确耕地保护工作目标和总体要求

（一）工作目标。确保全市耕地和基本农田保护面积不低于土地利用总体

规划确定的指标；着力提高新增耕地质量，保持全市耕地占补平衡和区域平衡，确保基本农田“面积不减少、用途不改变、质量有提高”。

（二）总体要求。各镇街道对辖区内耕地和基本农田保护工作负总责，落实共同责任，强化管护措施；严格执行土地利用总体规划，做到依法依规用地，努力促进节约集约用地；加大资金投入，大力推进农村土地综合整治，切实抓好高标准基本农田建设，不断提高耕地和基本农田保护水平，将耕地保护工作目标落到实处。

三、着力抓好耕地保护重点工作

（一）加大垦造耕地工作力度。国土资源部门负责编制年度垦造耕地计划；财政部门联动国土资源部门负责编制垦造耕地资金使用计划。大力推进农村土地综合整治，各镇街道必须高度重视，要具体制订工作实施计划，落实责任人制度，认真调查摸底，充分征求农民意愿，出台鼓励搬迁政策，安排专项资金，全力推进整治项目拆旧复垦工作，确保项目实施提前或到期按时归还周转指标。国土资源、财政、农经、水利等部门和各镇街道要结合农村土地综合整治，对废弃河浜河道及园地林地进行合理有序开发，充分挖掘耕地垦造潜力。

（二）推行耕地和基本农田保护补偿机制。在全市范围内推行耕地和基本农田保护补偿机制。国土资源部门要牵头定期做好耕地和基本农田资源的更新调查摸底，会同财政等部门做好补偿政策的拟定与落实；市财政从耕地有偿使用费和土地出让金净收益中提取一定比例，对承担基本农田保护责任突出的村集体和农户实施补偿奖励，补偿标准为每亩不低于50元。所在村当年发生违法占用土地的，不再发放或部分扣发所占土地的农户及村的耕地保护补偿资金，并对村负责人作出警示约谈，直至问责。对尽心尽责做好耕地、基本农田保护并作出积极贡献的单位和个人实施奖励。要整合粮食补贴、设施农业补助和美丽乡村建设等涉农资金，国土资源部门共同参与，结合耕地保护情况，规范奖惩考核。

（三）开展高标准基本农田建设。各镇街道根据市要求落实建设任务，加快高标准基本农田建设。国土资源部门要负责做好提升建设项目立项、验收、报备入库等业务指导；财政部门负责从新增建设用地有偿使用费中安排建设资金，共同做好拨付使用和奖励补助；农业、水利等部门要结合农业综合开发、标准农田质量提升、现代农业园区和粮食生产功能区建设、农田水利基础设施建设等工作，发挥部门资金叠加效应，积极配合联动，共同做好高标准基本农田建设和长效管理工作。

四、全面落实耕地保护保障措施

（一）建立耕地保护奖惩机制。层层分解落实耕地保护责任，建立健全耕地保护奖惩机制。将耕地和基本农田保护情况作为领导干部离任审计的重要内容，并将耕地保护目标责任纳入政府综合目标考核体系，与领导班子绩效评价、土地利用计划安排、建设用地审批相挂钩。严格依法用地考核问责。对不履行属地管理守土有职的镇街道，年度内本行政区域违法占用耕地面积占新增建设用地占用耕地面积比例超过 10%的，要对主要负责人、分管负责人进行警示约谈；对年度内本行政区域内违法占用耕地面积总量排名嘉兴市前五位的镇街道，或违法用地比例超过 15%，或违法用地比例虽未达到 15%，但造成恶劣影响和其他严重后果的，要对当地党委、政府的主要负责人和分管负责人进行问责。对耕地保护责任落实到位，工作扎实有效的镇街道和相关单位个人，予以奖励。

（二）完善土地开发整理、土地复垦和新增用地指标分配挂钩制度。各镇、街道年度土地开发整理复垦任务的完成情况与全市新增建设用地指标的分配相挂钩，市将对完成或超额完成年度土地开发整理复垦任务的镇、街道给予适当的新增建设用地指标奖励；同时将年度土地开发整理复垦任务的完成情况作为年度国土资源管理（耕地保护）评先创优的重要依据。

**【信息链接】**

媒体线索：

嘉兴市完善耕地保护补偿激励机制［EB/OL］. 人民网，http：//zj. people. com. cn/n/2014/1127/c186806-23027002. html.

嘉兴市建立耕地保护补偿机制保护好农田政府有奖励［EB/OL］. 东方网，http：//news. eastday. com/eastday/13news/auto/news/csj/u7ai1633779 - K4. html.

嘉兴市农村生态建设现状与对策［EB/OL］. 百度文库，https：//wenku. baidu. com/view/8531dfe2112de2bd960590c69ec3d5bbfd0ada42. html.

文章线索：

张向琪. 以“嘉兴模式”为例分析耕地保护工作的现状［J］. 北京农业，2015（6）：230-231.

## 8.3 江北模式

### 浙江省宁波市江北区

**【案例摘要】**

为认真贯彻落实“十分珍惜、合理利用土地和切实保护耕地”的基本国策，充分发挥各级责任主体履行耕地保护责任的积极性和主动性，从2013年开始，江北区在全市率先全面建立了耕地保护补偿机制，以全区耕地总量为基数，设立每亩20元的耕地保护共同责任基金，对耕地保护和违法用地控制好的涉农街道、镇和行政村，给予耕地保护工作奖励费，以鼓励各地耕地保护的工作热情。2014年，江北区又进一步完善该项机制，出台《江北区耕地保护激励机制暂行办法》，以全区耕地总量为基数，设立每亩20元的耕地保护激励基金，加大违法用地防控力度，并取得了良好效果。

**【案例介绍】**

宁波市江北区位于浙江省宁波市西北部，东南临甬江与鄞州区相望，南濒姚江，与海曙区、鄞州区连接，东北毗邻镇海区，西接余姚市。江北区总面积为208.14平方千米，辖7个街道、1个镇（慈城镇）、35个社区、110个村委会，境内较大的河流有甬江、余姚江、慈江及江北大河，2018年10月，入选2018年全国科技创新百强区、全国绿色发展百强区。

为了有效保护江北区耕地，进一步加大对违法用地的防控力度，2013年3月，江北区在宁波市范围内率先出台《耕地保护激励机制实施办法》，以江北区耕地总量为基数，设立每亩20元的耕地保护激励基金。

耕地保护工作激励标准。以全区耕地总量为基数，设立每亩20元的耕地保护激励基金，资金由区财政另行安排列入年度预算，对耕地保护和违法用地控制好的涉农街道、镇和行政村，给予耕地保护工作经费，以鼓励各地耕地保护的工作热情。经考核，给予符合激励条件的前两名涉农街道、镇一定的奖励；符合激励条件的行政村，根据各涉农街道、镇统计的耕地面积，按每亩20元的标准实施奖励，符合激励条件的欠发达村翻倍实施。耕地保护工作激励经费每年考核结束后一次性下拨给各涉农街道、镇，由各涉农街道、镇分解给符合激励条件的行政村。

考核内容。耕地保护激励机制考核设置基础分100分，其中快速处置情况和违法用地总量情况各占50分。一是快速处置情况。镇人民政府、涉农街道办事处在接到国土部门关于违法用地、违章建筑及非法开采矿产的情况通报后，对不符合规划的违法用地 30 天内未拆除，或因违法用地、非法采矿造成赴区及区级以上信访的，每宗扣 2 分；60 天内未复耕（复绿）、恢复原状的，每宗加扣 2.5 分；90 天内仍未整改到位，或再次发现动工、上访的，再加扣 2.5 分。涉及跨年度的违法用地，以整改时段整改到位情况扣分。二是违法用地总量情况。全年违法用地面积（包括平时巡查发现、群众举报、上级巡视发现等未整改到位的违法用地和国土资源部卫片监察发现的违法用地）占新增建设用地面积的比例控制在 10%（含）以内，违法用地占用耕地面积占新增建设用地占用耕地面积的比例控制在 6%（含）以内的，不扣分。比例每增加 0.5 个百分点扣 5 分（按超标大者记），不足 0.5 个百分点时扣 2.5 分。

奖惩措施。一是对镇、街道的考核。年终考核前两名，且考核得分 65 分（不含）以上的，在全区通报表彰并给予一定额度的耕地保护工作经费。对违法用地制止、整改不力，致使违法用地占用耕地面积占新增建设用地占用耕地面积的比例超过 10%（含）的，由区政府领导约谈街道主要领导；超过 15%（含）的，启动对街道主要领导问责机制，追究相关责任人的责任。二是对村经济合作社（股份经济合作社）的考核。一个年度内在非建设用地上的违法用地、非法采矿 2 宗（含）以下，且违法用地未占用基本农田，除原建设用地以外的其他土地 2 亩（含）以下，其中耕地 0.5 亩（含）以下的，对所在村按耕地保护面积情况全额给予耕地保护工作经费；违法用地、非法采矿超过 3 宗（含），或涉及基本农田 0.5 亩（含）以下，除原建设用地以外的其他土地 2 亩以上 5 亩（含）以下，其中耕地 1.5 亩（含）以下的（在年度内违法用地拆除、复耕、复绿或恢复原状已到位的，可不计入违法用地宗数或面积。但国土资源部卫片执法检查时确定的违法用地整改地块，无论是否整改到位均需计入违法用地宗地数和面积，以下相同），减半给予耕地保护工作经费，同时取消该村及主要负责人的各类评先评优资格；违法用地涉及基本农田 0.5 亩（不含）以上，除原建设用地以外的其他土地 5 亩（不含）以上，其中耕地 1.5 亩（不含）以上的，取消该村的耕地保护工作经费。

该办法主要有以下三方面特点：一是突出落实最严格耕地保护制度的原则。该办法设置耕地保护激励机制考核基础分为 100 分，快速处置情况和违法用地总量情况各占 50 分。其中，快速处置情况将违法用地 30 天内未拆除、60 天内未复耕（复绿）、90 天内未整改到位的均列入扣分范围，并明确全额给予耕地保护工作经费的前提为违法用地未占用基本农田。二是突出考核延伸的原则。该办法是宁波市首次将考核对象延伸至村经济合作社（股份经济合作社），强化基层耕地责任考核，充分发挥村级履行耕地保护责任的积极性和主动性，并实行耕地保护工作一票否决制，对存有卫片确定违法用地的村及主要负责人取消各类评优评先资格。三是突出分级激励的原则。实施街道（镇）、行政村分级奖励，经考核，符合激励条件的前两名涉农街道（镇）一定的奖励，符合激励条件的行政村按每亩20元的标准奖励，同时对于符合激励条件的欠发达村翻倍实施。

据统计，江北区将合计发放2013年度耕地保护奖励费1756100元。其中，2013年度耕地保护考核前两名的涉农街道（镇）为庄桥街道和洪塘街道，每个街道发放15万元奖励费，计30万元；结合2013年度巡查、群众举报、卫片发现等尚未整改到位的违法用地情况，江北区尚有耕地的93个行政村中，有19个行政村取消奖励资格，有9个行政村实行半额奖励，有65个行政村实行全额奖励，计奖励费1456100元。合计工作奖励费1756100元，奖励费已列入江北区对街道（镇）年终体制结算。

该办法实施以来，江北区的违法用地现象较以往有了明显的下降，截至2014年年底，江北区耕地总面积9.03万亩，划定基本农田面积6.7万亩。随着江北区耕地保护补偿激励机制进一步完善、力度进一步加大，耕地保护主体（农民和村级集体经济组织）的积极性有了明显的提高，能自觉规范各自辖区内的用地行为，耕地保护意识已深入人心。未来，江北区将出现一个个农民负责、村无违建、秩序良好、生态优良的美丽村镇。

**【社会评价】**

江北区采取激励保护耕地的措施，强化耕地占补平衡，管理耕地占补平衡，保证耕地总量不减少，推广实行建设占用耕地与补充耕地的项目挂钩，切实落实补充耕地的责任、任务和资金；加强按项目检查核实补充耕地情况，确保建设占用耕地真正做到占一补一；推进耕地储备制度的建立，逐步做到耕地的先补后占；强化耕地的占补平衡管理，这是耕地保护的最有效途径之一。

**【政策文件】**

### 江北区耕地保护补偿机制实施办法（试行）（节选）

根据《浙江省国土资源厅　浙江省财政厅　浙江省农业厅关于全面建立耕地保护补偿机制的通知》（浙土资发〔2016〕5号）、《宁波市国土资源局　宁波市农业局　宁波市财政局转发〈浙江省国土资源厅　浙江省财政厅　浙

江省农业厅　关于全面建立耕地保护补偿机制的通知〉》（甬土资发〔2016〕71 号）等文件精神，为落实最严格的耕地保护制度，保障粮食生产安全，建立耕地保护激励长效机制，切实调动农村集体经济组织和农户保护耕地的主动性、积极性，结合我区实际，经研究，特制订我区耕地保护补偿机制实施办法（试行）。

…………

二、总体要求

（一）指导思想。认真贯彻落实“十分珍惜、合理利用土地和切实保护耕地”基本国策，深化改革，建立健全耕地资源保护补偿制度。

（二）总体目标。通过建立耕地保护补偿制度，使农村集体经济组织能从保护耕地和永久基本农田中获得长期的、稳定的经济收益。层层落实最严格的耕地保护制度，促进经济社会全面协调可持续发展。

（三）基本原则。以“绩效导向、规范有序、公众参与”为基本原则，将农村集体经济组织补偿资金与耕地保护绩效挂钩，与土地卫片执法检查结果等相挂钩，建立分级负责的耕地保护补偿机制，依法依规、规范有序推进耕地保护补偿制度落实。

三、主要内容

各涉农街道（镇）要按照“谁保护，谁受益”“分级负责，突出重点”的要求，对耕地保护全面进行经济补偿。

（一）补偿范围及对象

补偿范围：土地利用总体规划确定的永久基本农田和其他一般耕地。

补偿对象：承担耕地、永久基本农田保护任务和责任的农村集体经济组织。

（二）补偿标准

一般耕地保护补偿资金补偿标准为 60 元/亩·年，永久基本农田保护补偿资金补偿标准为 80 元/亩·年。

（三）考核办法

耕地保护补偿资金发放与耕地保护责任落实、土地卫片执法检查结果和破坏耕地等违法违规用地行为相挂钩。土地卫片执法检查情况，按照上年度土地卫片执法检查结果确定。

1. 涉农街道（镇）层面系数确定

涉农街道（镇）无违法占用耕地的，分配系数为 1.1；违法占用耕地面积占新增建设用地占用耕地总面积的比例不超过2%（含）的分配系数为1.0；超过2%未超过5%（含）的，分配系数为0.9；超过5%未超过15%（含）的，每增加1个百分点，分配系数递减0.05；超过15%的，分配系数为0。

2. 村经济合作社（股份经济合作社）层面的系数确定

一个年度内在集体土地上占用耕地的违法用地1~2宗（含），耕地面积0.3亩（含）以下（在年度内违法用地拆除复耕已到位的，可不计入违法用地宗数或面积，但是国家年度土地变更调查时确定的违法用地整改地块，不能在规定的整改时间内整改到位的需计入违法用地宗地数和面积，以下相同），且未涉及基本农田的，给予所在村按当年度耕地面积全额发放耕地保护奖励费；占用耕地的违法用地3~4宗（含），耕地面积1亩（含）以内，未涉及基本农田的，耕地保护奖励费减半发放；占用耕地的违法用地超过上款上限的，取消该村的耕地保护奖励费。

（四）资金使用

耕地保护补偿资金主要用于农田基础设施修缮、地力培育、耕地保护管理等，在确保完成耕地保护任务并符合新增建设用地土地有偿使用费等相关资金使用管理规定的前提下，也可用于发展农村公益事业、建设农村公共服务设施等。耕地保护补偿资金设立专账，由各街道（镇）负责监管，将耕地保护考核纳入村经济合作社（股份经济合作社）的绩效考核，对于耕地保护较好的，可给予一定奖励，具体方案由各街道（镇）自行制定（奖励比例最高不得超过10%），确保专款专用。涉及带征和已流转的集体土地保护补偿资金发到涉农街道，由街道按责任原则发放。

（五）资金发放

耕地保护补偿资金由区财政安排列入年度预算，其中慈城镇的耕地保护资金由慈城镇自行承担。国土江北分局、区农水局等部门根据上一年度各街道（镇）和村级集体经济组织永久基本农田、耕地保护责任落实和任务完成情况、土地卫片执法检查等情况进行考核，按补偿标准确定耕地保护补偿资金，并报区政府审批。区财政局在每年考核结束后将耕地保护补偿资金一次性下拨给各涉农街道，由各涉农街道按有关规定拨付给符合补偿条件的村级集体经济组织。

四、保障措施

（一）加强组织领导。区政府设立以尤武卫副区长任组长，楼卫星、何建军同志任副组长，区农水局、区财政局、国土江北分局等负责人为成员的考核领导小组，领导小组下设办公室，办公室设在国土江北分局。对涉农街道（镇）的考核，由区考核领导小组组织实施；对村经济合作社（股份经济合作社）的考核，由行政村所在地的涉农街道（镇）组织实施，报区考核领导小组审查确认。

（二）落实保护责任。区政府与涉农街道（镇）政府、涉农街道（镇）政府与村级集体经济组织要层层签订耕地保护责任书，明确耕地和永久基本农田保护任务和责任等相关内容。村级集体经济组织有下列情形之一的，取消耕地保护补偿资金，并依法依规追究有关责任人的责任，构成犯罪的，移送司法机关依法处理：未按照区政府规定履行土地管理职责和耕地保护责任，违法违规用地现象比较严重的；耕地被严重污染、破坏的；存在村干部、村民私自卖地、以租代征等违法违规行为的；耕地保护补偿资金使用方案未经村民（代表）会议讨论通过的；违规使用、私分、挪用耕地保护补偿资金的；存在其他与耕地保护有关的重大违法违规行为的。

（三）建立公告公示制度。耕地保护补偿资金分配方案、分配结果要在涉农街道（镇）政务公开栏进行公告公示，公告期不少于 7 天。耕地保护补偿资金使用方案、使用情况列入村务公开重大事项，向本集体经济组织广大农户公开。

（四）加强指导监督。将耕地保护补偿工作列入各级年度绩效考核、耕地保护责任目标考核内容。区国土、农业、财政、监察、审计等部门要加强对各涉农街道（镇）耕地保护补偿机制落实情况的指导，落实经费，加强监督检查。各涉农街道（镇），负责耕地保护补偿资金的核查工作，加强对村集体经济组织耕地保护责任落实情况、补贴资金管理和使用的监督检查。

该实施办法自 2016 年 12 月 28 日起生效。原《江北区耕地保护激励机制实施办法》（北区政办发〔2013〕17 号）同时废止。

**【信息链接】**

媒体线索：

江北区耕地保护补偿机制实施办法（试行）［EB/OL］. 宁波市企业政策查询平台，http：//www. qyzc. ningbo. gov. cn/art/2016/11/30/art_5912_13. html.

江北公布耕地保护考核结果 74 个行政村获奖励［EB/OL］. 江北新闻网，http：//www. nbagri. gov. cn/html/main/sxdtView/2833066. html.

打造耕地保护“江北模式” [EB/OL]. 江北新闻网, http://jbxww.cnnb.com.cn/system/2015/09/23/011275247.shtml.

文章线索:

宁波市江北区全市首个出台耕地保护激励机制 [J]. 浙江国土资源, 2013 (4): 61.

## 8.4 “三位一体”模式

### 福建省龙岩市

**【案例摘要】**

当前，我国经济发展进入新常态，新型工业化、城镇化建设深入推进，加上耕地后备资源不足，实现耕地占补平衡、占优补优的难度日趋加大，耕地保护面临多重压力。为进一步加强耕地保护，改进占补平衡工作，2018年龙岩市市委、市政府印发了《关于加强耕地保护和改进占补平衡的实施意见》(以下简称《实施意见》)。着力加强耕地数量、质量、生态“三位一体”保护，着力加强耕地管控、建设、激励多措并举保护，采取更加有力的措施，加强耕地占补平衡管理，提高粮食综合生产能力，为加快建设机制活、产业优、百姓富、生态美的新龙岩，构筑坚实的资源基础。

**【案例介绍】**

龙岩市自2007年7月1日起，开展第二次全国土地调查，并以2009年12月31日为标准时点汇总二次调查数据。二次调查数据显示：2009年全市耕地面积为163569.58公顷（245.35万亩）。从人均耕地看，全市人均耕地为0.056公顷（0.84亩），仅占全国人均耕地0.101公顷（1.52亩）的55.26%。综合考虑现有耕地数量、质量和人口增长、发展用地需求等因素，龙岩市耕地保护形势十分严峻，因此，必须毫不动摇地坚持最严格的耕地保护制度和节约集约用地制度，管住总量、严控增量、盘活存量，切实调整优化城乡用地布局和土地利用结构，提高土地利用效率。

为此，龙岩市提出了耕地保护“三位一体”模式，实施的具体措施为：

1. 加强规划选址管控，严格控制建设占用耕地

实行“占优补优、占水田补水田”政策后，全市耕地占补平衡面临严峻形势，在水田后备资源极为有限的情况下，从源头上控制建设占用耕地面积是重中之重，也是治本之策。《实施意见》提出从严控制建设占用耕地特别是

优质耕地，尽量不占或少占 1~7 等优质水田。积极引导和鼓励工业项目使用低丘缓坡地和存量建设用地，不占或少占耕地，确需占用耕地的，原则上只得占用 8~14 等耕地。从严控制建设新增用地规模，对用地面积大于 300 亩的重大产业项目以及教育等公共基础设施，应一次性规划预留，根据建设需要，分期批地、供地，防止圈地。强化永久基本农田对各类建设布局的约束，任何单位和个人不得擅自占用永久基本农田。

2. 积极盘活存量土地，缓解耕地占补平衡压力

鉴于目前龙岩市批而未供及闲置土地仍然较多的现状，积极盘活存量建设用地，是缓解新增建设占用耕地压力的有效解决方案。《实施意见》要求强化建设用地内涵挖潜，严格开发区工业用地准入门槛，引导小微企业租赁或购买多层厂房。鼓励企业盘活存量建设用地，实现“零增地”发展。同时为促使各级政府和部门重视盘活存量土地工作，将闲置土地和批而未供的存量土地使用情况列入党政年度绩效考核。

3. 落实补充耕地任务，建立社会参与机制

《实施意见》进一步明确各县（市、区）人民政府是落实耕地占补平衡的责任主体，对辖区耕地占补平衡负总责。各地要拓宽补充耕地渠道，通过实施土地整理、复垦、开发等项目，每年在规定时间内完成市政府下达的补充耕地任务。

根据法律规定，建设占用耕地单位必须依法履行补充耕地义务。项目业主按照“谁占用、谁补充”的原则，可自行补充耕地，也可委托所在县（市、区）政府补充耕地，或通过全省交易平台购买补充耕地指标，并承担相关费用。为调动全社会参与补充耕地的积极性，《实施意见》建立社会参与补充耕地机制，鼓励各单位、个人参与补充耕地，取得的耕地指标可用于项目报批，但节余指标不得私下转让，可由当地政府统一收购。对项目业主无法自行补充耕地的，各县（市、区）可根据不同的建设项目类型制订委托补充耕地费用标准，并对重点项目、民生及基础设施项目进行适当倾斜。

4. 建立奖惩激励机制，调动基层积极性

根据国务院《基本农田保护条例》《土地复垦条例》规定，对耕地保护先进单位和先进个人进行表彰，《实施意见》明确由市、县两级政府进行通报表扬。为鼓励乡（镇）、村实施补充耕地项目，《实施意见》要求各县（市、区）建立补充耕地奖励制度，补充耕地指标交易资金参照旧村复垦项目重点向乡村一线倾斜，扣除补充耕地成本后所得纯收益，50%以上应返还或奖励

给所有补充耕地项目所在乡镇村。补充耕地指标交易资金主要用于补充耕地和高标准农田建设，结余资金可用于新农村建设和实施乡村振兴战略。

5. 加强部门沟通协调，统筹推进高标准农田建设

“十三五”时期，省政府下达龙岩市高标准农田建设任务 105.22 万亩，为确保完成省下达的任务，《实施意见》要求发改、财政、国土、农业、水利、烟草等部门共同配合，协调推进高标准农田建设工作。建立部门项目立项沟通协调机制，统筹安排县域内高标准农田建设项目，分期分批“整乡”“整村”推进，逐步实现县域内高标准农田建设全覆盖。今后，高标准农田建设项目争取新增耕地率达 3%以上或耕地质量等级提高 0.3 等以上，以满足全市建设用地“占优补优、占水田补水田”的指标需求。

6. 建立指标调剂制度，确保重点项目用地报批

为确保龙岩市重点建设项目用地报批，《实施意见》明确每年初，根据上一年度市下达补充耕地任务的 50%，下达当年度各县（市、区）补充耕地市内调剂任务。各县（市、区）库存耕地占补平衡指标确实不足的，可申请使用市级调剂指标。

7. 拓宽资金来源渠道，加大保护耕地投入

为了加大各地耕地保护投资力度，《实施意见》要求除长汀、连城、武平三个省级扶贫开发工作重点县由省级财政给予补助外，其他县（市、区）应根据辖区永久基本农田面积，按照每年每亩不低于 60 元的标准，从土地出让金等资金中统筹安排落实基本农田管护补助资金。市、县两级财政要切实保障补充耕地和高标准农田建设资金，从土地出让金、新增建设用地土地有偿使用费等资金中安排专项资金用于补充耕地及高标准农田建设，适当提高项目补助标准，确保土地整理复垦开发项目顺利实施。

8. 提升耕地质量，强化执法监察

为了提升耕地质量，《实施意见》要求实施耕地质量保护与提升工程，全面推进建设占用耕地耕作层剥离再利用，将建设占用耕地的耕作层进行剥离，用于中低产田改造、高标准农田建设和土地开发、复垦。充分利用遥感“一张图”、综合监管平台动态巡查、群众举报等手段，加强对永久基本农田的动态监测。

9. 强化监督考核，落实政府耕地保护主体责任

为强化地方政府保护耕地的主体责任，《实施意见》明确将耕地保护工作列入县乡党政年度绩效目标考核，各县（市、区）要层层分解耕地保护任务，

落实保护责任，完善考核制度和奖惩机制，形成耕地保护合力。

**【社会评价】**

福建省龙岩市顺应要求采取了全方位、多方面的措施，建立自上而下校核和自下而上反馈的传输体系，以便不断获取和检验。同时，充分应用技术，及时监测耕地变更状况，尤其是城市周围的耕地利用情况，为耕地保护决策和执法检查提供科学依据。

**【信息链接】**

媒体线索：

关于龙岩市第二次全国土地调查主要数据成果的公报［EB/OL］. 龙岩市人民政府，http：//www. longyan. gov. cn/sj/tjgb/201411/t20141113_1353783. htm.

龙岩市《关于加强耕地保护和改进占补平衡的实施意见》政策解读［EB/OL］. 龙岩市人民政府，http：//www. longyan. gov. cn/gk/flgk/jd/wjjd/201804/t20180412_1350063. htm.

# 第9章　征地拆迁

## 9.1　村民自治协议拆迁

### 9.1.1　海南省陵水县大墩村

【案例摘要】

海南省陵水县大墩村依靠科学而精巧的制度创新，采取“政府主导、市场指导、村自主改造”的征地做法，不仅使令许多地方领导头疼不已的征地工作变得十分简单，同时也创造了让农民“从草屋直接搬进别墅”的奇迹。陵水县黎安镇大墩村无疑是海南省城镇化的一个样板，它的成功之处在于，农民是笑着让土地被征用，并且让邻近村羡慕。大墩村模式虽不是中国首创，但在海南、在陵水，在这城镇化的过程中无疑是一个典型。从“大墩模式”中，我们可以更加清晰地看到，政府应该如何算征地账。

【案例介绍】

大墩村位于海南省陵水县黎安镇，濒海临风、景色迷人。勤劳的大墩人世世代代过着“半农半渔”的生活，土地是他们赖以生存的命根子。1993年，县政府未经村民同意，便以开发国际旅游城的名义，将全村7000多亩土地予以征收，每亩地补偿标准700元，人均分得征地补偿款仅650元。但是，招商引资来的20多家企业在圈地后，并没有实际开发。

失地后的大墩村民陷入无业无岗的贫穷境地，生活极端困难，从此便有“有女不嫁大墩村”的说法。全村有近100名大龄男子成为娶不起媳妇的光棍汉。十多年来，大墩村村民就征地问题不断到县政府、省政府甚至进京上访。干群互信脆弱，近十年来没有干部敢进村做征地拆迁工作。

2010年，陵水县引进了新的旅游项目和高新技术产业园项目，项目建设需征收大墩村3108亩土地和收回7000多亩国有土地使用权。饱受征地之痛的村民得到消息后，如临大敌，集体喊出了“誓死保卫土地，不让政府再征走一寸土地”的口号。

为了跳出旧有征地的“利益旋涡”，陵水县明确政府在征地拆迁中的定位是主导但不包办，主要起指导、监督、宣传和协调保障作用，并创新了很多积极做法，得到了当地老百姓的拥护。其主要做法有：

（1）实行合理的补偿标准。征地中，大墩村的集体农用地补偿标准确定为每亩平均5.8万元；地上附着物每亩平均补偿2万元；坟墓平均每个补偿4200元。单纯从货币补偿水平而言，大墩村的补偿标准并不比海南省其他市县高。

（2）让村民自己拆自己的房、征自家的地。县政府按照此前测算的补偿标准，将征地补偿总费用和工作经费“打包”给村办股份公司，由村民集体决策，自行组织实施征地拆迁和补偿。政府仅仅起到指导、监督作用，并不介入具体实施工作。

（3）让家家有新房住。村民住房实施整体搬迁，集中搬入村里集中建设的三层别墅。对于整体搬迁节约出的建设用地，允许村委会出让一定期限的使用权。

（4）留下必要的发展用地。县政府在征收大墩村3108亩集体土地的同时，按8%的比例将区位条件极为优越的248亩土地留给村委会作为“发展用地”，并将这块“发展用地”的地类调整为建设类商用地。

（5）让村民个个成为股东。县政府扶持大墩村成立村办股份公司，将集体土地及其他资产全部注入村办的股份公司，每个村民都拥有等额股份，享有稳定的财产性收益。

（6）让村民年年有稳定的分红。县政府还按照不同阶层获得发展机会均等的原则制定配置项目的规章。村办股份公司创办混凝土搅拌站、节能环保砖厂等企业。政府还将土地开发后，新园区的出租车经营、园林绿化、土石方、建材、土地平整等风险小、收入稳定、管理要求低的项目和工程交由村办股份公司经营。

在实施国际旅游岛陵水海洋主题公园11670亩土地征收时，大墩村拆迁公司没有聘请评估公司，而是通过村民代表大会，组织村民对拆迁地、青苗地等类地块上的附属物进行自主评估，节约了近100万元的评估费。由居委会和村民成立开发公司负责对自身地块的拆迁工作，负责改造后居委会及居民不动产的经营和管理工作，并具体测算拆迁成本，杜绝了由政府、开发商实施拆迁过程中产生的特殊利益群体，防止腐败现象发生。大墩村项目拆迁结束后，农民集体通过地上青苗附着物补偿等节余5700万元以上，加上10%的工作经费和10%的不可预见费，共获得9700万元以上的村办股份企业发展资金，为村集体经济发展和失地农民就业、生活保障和长远发展提供了保障。

陵水县政府允许村委会在旧村改造时，将节余的389亩集体建设用地直接进行公开“招拍挂”，拍卖价158万元/亩，共获得6.1亿元土地收入，村集体将所获得的土地出让收益作为村民建房和基础设施建设资金。陵水县由农民集体直接将集体建设用地以“招拍挂”方式出让，在国内尚属首例。它让农民直接分享土地级差收益，实现了集体土地与国有土地的同地、同价、同权。

为了切实解除失地农民的后顾之忧，陵水县政府按照征地总面积的8%给村委会留足建设用地。在安排留用地时，县政府采取优先安排的办法，将所规划项目区内基础设施最完善、地理位置最佳的优越地优先安排给被征地的农村集体经济组织使用，并从规划、产业发展方向加强引导，扶持被征地农村集体经济组织发展特色商业，参与海南国际旅游岛的建设，让被征地农民从海南国际旅游岛建设中得到实惠。以海南国际旅游岛陵水海洋主题公园建设为例，县政府共征用黎安镇大墩村集体土地3108.56亩，按8%的比例给黎安镇大墩村委会的留用地为248.68亩，将海南国际旅游岛陵水海洋主题公园项目中地理位置最优越并在建设规划中确定为商业、住宅一体的地块优先安排给大墩村发展旅游产业，村委会拟使用该地块与知名企业联合兴建五星级酒店。他们还计划在新村安置点规划建设4栋320间公益酒店和超市、市场，自行经营或出租，保障和增加农民的长久收入。

在农民土地被征用后，发展与农民能力相适应的产业，解决他们的就业和收入来源问题，是保障失地农民生活水平不降低、长远生计有保障的根本。陵水县政府的办法是，将项目建设中的建筑、土方、园林绿化等工程交由村办股份公司承建；鼓励被征地的农村集体组织将节约集约用地后腾出来的集体土地作为附近项目的员工村、员工俱乐部、出租铺面等，为农民提供固定而可靠的收入。比如，在建设海南国际旅游岛陵水海洋主题公园时，地方政府将征地、土地平整、公墓建设等配套服务交由村办股份公司经营，农民集体从中赚到了几千万元的利润；将40辆出租车的运营交给黎安镇大墩村委会的村办企业经营，解决了该村80人的就业；把项目建设中需要的混凝土、节能环保砖交给村委会经营，目前，混凝土搅拌站和节能环保砖厂已建成投产，按照设计的生产规模，每年可创造利润近3500万元，全村3480人，每人每年可分到利润1万元。

制度创新的“魔力”不仅让政府顺利完成发展需要的征地目标，更使大墩村村民一下子成为征地最直接，也是最大的受益者。这个多年的贫困村、上访村、光棍村变成了远近闻名、人人向往的富裕村、先进村。

**【社会评价】**

大墩村从人民利益角度出发，完善征地拆迁工作，不仅促进了就业，还促进了当地社会经济的稳定与发展。

**【信息链接】**

媒体线索：

从海南“大墩模式”看政府该如何算征地账［EB/OL］. 人民网，http：//politics. people. com. cn/n/2012/1030/c1001-19433144. html.

海南陵水县关于征地拆迁的做法和效果［EB/OL］. 土流网，https：//www. tuliu. com/read-30905. html.

陵水黎安镇大墩村打造海南的“华西村”［EB/OL］. 东南网，http：//www. fjsen. com/zhuanti/2013-04/26/content_11249299. htm.

### 9. 1. 2　海南省三亚市月川村

**【案例摘要】**

作为三亚市最大的城中村，月川村改造拆迁面临的情况复杂，人口多，几乎很难兼顾利益。为了破解困局，2007年6月，月川村居委会在三亚市委、市政府和原河东区工委、管委会及有关政府部门的支持、指导下，由居委会和村民出资成立了三亚河东月川开发建设有限公司。公司以股份制运作，对整个社区1000多亩土地进行拆迁改造以及开发建设，村民以土地入股成为股东，可以享受公司的盈利分红及其他福利，被称为“月川模式”。“月川模式”的探索创新真正实现了土地城镇化与人口城镇化的同步发展，让农民成为城市化的受益者。

**【案例介绍】**

城中村改造是当前许多大城市面临的一个“硬骨头”。月川村是三亚市最大的城中村。三亚原体育广场项目从2001年开始对这里实施征地，但因补偿标准过低，征地几度停止，直到2008年才最终完成。

2007年，三亚市政府在月川村的改造中，按照“政府主导、农民参与、同地同价同权、多方共赢”的思路，探索出了一套新征地模式，一举扭转了“城中村”改造征地艰难的局面。现在，每个村民都是村办股份公司拥有等额股份的股东，2201名股民全部买了农村养老保险金，并于年底根据集体经济收入进行股份分红。目前，每个股民固定资产评估值达70万元以上，每户平均达到 8 万元。

首先，让农民成为实施拆迁主体。从征地拆迁开始，就明确被征地农民的拆迁主体地位。政府只发挥指导、监督、宣传和协调保障作用，由居委会成立股份制公司，与征地所在镇（区）政府签订有关协议书，组织和实施完成征地拆迁。政府将征地拆迁补偿费和工作经费“打包”给股份公司，支付村民拆迁补偿费后的结余部分，变成股份公司的盈利，由全体村民共享。公司的第一单业务是协助市政府征收涉及 140 户居民、面积 196 亩的市行政中心用地，获得了 1.9 亿元的拆迁包干费用。自 1994 年以来，政府已多次尝试对这块地进行强制拆迁，均未如愿；这次采取了“包干”方式，村民仅花 54 天就自行完成了历经 11 年拆不动的“城中村”拆迁，实现了和谐拆迁、幸福安置。

其次，实行同地同价同权。在月川村的改造中，三亚市政府除了按政府指导价予以被拆迁人足额货币补偿和安置外，还专门出台文件，实行同地、同价、同权政策，征收集体建设用地出让的纯收益扣除 20%用于支付该地块所应分担的公共基础设施建设费用以外，剩下的 80%全部返还农民。市政府征用月川村居委会五组 13 亩土地，返还土地出让收益 1120 万元，是土地补偿款的 350 倍。

最后，实行留地安置新模式。当地政府在拆迁改造后直接以划拨方式将 127.7 亩土地预留给月川居委会，积极培植适合农民从事的、有稳定收入的产业，不仅每年能获得稳定的经营收入，而且壮大了集体经济资产。农民用这块地盖起了酒店、市场等，所有物业只租不售，出租所得全村人平分。每个股民固定资产目前评估值达 70 多万元。

多年来，月川社区居委会不断加大集体资金投资，实行民主与社员集体科学决策，对居委会原有的帕龙砖厂、金杯大楼和商业铺面等进行改建扩建、对经营权实行联营或承包，盘活集体经济；投资 3500 多万元，建设自主产权的集体经济实体——月川农贸超市、裕龙酒店、月川新农贸市场和金川酒店，实行对外承包经营；通过招商联营和并购投资，取得金鸡岭汽车展馆项目、华庭天下、勤政南路、山水天域、尚品国际、红树湾小区商业铺面等项目。月川村在全国开创了和谐拆迁“月川模式”的神话，仅一年就创造了 5600 万元以上的利润。

如今，月川社区集体固定资产累计达 35 亿元，流动资金常年达 6000 万元。自 2008 年以来，每年都为 2201 名社区股民发放股份分红，2015 年年底的股民分红达 13000 元/人。

通过和谐的拆迁运作，村民福利也越来越好，大部分家庭都有优越的安置房和集体物业收入，借着国际旅游岛建设的契机，仅靠出租房屋村民淡季每个月最少能赚三四千元，旺季时更高。在月川社区，家庭旅馆和出租房屋成为居民收入的主要来源，居民的收入稳定且不断增加，2014 年人均收入达 6 万元，走在全市居民人均收入的前列。

“月川模式”的探索创新真正实现了土地城镇化与人口城镇化的同步发展，让农民成为城市化的受益者。作为公司股东的月川村民，不仅享受着羡煞旁人的高福利，也杜绝了“暴发户”不会管钱、不会花钱的挥霍浪费现象。公司没有把盈利单纯作为红利分发，而是有计划地投入更有意义的领域，如教育、养老和生活保障等。此外，月川社区集体经济建设、文化建设全面发展，居委会通过自筹资金，建设了 23 条硬板化道路，解决了居民出行难的问题，购置了四台变电增容器满足社区居民的生产生活用电需求，并且通过加强治安队伍建设、群防群治建设、安装电子监控系统和积极强化民事纠纷调处等手段，使社区内社会秩序安定，环境整洁，村容村貌焕然一新，也吸引了大量的外来人口涌入社区，进而刺激社区家庭旅馆业和商业快速发展。

**【社会评价】**

在城市发展进程中，三亚市河东区月川村经济建设、文化建设得到全面发展，村容村貌发生了崭新的变化，村民灵活经营、安居乐业，男女老少精神面貌焕然一新。这一切都源于月川模式的开拓和创新。

**【信息链接】**

媒体线索：

创新“月川模式”打造幸福社区［EB/OL］. 三亚日报，http：//epaper. sanyarb. com. cn/html/2016-03/06/content_4_1. htm.

三亚“月川模式”：破解“城中村”改造难题［EB/OL］. 新浪房产网，http：//sanya. house. sina. com. cn/news/2012-09-12/093524686. shtml.

三亚“月川模式”的开拓：让村民过上富足日子［EB/OL］. 三亚新闻网，http：//www. bw18du. com/forum. php？mod = viewthread&tid = 27736&page = &_dsign = 03e4ff37.

三亚月川拆迁没有巨额补偿款百姓为何也欢迎？［EB/OL］. 人民网，http：//www. hinews. cn/news/system/2012/09/21/014988150. shtml.

月川居委会党支部书记林世耀：创新“月川模式”打造幸福社区［EB/

OL]. 三亚市人民政府, http: //www. sanya. gov. cn/sanyasite/zmcg/201712/1cc75a349da34b44a816bcba9d72b92e. shtml.

三亚月川村拆迁模式引起国家建设部重视 [EB/OL]. 海南日报, http: //hnrb. hinews. cn/html/2008-03/31/content_14493. htm.

文章线索:

刘元. 三亚中心城区城中村改造模式的探讨 [A] //中国城市规划学会. 多元与包容——2012 中国城市规划年会论文集 (01. 城市化与区域规划研究) [C]. 中国城市规划学会, 2012: 14.

赵灵敏. 三亚"自主拆迁"模式再思考 [J]. 南风窗, 2008 (8): 58-60.

## 9.2 模拟征收

### 9.2.1 四川省成都市锦江区

**【案例摘要】**

2008 年, 成都市锦江区在全国率先推出以"民意自主"为核心的"模拟征收"模式。从染坊街到红星路, 再到攀成钢片区, 最后到龙舟路 1 号院南光厂宿舍。一路走来, 锦江区的旧城改造拆迁顺风顺水, 成为和谐拆迁的典范。特别是在龙舟路 1 号院拆迁工作中, 率先推行模拟拆迁新方式, 得到上级领导的肯定和群众的广泛欢迎, 产生了良好的社会反响。锦江区龙舟路 1 号院南光厂宿舍拆迁项目, 启动刚 3 个月, 签约率就达 100%, 373 户住户无一户上访、无一户突破标准、无一户实施强拆, 而且被拆迁群众还敲锣打鼓送锦旗, 感谢政府。

**【案例介绍】**

锦江区龙舟路 1 号院拆迁工作取得巨大成功的关键是推行了全新的模拟拆迁模式。所谓"模拟拆迁", 其主要方式和步骤是: ①期望改造的居民自愿申请拆迁改造达到相应比例后, 启动模拟拆迁; ②由政府指定的改造业主单位与居民代表通过公开方式确定评估机构, 进行房屋资产预评估; ③改造业主单位制订拆迁安置补偿方案, 开展协议签订工作; ④在双方约定期限内, 协议签订率达相应比例, 所签协议正式生效, 模拟拆迁即转为正式拆迁, 反之, 模拟拆迁则自行终止。模拟拆迁的精髓在于尊重市场规则、尊重群众意愿。

锦江区龙舟路 1 号院南光厂宿舍占地 17. 1 亩, 涉及居民 373 户, 建筑面积17100平方米，基本为20世纪50年代至20世纪60年代建的干打垒房屋，建筑陈旧，空间狭小，生活设施严重不配套，群众居住条件极差，三代人共挤20平方米陋室的窘况比比皆是，群众希望改善居住条件的愿望十分强烈。然而，由于建筑密度大，可开发空间小，拆迁成本高，许多开发商望而却步，群众的住房梦难圆。

2008年年初，锦江区进一步加大旧城改造的力度，龙舟路1号院的居民希望拆迁改造的激情又被点燃了，343户居民（占全部居民户数的92%）代表联名向锦江区委、区政府递交了拆迁改造申请书，绝大多数群众的呼声引起了锦江区委、区政府的高度重视，一个以充分尊重群众愿望、发挥群众主体作用的全新拆迁方式——“模拟拆迁”应运而生。其主要特点是：

（1）创新拆迁程序：变“先公告再解决矛盾”为“先协商再拆迁”，彰显了以人为本的执政理念。传统拆迁的基本做法和程序是：政府发布拆迁公告→进行动员→解决问题→签订协议→组织实施。模拟拆迁则几乎将传统的拆迁程序颠倒过来，变成了：被拆迁户申请→确定模拟拆迁地块→解决问题→签订协议→由政府发布公告→组织实施。传统的拆迁方法虽然符合规章程序，但忽视了被拆迁人的知情权和选择权，容易使被拆迁人认为拆迁是政府的单边行为，有抵触情绪。模拟拆迁最突出的特点在于充分尊重民意，通过模拟拆迁的全过程，提前并最大限度地发现拆迁中的问题，并通过平等的沟通协调逐一解决。

这一看似简单的工作程序调整的背后，凸显了锦江区委、区政府坚持群众利益至上的价值取向和以人为本的执政理念，使政府掌握了工作的主动权，拆迁不再费力不讨好。有了拆迁户的支持，拆迁工作也取得了事半功倍的效果。龙舟路1号院模拟拆迁的协议签订原定在5月12日，当天下午特大地震后不到半小时，数百名群众就已经自觉聚集在一起，参加模拟拆迁方案公布会，其后短短48天签约率就达到80%。

（2）突出群众主体：变“要我拆”为“我要拆”，激发了被拆迁户的主动性和积极性。传统拆迁方法的拆迁地段由政府确定，被拆迁群众处在从属地位，要么被动接受拆迁部门的安排、享受优惠政策，要么当“钉子户”。而模拟拆迁则充分相信群众、依靠群众，把是否拆迁、补偿方案等都以“模拟”的形式，交由被拆迁群众共同讨论决定，拆迁户有了更多的话语权，群众的主体地位和作用得到了充分发挥。

在龙舟路1号院南光厂宿舍的模拟拆迁项目中，主要做法有：一是拆不拆群众自己定。结果有343户居民联名向锦江区委、区政府递交了拆迁改造申请书，占总户数的92%。二是公开透明确定评估公司。评估公司由政府推荐，被拆迁群众抽签决定，有效保证了评估公司的中立性和评估结果的权威性。三是以市场化原则确定补偿标准。在市场评估价的基础上，坚持“阳光+市场+保障”的补偿办法，最大限度地满足被拆迁群众的利益诉求。

（3）建立退出机制：变政府的“行政行为”为平等的“经济行为”，遵循了市场的价值规律。由于传统拆迁方式是政府的“行政行为”，拆迁公告一发布，就“开弓没有回头箭”，只能“一条道走到黑”，拆迁工作人员即使苦口婆心、千辛万苦地做工作也很难得到拆迁户的理解与支持。模拟拆迁不再需要谁服从谁，双方都是平等的市场主体，只能通过平等的协商对话解决问题。如果能够达成协议，模拟拆迁就转为正式拆迁，政府、被拆迁户都遂心如愿、实现“双赢”；如果达不成协议，则启动退出机制，交易中止，政府和被拆迁群众的愿望都不能实现。

锦江区之所以敢引入退出机制，主要基于以下几点：一是在拆迁的目的上，始终坚持拆迁（包括龙舟路1号院拆迁项目）都是造福百姓的“利民工程”，除了改善百姓的居住条件、营造更好的发展环境，政府没有任何眼前的经济利益；二是在制订拆迁补偿方案上，评估加上浮的结果，使老百姓得到的补偿都超过自身房屋的价值，这也是成都市当前城市拆迁中的普遍状况；三是在拆迁角色定位上，政府主动“降低”身份，从“管理者”转变为“服务者”，对群众愿意干的事就积极干好，群众不愿意干的事绝不勉强。退出机制的建立顺应了市场经济条件下工作方式的转变，表明了锦江区造福百姓的最大诚意，客观上也引导群众树立了市场意识和风险意识。

**【社会评价】**

政府和被征收人就征收中的各种问题先行协商，在做出征收决定之前解决各种矛盾。政府在房屋征收工作中问需于民、问计于民，“改不改”由群众自己定。当签订模拟搬迁协议户数达到生效比例要求时，征收部门可向人民政府申请做出房屋征收决定，这就避免了政府的“单方”征收意愿不被群众理解和接受的被动局面，突出群众自愿、自主、自决的主体地位，推进了房屋征收工作。

【政策文件】

## 成都市城乡房产管理局
## 关于印发《关于在房屋征收中做好模拟搬迁工作的指导意见》的通知
## （成房发〔2012〕36号）（节选）

…………

第五条（启动方式）房屋征收部门根据房屋征收年度计划，按照项目实施步骤和进度安排向征收主体提出启动模拟搬迁的申请。

第六条（发布公告）征收主体同意启动后，由房屋征收部门在改造范围内发布模拟搬迁公告，公布模拟搬迁实施单位、模拟搬迁期限、改造范围、启动条件、工作步骤、咨询及投诉电话等相关事项。

第七条（调查登记）房屋征收部门对居民的改造意愿进行调查，并对改造范围内房屋的权属、区位、用途、建筑面积等情况组织调查登记。调查登记结果和改造意愿调查结果应当及时公布，改造范围内居民对结果有异议的，可在公布之日起3日内以书面方式向房屋征收部门提出。同意改造户数未达到改造范围内总户数95%的，房屋征收部门应当终止模拟搬迁。

第八条（初次评估）同意改造户数达到改造范围内总户数95%的，房屋征收部门应当组织改造范围内居民协商确定房地产价格评估机构，对安置房屋及改造范围内房屋进行初次评估，协商期限不少于15日。协商不成的，由房屋征收部门组织改造范围内居民按照少数服从多数的原则投票决定，或者采取摇号、抽签等随机方式确定。评估机构必须独立、客观、公正地按相关评估技术规范开展评估工作，严禁违规高评低估。

第九条（方案征询）房屋征收部门应当根据调查登记和评估结果拟定模拟搬迁补偿方案，组织有关部门进行论证并以征收主体的名义在改造范围内公布，征求公众意见，征求意见期限不少于30日。改造范围内95%以上户数认为模拟搬迁补偿方案不符合《征收条例》规定的，房屋征收部门应当组织由居民和公众代表参加的听证会，并根据听证会情况修改方案。

征求意见情况和根据公众意见修改后的模拟搬迁补偿方案应当以征收主体的名义及时公布，提前搬迁奖励的期限从模拟搬迁补偿方案公布之日起开始计算。房屋征收部门应当将模拟搬迁补偿方案报市房屋征收管理办公室备案。

房屋征收部门应当按照相关规定组织项目所在地信访部门、街道办事处等单位及人大代表、政协委员等进行社会稳定风险评估。

第十条（签订协议）房屋征收部门在与房屋所有权人签订模拟搬迁协议过程中，应当加强宣传解释，投诉中心应当主动介入，现场公布投诉电话，及时调查并妥善处置居民投诉。

第十一条（生效条件）房屋征收部门应当将模拟搬迁协议的签订情况以及相应结果等在征收范围内及时公布。

模拟搬迁期限内，签订模拟搬迁协议的户数达到改造范围内总户数95%的，房屋征收部门可向征收主体申请作出房屋征收决定，模拟搬迁补偿方案即作为征收补偿方案，模拟搬迁协议生效并与征收补偿协议具有同等效力。

签订模拟搬迁协议的户数达到100%的，当事人双方应当按照约定履行协议，不再作出房屋征收决定；签订模拟搬迁协议的户数不足95%的，终止模拟搬迁。

**【信息链接】**

媒体线索：

成都市城乡房产管理局关于印发《关于在房屋征收中做好模拟搬迁工作的指导意见》的通知［EB/OL］. 成都市政府信息公开，http：//gk. ch engdu. gov. cn/govInfoPub/detail. action？ id=40698&tn=6.

模拟拆迁，力破旧城改造之难的“金钥匙”［EB/OL］. 成都日报，http：//scnews. newssc. org/system/2008/09/26/011143849. shtml.

### 9.2.2 云南省昆明市

**【案例摘要】**

昆明市原昆明纺织厂（以下简称昆纺）破产后，除了对原来昆纺的职工进行分类安置工作，政府相关部门也开始着手对需要改造的房屋及土地进行征收。由于原昆纺职工的住房问题有很多是企业的历史遗留问题，涉及面广，如果找不到一个相对科学的征收办法，将会给后续工作带来很多不便。

经过认真研究与商讨，相关部门广纳意见和建议后，准备借鉴当时综合评价不错的“成都经验”对昆纺的房屋进行征收。至此，“模拟征收”这个词正式进入昆明市乃至云南省的房屋征收领域，也成为全省拆迁房屋征收政策的新模式，具有历史意义。

**【案例介绍】**

国务院颁布实施590号令《国有土地上房屋征收与补偿条例》，但云南省和昆明市此时都还没有相关的实施细则出台。由于昆纺白塔路片区旧城改建房屋征收与补偿安置工作实施迫在眉睫，方案的征求工作于2011年3月19日正式启动。

为了更加透彻地了解成都市的模拟征收政策，盘龙区指挥部组织原昆纺白塔路片区旧城改造房屋征收指挥部的各组相关人员到成都市房产管理局房屋拆迁管理处进行为期4天的考察学习，主要学习借鉴成都市中心城市房屋模拟征收工作的成功经验和完整成熟的工作方式。在实地考察了成都市模拟征收成功的两个范本，即南光厂宿舍拆迁项目、锦江区三官堂模拟拆迁项目的实际经验后，指挥部根据原昆纺的实际情况进行细致分析，终于有了对原昆纺房屋实施模拟征收的方向。

基本方向确定后，盘龙区指挥部与原昆纺改造涉及的房屋产权户、非产权户和无房户三个群体的代表进行多次座谈、沟通和交流，工作组和拆迁公司相关人员根据三个群体的实际情况，通过与三个群体推选的5个代表进行座谈、沟通和交流，充分细致地了解了不同群体的意愿和诉求，并结合“590号令”对征收工作进行多次商讨，大多数群众基本同意模拟征收方案。

“模拟拆迁”的主要方式和步骤是：期望改造的居民自愿申请拆迁改造达到相应比例后，才启动模拟拆迁；由政府制定的改造业主单位与居民代表通过公开方式确定评估机构，进行房屋资产预评估；改造业主单位制订拆迁安置补偿方案，开展协议签订工作；在双方约定期限内，协议签订率达到相应比例后所签协议正式生效，模拟拆迁即转为正式拆迁，反之，模拟拆迁自行终止。“模拟拆迁”的精髓就是，尊重市场规则、尊重群众意愿。

通俗地讲，可以将模拟征收形象地比喻为“先恋爱后结婚”。传统拆迁是政府主导的行政行为，模拟征收则变成了民事行为，住户有了更多的话语权和谈判权；传统拆迁方法的拆迁地段由政府确定，被拆迁群众处于从属地位，不是被动接受拆迁部门的安排、享受优惠政策，就是当“钉子户”，而模拟征收则充分相信群众、依靠群众，把是否拆迁、补偿方案等都以模拟的形式交由被拆迁群众共同讨论决定，也就是说，拆不拆、怎么补偿，都由大多数的老百姓自己来决定。从以往强行的“要我拆”转变为“我要拆”。

通过前期的模拟协商阶段后，政府部门按照民众意愿签订拆迁协议。另外，模拟拆迁还建立了退出机制，模拟拆迁不需要谁说服谁，双方都是平等的市场主体，只能通过平等的协商对话解决问题，如果能达成协议，模拟拆迁就转为正式拆迁。如果达不成协议，就启动退出机制，交易自然终止。

传统拆迁的基本做法和程序是：政府发布拆迁公告—进行动员—解决问题—签订协议—组织实施。模拟拆迁几乎将传统的拆迁程序颠倒过来，变成另外一套程序：被拆迁户申请—确定模拟拆迁地块—解决问题—签订协议—由政府发布公告—组织实施。传统的拆迁方法虽然符合规章程序，但忽视了被拆迁人的知情权和选择权，容易使被拆迁人认为拆迁是政府的单边行为，会有抵触情绪。而模拟拆迁的最突出特点在于充分尊重民意，通过模拟拆迁的全过程，提前最大限度地发现拆迁中的问题，并通过平等的沟通协调逐一解决，在争取绝大多数被拆迁户的支持并签约的基础上，使拆迁工作取得事半功倍的效果。

【社会评价】

政府和被征收人就征收中的各种问题先行协商，在做出征收决定之前予以解决。政府在房屋征收工作中问需于民、问计于民，“改不改”由群众自己定。当签订模拟搬迁协议户数达到生效比例时，征收部门可向人民政府申请做出房屋征收决定，这就避免了政府的“单方”征收意愿不被群众理解和接受的被动局面，突出群众自愿、自主、自决的主体地位，推进房屋征收工作顺利进行。

【信息链接】

媒体线索：

拆迁房屋实行“模拟征收”开启云南房屋征收政策新模式［EB/OL］. 都市时报，http：//km. house. 163. com/14/0905/08/A5C7HRJ5026808G3. html.

## 9.3 政府引导、自我拆迁、招商先行、全民入股、共同发展

### 福建省厦门市蔡塘社区

【案例摘要】

一直以来，拆迁“钉子户”的新闻屡见不鲜。如何在城市发展和被拆迁户利益之间找到平衡点，这是许多城市一直在探索的重要问题。自 2006 年以来，福建省厦门市湖里区蔡塘社区在社区党员干部的带领下，开创了“政府引导、自我拆迁、招商先行、全民入股、共同发展”的“蔡塘模式”，居民全员入股建设社区发展中心，不仅保障了城市建设的顺利进行，而且为被征地居民铺就了生活的康庄大道。湖里区“蔡塘模式”的推出，在湖里区甚至整个厦门市都有着宝贵的借鉴意义。

【案例介绍】

与厦门岛内的许多老村落一样，蔡塘社区的命运与征地拆迁紧紧连接在

一起。自2006年起，厦门市开始对湖边水库进行综合整治和开发，被列入改造范围的蔡塘社区加速了征地拆迁步伐。

拿到拆迁款看似一夜暴富，但如果无法持续发展，等于“拆穷了”，这是拆迁工作被誉为“天下第一难事”的重要原因。蔡塘社区居委会的党员干部认为，要让群众看到，拆迁是“拆富了”，而不是“拆穷了”。经过研究，蔡塘社区向政府提出了划拨一定比例发展用地的建议，以保证被征地户有更好的发展。在厦门市和湖里区的大力支持下，蔡塘社区置换了3.1万平方米的居民发展用地。

有了土地，如何实现发展用地价值与收益的最大化？建住宅或办公楼出租升值空间有限，社区党支部决定建设更有市场前景的中高端商业城市综合体。社区遂邀请专业风险评估公司进行市场调查，开展综合评估与规划，由居民入股投资建设商业城市综合体的方案得到了居民认可。

方向确定后，社区党员干部开展了细致工作，让居民从一开始的疑惑变成了主动配合。2010年3月，社区发展中心发布征地公告，当年年底被拆迁户就全部签订了拆迁协议，没有发生一起群众上访，实现了“政府支持、群众满意”双赢。

其实，蔡塘居民对入股投资集体项目的模式并不陌生。早在20世纪90年代初，蔡塘就集资办起了农民股份制企业，并取得了成功。但投资商业城市综合体，在体量等方面可谓动真格。发展中心总投资约6亿元，实行全员参股、集资兴建、集体管理，惠及全体“村改居”原始居民，但每位入股居民需要缴纳14.5万元，约10%的困难户没有能力入股。

钱从哪里来？社区与厦门农商银行蔡塘支行确立了战略合作关系，为107户困难户（208人）办理了2500万元贷款，确保每一位有认购条件的居民都能入股，社区居民自筹资金超2亿元，居民入股率近100%。同时，农商银行按基准利率为社区办理了10年按揭，为发展中心建设提供贷款3亿元。

资金获得了保障，社区干部又面临新的情况。很多居民担心，项目建成了能租出去吗？谁会来租？对此，社区未雨绸缪，自主探索了“先招商后建设”的方式，邀请专业策划公司做市场调查，将发展中心定位为“商业综合体+五星级酒店”的中高端商业中心，项目建设前先行引进大润发、中影数字影院、万佳国际酒店等有实力的承租方，在设计建设阶段让商家代表提前介入。招商先行，给居民吃下定心丸，也确保了项目竣工后的顺利运营。

在征地拆迁中，蔡塘社区两委、党员干部主动靠前，为群众解难题、办实事，在项目招商建设中，他们变身为专业招商团队、建筑队。自 2010 年社区发展中心工程启动以来，每天晚上 7 点，社区主要负责人与工程建设负责人等都会准时在工地指挥部集合开协调会，解决建设中遇到的问题。2010—2014 年间，这样的会议从未间断。2014 年 7 月 17 日，社区发展中心顺利开业，得到村民的一致拥护。

蔡塘社区发展中心的建设产生了四大效益：原来杂乱无章的集体厂房变成了现代商业区，环境效益明显；发展中心预计市值 15 亿元，年租金收益 5000 万元以上，每位入股居民坐拥资产 70 万元，年收入约 3 万元，资产效益显著；改善了生活环境，创造了源源不断的财富，惠及子孙；和谐拆迁解决了发展出路问题，缩小了贫富差距，增强了群众幸福感。

**【社会评价】**

“蔡塘模式”遵循民意，在政府的总指挥下有序展开。除此之外，还通过招商先行和全民入股多种市场化方式来引导居民拆迁，努力做到居民自我拆迁，减少了拆迁中的矛盾，通过市场化又可以提高股民的效益。

**【信息链接】**

媒体线索：

和谐拆迁获点赞 [EB/OL]. 中国文明网，http：//www. wenming. cn/wmcz/cjdt-1636/201502/t20150201-2431529. shtml.

湖里创造“蔡塘模式”：启厦门征地拆迁补偿新模式 [EB/OL]. 新浪地产网，http：//news. dichan. sina. com. cn/2014/05/28/1117273. html.

湖里蔡塘成城中村改造样本 [EB/OL]. 福建日报，http：//news. ifeng. com/a/20141125/42563614_0. shtml.

文章线索：

和谐拆迁获点赞——厦门蔡塘创新拆迁模式实现“共同发展” [J]. 领导文萃，2015（7）：140-141.

# 第 10 章　征地补偿安置

## 10.1　后期扶持安置模式

### 青海省海南藏族自治州兴海县

【案例摘要】

青海省的大中型水库移民，搬迁后所居住的地方多为盐碱化严重的荒原坡地，严重阻碍了移民生产生活条件的有效改善，进而严重制约了整个库区经济社会的发展。为了解决这个问题，兴海县本着开发性移民的方针，加强移民区村庄基础设施建设，坚持以可持续发展为目标，以大农业安置为基础，以土地为依托，秉持因地制宜，多途径、多措施相结合的安置原则，以确保移民生产生活水平不断提高。库区移民安置工作措施得力，成效显著，特别是在库区基金的征收、移民危旧房改造和移民收入增长幅度等方面走在全国前列，得到国家的肯定与表扬。

【案例介绍】

青海省大中型水电工程移民始于 1979 年龙羊峡水库移民搬迁。截至 2012 年年底，已建成的龙羊峡、李家峡、公伯峡、尼那、拉西瓦、康扬、直岗拉卡、苏只水电站和在建的积石峡、羊曲、黄丰、班多、大河家、炳灵等水电站水库淹没和影响主要涉及 3 个州（地）、9 个县、36 个乡镇、154 个行政村。生产安置 13268 户、57383 人，其中搬迁安置 10985 户、47640 人。预计到 2030 年前后，青海省将产生 10 万名左右的水电工程移民。

2011 年，全省大中型水库移民安置工作积极应对、攻坚克难，坚持“三个创新”——创新工作思路、创新制度平台、创新工作方法，破解了许多工作难题，使青海省重大水电工程建设征地和移民安置工作取得了实质性的进展。全年投放征地拆迁补偿、移民安置、后期扶持等资金近 5 亿元，实现了“三个确保”，即确保青海省大中型水电建设项目的顺利推进，确保移民群众生活稳步提高，确保库区社会和谐稳定、经济快速发展，呈现人人肩上有责任、千斤重担大家挑的新局面。

创新工作思路。向基层下放权力，明确各级政府的职责，责权利相统一，调动各方积极性，充分发挥责任主体作用，通过包工作任务、包工作经费、包工作时间，落实了责任制，形成了权责一致、运行顺畅的移民工作新机制。在积石峡、羊曲水电站一度征地拆迁难、进度缓慢的情况下，攻坚克难，进一步细化工作目标，完善工作措施，划分时间节点，落实相关责任，明确完成时限，形成了一级抓一级、一级带一级、层层抓落实的联动工作格局。一年来，在大家的共同努力下，破解了许多工作难题，使青海省重大水电工程建设征地和移民安置工作取得了实质性的进展。积石峡水电站拨付资金 2.38 亿元，登记丈量土地 8500 亩，河北滩、下滩安置区场地平整工程基本完成，对外道路、电力等基础设施建设取得新进展。羊曲水电站实物指标确认工作基本完成。黄丰水电站拨付资金 1.34 亿元，征收各类土地 2387 亩。

创新制度平台。下放权力，使青海省移民局干部从烦琐的项目事务中解脱出来，有时间谋划大事要事，进行制度顶层设计，开展督促检查。先后制定出台了《青海省大中型水库移民后期扶持人口动态管理暂行办法》《青海省大中型水利水电工程征地补偿和移民安置资金会计核算办法》等制度，进一步健全了移民工作管理体系。认真落实移民后期扶持政策，及时、足额兑现移民直补资金 3110.22 万元；起草并报请省政府批准了《青海省大中型水库移民后期扶持人口动态管理暂行办法》，启动了青海省水库移民后期扶持人口年度复核工作；为妥善处理龙羊峡库区遗留问题，委托西勘院编制完成了《龙羊峡水电站水库移民急迫问题处理规划设计专题报告》；与青海省发改委等 14 个厅局联合下发了《关于促进库区和移民安置区经济社会发展的通知》。正式启动了青海省大中型水库移民后期扶持监测评估和绩效评估工作。2011 年 8 月，组成专项检查组，对 2 州、1 地、5 县的 12 个后扶项目建设情况及所属资金使用情况进行了专项检查。

创新工作方法，加大后期扶持，拓展帮扶的范围，全年下达资金 2.12 亿元，开展移民生产生活补助试点，向州地移民部门切块下达投资 1 亿元，用于移民危房改造和后续产业发展补助。试点工作得到州县政府及广大移民群众的高度认可和肯定，在改善移民生活条件、发展后续产业、解决库区剩余劳动力就业方面发挥了重要作用，移民安置区面貌发生巨大转变。如黄南州尖扎县夏藏滩移民安置区去年共投资 1351 万元，其中拨付粮食产值、绿化补助 223 万元，渠道及泵站维修 328 万元，农业生产喜获丰收，州、县政府综合配套的基础设施建设、致富产业培育等措施及时跟进，安置区趋于稳定，移民群众基本满意，昔日的上访村变成了今天的先进村。

青海省以黄河上游水电站开发建设为主的全省水电站建设工程项目中所产生的大中型水库移民，往往是从地势平坦、土壤肥沃、生产生活用水方便的河谷地带，搬迁到沿岸干旱缺水、荒滩荒地的高台地上。搬迁后所居住的地方多为盐碱化严重的荒原坡地，再加上农田浇水侵蚀等原因，农田及庄廓屋舍盐碱化程度越来越严重，每户移民家庭的院墙房屋没过几年就被盐碱侵蚀成危墙、危房而不能居住，必须要重新修复建设，给广大移民群众造成巨大的人力、物力和财力负担，经济损失难以估量，严重阻碍了其生产生活条件的有效改善，进而严重制约了库区整个经济社会的发展。

安居才能乐业。为此，青海省移民安置局和各地政府及移民安置部门首先帮助改造移民危旧房。从 2010 年开始，采取统一规划、移民群众自主建设的管理模式，开展庄廓危旧房改造试点工作，统筹各类惠农资金向移民安置区试点村倾斜，大中型水库库区基金每户补助 4 万 ~6 万元用于改善移民居住条件。近三年投入 1. 35 亿元，对全省 1214 户移民危旧房进行改造，使库区和水电移民安置区因盐碱化侵蚀等原因造成的危旧房屋得到改造和重建，促进了移民生活水平的提高。

在此基础上，青海省移民安置局积极支持近万户移民进行危旧房改造。原则上建设二层楼房，建筑面积每户不小于 120 平方米，对于因地质条件等因素影响而只能建设平房的，设计建筑面积每户不小于 90 平方米，同时对围墙、大门进行建设，资金来源主要包括移民自筹、地方政府配套、库区基金补助。

另外，还将加强移民技能培训。采取集中培训与自主培训相结合的方式，突出对移民种植、养殖、餐饮和运输等技能的培训，对自主培训取得合格证书的给予培训费用 90%的补助。加强移民产业扶持。引导移民发展经济作物种植、高原生态养殖和家庭旅游等特色产业，加强资金帮扶，对发展产业项目的实施贷款贴息补助等支持措施，逐步打造“一村一品”“一乡一业”的产业发展模式。

按照“搬得出、稳得住、能致富”的目标，青海省加强移民区村庄建设，努力为移民创造良好的生产生活条件，共投资 6. 22 亿元，主要用于移民安置区水、电、路等基础设施建设，并重点向民生和遗留问题处理项目倾斜，同时稳步推进移民群众住房和村庄公共设施建设工程。2011—2012 年在总结经验、完善措施的同时，捆绑各类资金 30657. 214 万元，在海南州、黄南州、海东市实施了水库移民生产生活补助项目，以及房屋改造、购置农机具、发展养殖业、引进优良籽种等项目，为移民生产生活设施的改善注入了新的活力。经2011年大中型水库移民后期扶持监测评估，至2011年年底，全省享受后期扶持政策的移民人均纯收入首次达到或超过当地农牧民人均纯收入水平。

2012年11月，全国水库移民后期扶持政策部际联席会议督导组对青海省自2006年以来后期扶持政策实施情况进行了全面检查。督导组认为，“青海省水库移民后期扶持政策实施工作措施得力，成效显著，特别在库区基金的征收、移民危旧房改造和移民收入增长幅度等方面均走在了全国前列”，“在发挥地方优势，妥善处理遗留问题，大力改善移民住房条件，积极打造移民新村建设上成为落实国务院17号文件的一个亮点”。

**【社会评价】**

随着西部大开发、节能减排和优势资源转换等战略的实施，青海省水电资源开发进入了前所未有的快速发展时期，水电工程移民安置任务十分繁重。青海省移民安置局积极探索全省水库移民安置工作的新方式、新途径，取得了显著的成效，既保证了相关征地拆迁工作顺利开展，水库、水电站建设工作顺利进行，也确保了水库移民群众移得出，居住稳得住，经济社会有发展，生产生活有提高，从而保证了社会稳定。

**【政策文件】**

《国务院关于完善大中型水库移民后期扶持政策的意见》（国发〔2006〕17号）。

《青海省大中型水库移民后期扶持人口动态管理暂行办法》。

《青海省人民政府关于印发青海省大中型水利水电工程建设征地补偿和移民安置管理暂行办法的通知》。

《青海省移民安置局关于印发〈青海省水电工程移民退养安置逐年补偿安置社会保障安置方式的意见〉》（青移安〔2011〕53号文）。

《青海省大中型水库农村移民生产生活项目投资补助的实施意见（试行）》。

《青海省大中型水库移民后期扶持人口分解落实登记办法》。

## 青海省大中型水库移民项目扶持管理办法

### 第一章　总　则

第一条　为做好全省大中型水利水电工程移民安居工程，维护社会稳定，根据《国务院关于完善大中型水库移民后期扶持政策的意见》（国发〔2006〕

17 号）及《大中型水利水电工程建设征地补偿和移民安置条例》（国务院第 471 号令）等文件精神，结合青海省大中型水库移民安置区实际，特制定本办法。

第二条　本办法旨在提高移民收入，改善生活水平，扶持对象为我省大中型水利水电工程水库移民。

## 第二章　扶持内容

第三条　大中型水库移民扶持内容为移民安置区基础设施建设和发展当地特色产业项目建设。扶持项目受益人必须是大中型水库移民。

基础设施建设项目主要包括道路、供水、通电、文化、教育、卫生、广播电视等。

特色产业项目主要包括中藏药材种植加工、牛羊育肥、农畜产品加工、水产养殖等。

## 第三章　项目申报及审批

第四条　扶持项目按国家基本建设程序管理。上报项目须编制可行性研究报告。项目可行性研究报告批准后按程序实施。

第五条　建设项目由移民安置区所在县发展改革部门会同县级移民安置部门报州（地、市）发展改革部门和州级移民安置部门，州（地、市）发展改革部门会同州级移民安置部门报省级发展改革部门，省级发展改革部门会同省级移民安置部门审批。国家另有规定的从其规定。

根据批复的可行性研究报告编制成初步设计后，按程序上报省行业主管部门审查批复。

## 第四章　资金的来源、使用与监督

第六条　工程建设资金为国家专项、地方配套、银行贷款及其他资金。

第七条　基础设施项目补助资金原则上不超过 60%，单个补助项目原则上不超过 100 万元。

第八条　特色产业项目补助资金不超过总投资的 20%，单个项目补助原则上不超过 10 万元。

项目进行有偿扶持的，还款期视项目投资及效益情况在批复文件中确定。

第九条　项目由省发展改革委下达投资计划，资金由省财政厅拨付。

第十条　项目建设资金实行专户存储，专账核算。

第十一条　项目建设资金支出和使用必须按批准的建设内容、标准和开支范围进行。资金实行专款专用，严禁用于与安置区移民生产、生活无关的项目。不得以安置区移民扶持项目套取、转移资金。任何单位和个人不得以任何理由挪用。

第十二条　项目资金接受审计部门的监督和审计。

## 第五章　项目管理及验收

第十三条　项目管理实行项目法人责任制、招标投标制、工程监理制和合同管理制。

省级移民安置部门负责组织、指导项目的实施。省、州（地、市）、县发展改革部门对项目进行监督检查。

省、州（地、市）级移民安置部门对项目质量、进度等进行控制。

州（地、市）、县级发展改革及移民安置部门应积极做好项目协调、配合工作。

第十四条　项目实行“谁审批、谁验收”的办法。项目竣工后由移民安置部门自验，自验合格后报省发展改革委进行验收，省发展改革委收到验收申请后及时组织有关部门进行省级验收。

第十五条　项目建设单位要加强项目建设档案管理，指定专人负责资料档案管理。项目档案主要包括可研报告、批复文件、设计方案、检查验收资料、监理报告、技术资料、统计数据、图片和录像资料等。

## 第六章　附　则

第十六条　本办法由省发展改革委解释。

第十七条　本办法自印发之日起实施。

省发展改革委

（二〇〇六年十一月）

**【信息链接】**

媒体线索：

青海实行大中型水库移民工程惠及万家农牧民［EB/OL］. 中国电力新闻网，http：//www. cpnn. com. cn/zdzg/201309/t20130918_612242. html.

喜看青海省移民安置工作的新变化［EB/OL］. 西部新闻网，http：//www. xibuxinwen. com/qh/062926936. html.

国务院关于完善大中型水库移民后期扶持政策的意见［EB/OL］. 中国政府网，http：//www. gov. cn/zhengce/content/2008-03/28/content_2997. htm.

国家发展改革委办公厅　水利部办公厅关于印发大中型水库移民后期扶持政策有关配套文件的通知［EB/OL］. 中华人民共和国水利部网站，http：//www. mwr. gov. cn/zwgk/zfxxgkml/201301/t20130123_964258. html.

文章线索：

康维海．搬得出　稳得住　能致富——全省大中型水库移民安置工作纪略［J］．青海国土经略，2013（6）：52-53.

## 10.2 留地安置模式

### 10.2.1 福建省厦门市

**【案例摘要】**

厦门市对成片开发的工业集中区中的村庄，采取“金包银”模式，探索出了一条在加快推进工业化、城市化进程中，解决征地拆迁难题、杜绝“城中村”再现、增加农民收入、受到农民欢迎和拥护的建设社会主义新农村的新路子。“金包银”工程安置模式是厦门市在工业集中区建设过程中，为维护和发展好失地农民的利益、切实解决其生产生活出路问题的一种制度创新。在“金包银”模式下，同安工业集中区和厦门（翔安）火炬园区大规模征地，涉及 37 个自然村的征地拆迁相当顺利，创下没有一例上访案例的奇迹。

**【案例介绍】**

2006 年年底前，厦门市陆续对 13 个行政村实施“金包银”工程，“金边”建筑面积 160 万平方米。仅同安、翔安两区总建筑面积就可达 142.5 万平方米，受益农民超 2 万人。

成片开发，最现实的问题就是必然面对征地拆迁、补偿，农民未来的生活和出路等一系列难题，从长远看，还涉及开发区外来员工的居住、生活问题，这些问题处理稍有不慎，就会变成“地雷”。在已建成的开发区边缘地区，“握手楼”“城中村”随处可见，存在脏乱差和诸多安全隐患。

为了解决上述问题，在较短时间内实现快速推进，时任福建省委常委、厦门市委书记的何立峰在多次调研后提出实施“金包银”工程的设想，并在市委全委会上形成决策后开始尝试。为了确保“金包银”工程的顺利进行，由市委农办、市建设局等部门共同拟定了《关于实施“金包银”工程的指导意见》，对工程的概念、范围、工作程序、措施等方面予以进一步明确，同时提出了实施“金包银”工程的一些扶持和优惠政策。

“金包银”从字面上很难解读出其具体内容。实际上，这是配合厦门新一轮跨越式发展，为解决被征地农民生产生活出路问题而推出的一项惠民、民心工程，从名称设计到实际操作更多体现了对老百姓的关心、关怀和关照，即在工业集中开发区等成片建设的区域，保留村庄居民点，通过“金”的建设和“银”的改造，进一步落实人均15平方米的农民预留发展用地政策，在为工业区提供配套的同时，使村庄内部环境得到改善，农民生活水平得到提高的一项重大措施。其中，“金”是指政府通过统一政策、统一规划、统一标准、统一建设，在紧邻工业集中开发区的村庄外围，建设“底层店面上部公寓”的商业用房，提供给村民作为经营性收入的来源；被征地农民通过享受征地拆迁政策和征地拆迁补偿款的投入，基本实现“三个一”，即每户被征地农民有一套居住用房、一套公寓（可用作出租）和一个店面（或一定量的经营性项目股份）。“银”是指就地改造的村庄，“金”里面的村庄按照建设新农村的标准进行改造，就地实现城市化，经过环境整治也可以具备“银”的价值。

在具体落实和方案的设计过程中，“金包银”工程充分考虑到以下因素：

一是保持“金边”与“银里”的协调统一。对“银里”的改造和升级，统一做好交通、市政工程、公共服务设施的规划建设。

二是保全农民利益。“金边”建成后按成本价移交给村集体，由村集体采取实物或股份制形式配售给村民，让村民直接受益。

三是保证集体资产不流失。村民若自动放弃购买权利，其份额只能由村委会享有，其他个人和组织不能以任何名义参与配售。

四是保护弱势群体利益。对困难村民，鼓励金融部门向其提供贷款，各区可成立担保公司给予支持。对于部分无力购买的村民，可将股份作为抵押向银行贷款，经营收益先用于还本。

自2005年下半年实施“金包银”工程以来，两个工业园区开发建设迄今为止没有出现一起因征地拆迁引发的农民上访事件，取而代之的是农民主动关心开发区建设情况，为自己的村庄没有被纳入开发范围而叹息，希望早日加入“金包银”工程行列。用当地农民的话说：“政府在征地中采取‘金包银’的做法，不仅解决了我们的后顾之忧，更让我们看到了生活的好前景，我们当然开心，当然支持，当然要放鞭炮庆祝了。”三个当然，足见“金包银”工程深入人心，深受广大农民欢迎。

据了解，在建设“全国社区治理和服务创新试验区”的大背景下，厦门市围绕统筹城乡一体化和跨岛发展战略，共发展了157个“村改居”和150个农村社区，占全市村居总量的62.15%。“金包银”工程使进城务工人员在参与城市化建设的同时，分享城市化的成果，而且使被征地农民手中的“发展用地”真正在城市化进程中获得了发展权，可以获得合法的收益。另外，“金包银”所提供的外口公寓和配套商业设施，使进城务工农民能够在当地政府认可的低成本生活区中安居乐业，避免了生活在“城中村”的“违建”房屋中受“脏乱差”之苦，为构建由城市市民、被征地的当地农民和进城务工农民共同参与、共同分享的和谐社会，进行了有益探索。

**【社会评价】**

在我国现代化进程中，开发工业区所引起的拆迁问题一直是一大难题。厦门采取的“金包银”模式，一反以往拆迁给人留下的暴力、残酷的印象，真真正正地从农民角度考虑，从解决被征地农民生活出路问题着手，是一项切实的惠民工程。该模式下，在工业区仍保留居民居住点，实现农村与城市、工业与农业的和谐相处，不仅是我国城市化发展的新思路，还是解决农村拆迁问题的新办法。这一模式符合政府的统一政策和规划，也使农民的生活水平得到了提高，可谓是“双赢”模式。

**【政策文件】**

**厦门市建设与管理局、市农办、市国土房产局、市规划局、市财政局**
**关于实施“金包银”工程建设的指导意见**

为了切实加强“金包银”工程的建设管理工作，有效解决我市工业化、城市化进程中被征地农民的生活出路问题，完善工业集中区的生活服务配套，特制定本意见。

一、指导原则

“金包银”是特指在工业集中区、开发区等成片建设的区域，保留村庄居民点，按工业集中区开发建设的要求统一规划，落实人均 15 平方米的农民预留发展用地政策，对村庄外围进行改造建设，在为工业区提供配套的同时，使村庄内部环境得到改善，农民生活水平得到提高。其中“金”是指紧邻工业集中区住宅较密集、人口相对集中且规划允许保留的村庄外围为工业集中区规划建设的配套用房（简称“金边”，下同）。“银”是指“金边”内按照新农村建设要求进行就地改造的村庄（简称“银里”，下同）。

实施“金包银”工程要认真贯彻“生产发展、生活宽裕、乡风文明、村容整洁、管理民主”的社会主义新农村建设方针，按照统一政策，统一标准，统一规划，统一组织的原则，有序推进“金包银”建设工作。

二、规划审批

“金包银”项目应符合厦门市城市总体规划和土地利用总体规划的要求，建设用地和相关配套设施用地的地点、规模和技术指标都要通过规划论证确定，并按程序向规划管理部门申办“一书两证”。

（一）选址条件

1. 紧邻工业集中区、开发区和外来人口密集区域；

2. 有一定的基础设施条件，水、电、路比较齐备，并按社区生活组团配套建设；

3. 与片区用地、道路市政规划相衔接；

4. 能够与“城中村”“厂中村”改造和周边城市环境整治相结合。

（二）设计要求

1. 建筑形式。根据规划区用地的实际情况，本着节约用地的原则，合理安排建筑层数和土地开发强度。在方案设计过程中，要通过科学布局、合理选材等方式节约成本，降低造价，同时要便于分期建设。

2. 设计标准。单体设计应采用底层商业上部公寓（或独立公寓），户型以集体宿舍、小套型单元房为主。具体方案应符合规划地段特点，宜商则商、宜居则居，或两者兼顾。

3. “金边”项目建设要按照城市规划设计标准，适当配套公共设施和综合服务设施。

4. 在建设“金边”项目时，要为“银里”改造项目留有余地，在“金边”项目建设中要理顺村庄内部与外部交通系统，尽可能利用现状道路。要统一做好市政工程设计，做到给排水通畅，避免内涝发生，确保污水排入市政管网。结合总体布局设置垃圾收集点、公共厕所、清洁楼等环卫设施。利用规划道路使村庄与外口公寓区相对独立，以利于物业管理，规范租赁市场。

（三）项目审批

“金边”建设用地，要结合落实人均15平方米的发展用地、拆迁安置用地、公共设施配套建设用地等进行统筹规划。“金边”规划设计方案要通过村（居）民会议或村（居）民代表大会，广泛征求村民意见后，根据规划要求报批。

“金包银”工程项目建设，由各区负责立项审批。相关部门对“金包银”建设项目的审批要建立绿色通道，“从简从快”，及时办理相关手续。

三、项目建设

（一）“金包银”工程建设以各区为主。区主要领导负总责，各区要明确具体部门和责任人员抓落实。市建设与管理局作为项目建设主管部门要加强指导与管理，其他各部门给予积极配合。

（二）人均 15 平方米的农村发展用地按容积率 2 统一折算为建筑面积，即按人均 30 平方米建筑面积给予落实，所有建筑按城市规划最佳用途统一建设。“金边”项目按“金包银”政策配售后，剩余部分可根据需要由各区统筹作为安置房、经济适用房、租赁房等。

（三）“金边”项目的建设由各区委托代建单位。原则上由国有控股企业担任代建单位，统一融资，统一规划，统一建设。属于落实人均 15 平方米发展用地的项目建成后按成本价移交给村集体，由村集体通过股份等方式配售给村民，让村民直接受益。

（四）“银里”改造项目以村集体作为投资主体，组织动员村民自主投工投劳，动员社会力量、鼓励社会团体积极参与村庄整治活动，改善农村人居环境。具体按市委市政府《关于旧村改造和新村建设若干意见》的要求组织实施。

（五）“金包银”工程中“金边”建设项目外围基础设施建设由开发区业主负责同步建设。

（六）“金边”建设项目要根据工业集中区厂房建设进度要求，按照实际配套需求，同步启动，以满足工业集中区厂房投产后外来员工的饮食、居住等配套需求。

四、土地利用

坚持统筹规划，“金”“银”兼顾的原则，“金包银”工程既要保障村民的发展用地，也要充分预留拆迁安置户、无房户、住房困难户的居住用地。

（一）农村发展用地的面积标准，是以 2003 年末被征地村集体的农村户籍人口为基数，按人均 15 平方米核定，在此基础上以容积率 2 折算为建筑面积，其店面、外口公寓的比例由各区根据各自需要确定。农村发展用地原则上在本村“金边”安排，在本村“金边”解决不了的，由区政府在本工业集中区范围内统筹安排。

（二）“金边”用地的审批和产权登记发证。

1. 由区政府指定的代建单位统一申办农用地转用和土地征收报批手续。新增建设用地有偿使用费、耕地开垦费、耕地占用税、土地征收补偿费及征地管理费除上缴中央、省里的税费纳入建设成本外，市、区两级收费全额返还，支持“金包银”工程建设。

2. 农转用审批后，国土房产部门采用划拨方式向代建单位办理供地手续，并由代建单位办理规划及用地手续。城市建设基础设施配套费及建设过程中市里收取的各项费用实行先征后返，全额返还到村，并张榜公布，接受村民的监督，体现党委、政府的关怀。

3. “金边”项目建成后，由村委会根据各村的面积额度和相应价格向国土房产部门办理土地房产登记，土地使用权类型为划拨。

（三）严格限制安排单独宅基地，鼓励采用公寓式住宅集中安置。同安区和翔安区“银里”新建村民住宅原则上要采用两户联栋或多户联栋建设，鼓励实施旧村土地整理，拆旧拆危，盘活存量土地。

其他各区原则上采用公寓式住宅小区集中安置，特殊情况经区政府同意后可参照执行。

五、经营管理

（一）属于人均15平方米的农村发展用地的经营性建筑不得分割产权，村集体在房产股权配售及经营方面应遵循公开、公平、公正的原则，方案应由村（居）民会议或村（居）民代表大会通过和决定。实行股份化经营的，可以行政村为单位，依法成立股份合作经济组织，作为经营主体，按照现代企业管理制度规范管理。村民以所占股份享有投资者权益，享受盈利分红，并承担相应的风险。

（二）加强对困难村民的扶持，鼓励金融部门向困难村民提供贷款，对部分无力购买的村民，可以股份作为抵押向银行贷款，经营收益先用于还本，各区可成立担保公司予以支持，具体办法由各区制定。

（三）为了保证集体资产不流失，村民个人对配售股权享有不完全处置权，如自动放弃购买的权利，其份额只能由村委会享有，不得以其他个人或组织的名义参与配售。

（四）“金边”建设项目建成后，小区的经营和管理实行业主负责制，物业性管理项目通过招标形式选定有资质的物业公司开展规范化服务，同时要加强公寓社区治安的管理。

（五）“金边”建设项目中涉及村民人均15平方米发展用地的项目的经营实行只租不售，严禁以超长时间租约等形式变相出售。

**【信息链接】**

媒体线索：

厦门“村改居”亮出“金包银”　昔日“三差村”闯出“梧侣模式”

[EB/OL]. 海南日报，http：//www. hinews. cn/news/system/2017/07/07/031177981. shtml.

厦门"金包银"村民买不起"金边"股份可预留［EB/OL］. 厦门房地产联合网，http：//www. xmhouse. com/HouseNews/xwpd/fcxw/bdxw/200801/t20080112-107011. htm.

厦门：2 亿元启动山区小康建设［EB/OL］. 厦门房地产联合网，http：//www. xmhouse. com/HouseNews/xwpd/fcxw/bdxw/200710/t20071031-101754. htm.

厦门市人民政府批转市建设与管理局等部门关于实施金包银工程的指导意见的通知［EB/OL］. 厦门市人民政府，http：//www. xm. gov. cn/zt/xmjbygc/200709/t20070929_185440. htm.

我局提出加快"金包银"工程土地房屋登记初步意见［EB/OL］. 厦门市国土资源与房产管理局，http：//www. xmtfj. gov. cn/xwzx/jcdt/201312/t20131210_10067466. htm.

文章线索：

蔡顺华. 失地农民安置主要模式评析——兼谈厦门市"金包银"工程模式创新与实践［J］. 发展研究，2006（11）：89-92.

陈金田. 失地农民留地安置的个案研究——对厦门市"金包银"工程的分析［J］. 中国农村观察，2006（4）：56-64+80.

戴松若. 厦门"金包银"实验［J］. 决策，2006（7）：46-47.

刘阳. 厦门市留地安置模式实施困境研究［D］. 泉州：华侨大学，2017.

### 10. 2. 2　海南省陵水县

**【案例摘要】**

现行征地制度在加快工业化、城镇化进程的同时，也带来了大量社会问题。海南省陵水县政府探索新征地拆迁模式，让农民成为征地拆迁的参与者；合理分配土地增值收益，让农民分享城市化成果；创新留用地安置，培植适合农民从事的有稳定收入流的产业，实现了农民与政府的双赢，促进了和谐、稳定与发展，值得在征地制度改革中予以借鉴和推广。

**【案例介绍】**

海南省陵水县政府探索新征地拆迁模式，主要在让农民成为征地拆迁的参与者、允许农民集体建设用地直接"招拍挂"上市、留用地安置、新村建设模式方面进行创新，取得显著成效。

1. 让农民成为征地拆迁的参与者

陵水县政府在大墩村实施征地拆迁时，改变了以往先找好大企业作下家、政府实施拆迁的办法，而是明确政府在征地拆迁中的定位是主导但不包办，主要起指导、监督、宣传和协调保障作用。征地拆迁工作由村委会负责实施，确立被征地农民的主体地位。

政府在对被征地区块的地上附着物等进行市场评估后，将征地补偿总费用和工作经费“打包”给村委会或居委会，由其成立的股份制公司实行拆迁。公司在按照法定标准给予村民拆迁补偿后，结余费用由全体村民共享。这一做法取得了以下明显效果：

一是化解了征地过程中政府、开发商与农民的矛盾冲突。新办法使被拆迁人和拆迁人成为同一个利益主体，充分调动起每个被拆迁对象的积极性，使征地拆迁这一在许多地方被称为“天下第一难”的事，变得非常“简单”。

二是杜绝了困扰所有地区征地拆迁中的违规、违建问题，使城市化成本大大降低。政府采取包干补偿法后，村民明白，在青苗、坟墓上的补偿资金多了，留给公司发展的资金就少了，可以开展的项目就随之减少，自己的利益自然也就少了。因此，如果有人抢建抢种，就会侵害其他村民的利益，村民之间自然形成有效监督，杜绝了征地拆迁过程中的抢种、抢建甚至造假坟的行为。

三是保障了被征地拆迁人的合法权益。在实施国际旅游岛陵水海洋主题公园 11670 亩土地征收时，大墩村拆迁公司没有聘请评估公司，而是通过村民代表大会，组织村民对拆迁地、青苗地等类地块上的附属物进行自主评估，节约了近 100 万元的评估费。由居委会和村民成立开发公司负责自身地块的拆迁工作，负责改造后居委会及居民不动产的经营和管理工作，并具体测算拆迁成本，杜绝了由政府、开发商实施拆迁的过程中产生的特殊利益群体，防止腐败现象的发生。大墩村项目拆迁结束后，农民集体通过地上青苗附着物补偿等节余 5700 万元，加上 10%的工作经费和 10%的不可预见费，共获得 9700 万元的村办股份企业发展资金，为村集体经济发展和失地农民就业、生活和长远发展提供了保障。

2. 允许农民集体建设用地直接“招拍挂”上市

陵水县政府允许村委会在旧村改造时，将节余的 389 亩集体建设用地直接进行公开“招拍挂”，拍卖价 158 万元/亩，共获得 6.1 亿元土地收入，村集体将所获得的土地出让收益作为村民建房和基础设施建设资金。陵水县由农民集体直接将集体建设用地以“招拍挂”方式进行出让的办法，在国内尚属首例。它让农民直接分享土地级差收益，实现了集体土地与国有土地的同地、同价、同权。

3. 创新留用地安置，培植适合农民从事的有稳定收入的产业

为了切实解除失地农民的后顾之忧，陵水县政府按照征地总面积的 8%给村委会留足建设用地。在安排留用地时，县政府采取优先安排的办法，将所规划项目区内基础设施最完善、地理位置最佳的优越地优先安排给被征地的农村集体经济组织使用，并从规划、产业发展方向加强引导，扶持被征地农村集体经济组织发展特色商业，参与海南国际旅游岛的建设，让被征地农民从海南国际旅游岛建设中得到实惠。以海南国际旅游岛陵水海洋主题公园建设为例，县政府共征用黎安镇大墩村集体土地 3108.56 亩，按 8%的比例给黎安镇大墩村委会的留用地为 248.68 亩，将海南国际旅游岛陵水海洋主题公园项目中地理位置最优越并在建设规划中确定为商业、住宅一体的地块优先安排给大墩村发展旅游产业，村委会拟使用该地块与知名企业联合兴建五星级酒店。他们还计划在新村安置点规划建设 4 栋 320 间公益酒店和超市、市场，自行经营或出租，保障农民的长久收入。

4. 创新新村建设模式

全体村民的安置住房由民星公司利用出让所得的 6.15 亿元资金，采用统一规划、建造、分配和管理，集中安置、整体搬迁。按户均宅基地 175 平方米、建筑面积 253 平方米的标准，共建造 1000 多单栋两层半农居，总建筑面积 287424 平方米；每户配套客厅、卧室、厨房、卫生间、书房、阳台等 10 余间房，统一配有实木家具、厨卫用品、灯饰、窗饰等屋内设施；分配按照“每个男丁计一户、一户一宅”的原则进行；为方便五保户和出嫁女离异后返村等特殊情况，还建造了村公寓（五保户按宅基地继承处置）；村内还配建有 3168 平方米村委会办公楼，2210 个停车位和生产用具停放点，3000 平方米幼儿园、运动广场，4 栋 10 层的产权式宾馆和一定面积的临街商铺，以及敬老院和农贸市场等设施。从此，大墩村家家有新房住，生活方便，使大墩村世世代代十分简陋的生活条件发生了翻天覆地的变化。

5. 多渠道促进就业

在农民土地被征用后，发展与农民能力相适应的产业，解决他们的就业和收入来源，是保障失地农民生活水平不降低、长远生计有保障的根本。陵水县政府的办法是，将项目建设中的建筑、土方、园林绿化等工程交由村公

司承建；鼓励被征地的农村集体组织将集约用地后腾出来的集体土地用来建设附近项目的员工村、员工俱乐部、出租铺面等，为农民提供固定而可靠的收入。比如，在实施海南国际旅游岛陵水海洋主题公园时，地方政府将征地、土地平整、公墓建设等配套服务交由村股份公司经营，农民集体从中赚到了几千万元的利润；将 40 辆出租车的运营交给黎安镇大墩村委会的村办企业经营，解决了该村 80 人的就业；把项目建设中需要的混凝土、节能环保砖交给村委会经营。目前，混凝土搅拌站和节能环保砖厂已建成投产，按照设计的生产规模，每年可创造利润近 3500 万元，全村 3480 人，每人每年可分到利润 1 万元。

**【社会评价】**

拆迁问题一直是城市化进程与农民生活的矛盾点。海南省陵水县从农民角度出发，从农民视角看城市化发展，让农民以规划者、合作方的身份参与到征地拆迁中，通过后期城市发展给征收地增加附加价值，并采取创新留用地安置手段，培植农民在新的城市建设中能从事的有稳定收入的行业。这一系列政策化干戈为玉帛，解决了拆迁中存在的问题，将农民利益与发展利益紧密相连，成功地让农民们与祖国同发展、共命运。这既是解决拆迁矛盾的新思路，也有助于加快我国城市化进程，促进经济更好、更快发展。

**【信息链接】**

媒体线索：

海南陵水县关于征地拆迁的做法和效果［EB/OL］. 土流网，https：//www. tuliu. com/read-30905. html.

海南陵水三亚征地模式创新调查　农民成征地拆迁实施者［EB/OL］. 搜狐焦点网，http：//news. focus. cn/hn/2012-02-07/1756517. html.

### 10. 2. 3　湖南省长沙市咸嘉村

**【案例摘要】**

工业化、城市化进程加速导致的失地农民安置问题，是当前我国社会的焦点问题。如何妥善解决这个问题，是摆在各级党委、政府面前的一个重大课题，直接关系农村的社会稳定和我国的长治久安，关系和谐社会的建设和全面小康社会的实现。近年来，湖南省长沙市岳麓区咸嘉湖街道在这方面进行了有益的探索，取得了良好的社会效益和经济效益，在省内外产生了巨大的反响。

**【案例介绍】**

咸嘉湖街道原是长沙市的一个行政村，名叫咸嘉村。1995 年设立咸嘉综合开发小区管理委员会。2002 年加挂咸嘉湖街道牌子，实行两块牌子、一套人马管理。咸嘉村原有农民 640 户、1830 人，土地面积 3100 亩。自 1995 年以来，凭借该市第九次党代会提出的“建设河西新城，再造一个长沙”发展战略实施带来的机遇，长沙城市建设步伐加快，咸嘉村逐步由市郊变为城区，按以区带村的形式划归岳麓区管辖。同时，土地被大量征用，农民住宅被大量拆迁。针对过去城市开发建设中因农民安置问题未能妥善解决，从而导致各种矛盾不断发生的情况，街道在岳麓区委、区政府的领导下，在市国土、规划部门的指导下，坚持以人为本，文明拆迁，认真总结经验教训，妥善安置失地农民，首创了咸嘉湖“留地集中安置，综合开发建设”的安置模式，走出了一条拆迁与安置相配套、建设与发展相结合、生产与生活相关联的开发安置新路子。

长沙“咸嘉湖模式”的具体做法，概括起来就是“三集中、三统一”。一是集中管理全村土地，统一进行拆迁补偿。为了搞好咸嘉村农民的拆迁安置工作，岳麓区委、区政府在咸嘉村成立了咸嘉综合开发小区管委会。管委会是区政府的派出机构，统一负责全村范围内的征地、拆迁、补偿工作。所有来村征地的建设单位，都要与管委会签订征地拆迁协议，并将征地拆迁补偿费统一结算给管委会，再由管委会严格按长沙市政府制订的标准核算补偿给农民，拆迁安置的具体工作则由管委会统一组织进行。这样，既避免了建设单位直接与农民打交道可能引发的矛盾，又简化了征地拆迁手续，加快了开发建设的步伐。二是集中安置农民住宅，统一进行综合开发。在城建农民安置中，往往存在着征地拆迁费用高、安置难和农民建房起点低等问题。咸嘉综合开发小区管委会坚持农村城市化建设一步到位的原则，采取集中用地的形式，对留给农民的安置用地进行统一规划、统一开发、统一建设。全村共留农民生产、生活安置用地 670 亩，其中 200 亩作为农民生活安置用地，以集体补贴的形式兴建别墅型住宅 64 栋，公寓型安置房 700 多套，再以低于建设成本、每平方米均价 380 元出售给被拆迁农民居住。截至 2006 年 5 月底，已入住被拆迁农民 563 户、1579 人，人均安置面积达 50 平方米。余下的 470 亩则作为生产安置用地，由村集体统建统管，用于发展集体经济，解决农民今后的生活问题。三是集中使用土地补偿安置费，统一安排农民生产生活。小区管委会对征用地块的土地补偿费和劳动力安置费进行集体统筹管理和使用。对这两项资金，管委会将一部分以“咸嘉村安置退养基金”的形式存入银行，另一部分则用来投入小区综合开发建设。开发所得利润和物业收入以及所得银行利息都以红利的形式发给农民，远远高于被拆迁农民将劳动力安置费存入银行享受的利息。发放的标准为每月每人 246 元。同时，通过成立房地产开发公司、物业管理公司、建筑公司和开发商业门面和配套性经营场所等形式，广辟就业渠道，安置村民就业。其中，房地产开发有限公司安置了本村村民 28 人就业，物业公司安置了本村村民 61 人就业，建筑公司安置了本村村民 18 人就业，开发小区房地产等第三产业安置了 200 多名本村村民就业，并为外来劳务人员创造了 2000 多个就业岗位。目前，全村有就业愿望、有劳动能力的村民就业安置率达到 100 %。

长沙“咸嘉湖模式”的主要成效表现在，一是优化了城市开发建设的环境。咸嘉村实行留地开发安置，有效地发挥了小区管委会在征地拆迁中的协调、组织和矛盾化解作用，简化了征地拆迁手续，节约了开发建设成本，做到了以群众利益为中心。在近年来咸嘉小区综合开发和周边重点工程建设的过程中，没有发生过群众上访、阻工闹事事件，实现了拆迁群众、投资商、政府“三满意”。二是解决了失地农民的生产生活出路问题。咸嘉新村按照“建设要搞，民生要保”的原则，通过采取“安居”与“乐业”统筹规划、生产和生活用地统一预留的办法，有效集中和利用安置补偿资金用于发展集体经济，既解决了失地农民的基本生活需求，又开辟了新的就业岗位和创业门路，有效解决了农民的生活出路问题，确保了农民“失地不失岗，失地不失业，失地不失利”，实现了土地高效利用、经营全面增长、农民更加富裕。全村年人均纯收入由 1995 年的 760 元增长到现在的 8200 元。三是提高了小区的文明程度。通过留地开发安置，完善了小区的居住环境，改善了村民的生活质量。在居住环境方面，小区规划建设了水、电、气、通信、道路、绿化、学校、幼儿园、老年公寓、农贸市场、文体中心等配套设施，设置了电视监控系统、宽带网，规划建设了占地 60 亩、极具欧陆风情意蕴、全省最大的社区绿化休闲广场，绿化率高达 60%。广场上建设有游泳馆、网球馆、健身中心等设施，将居民居住、生活、娱乐、健身、文化、教育与商贸融为一体，为居民提供了现代、时尚的生活环境。在社保福利方面，由集体统一负担每家每户的物业管理费（0.5 元/平方米·月）、有线电视费（130 元/年）、煤气管道入户费（2400 元）、困难户重大疾病救助费（最高金额 5000 元）、贫困学生学费、幼儿入园费（全报）、劳动技能学习培训费（凭证报销）、教育奖励基金（升大学奖 5000 元、升高中奖 2000 元）、殡葬抚恤费（4000 元）以及逢年过节生活补助费等，使村民群众真正得到了实惠、尝到了甜头。同时，随着小区环境的美化，村民群众对小区的归属感、自豪感和荣誉感不断增强，文明素质迅速提高，较快地实现了由农民向现代市民的转变。四是壮大了村级集体经济实力。原来的咸嘉村先后办过一些村级集体企业，但均因经营不善而倒闭，总负债曾一度高达 50 万元。进行留地开发安置后，街道集体经济一年一个台阶，集体资产已近 2 亿元，物业年固定收入达 800 余万元。上缴税费也大幅提高，1995 年以前为“零税收”，2005 年街道完成区级税收 3297 万元，可望完成 6000 万元。

无论是从理论还是实践意义上看，长沙“咸嘉湖模式”都是一种失地农民安置模式的创新。

**【社会评价】**

首先，长沙市咸嘉湖“留地集中安置，综合开发建设”的安置模式，给农民留了能够可持续发展的土地，而且把地留在交通十分便利、位置十分好的地段，以至咸嘉湖的房地价能以每年每平方米 500 元增值，让被征地和拆迁农民分享到城市化的成果。通过股份制这种资本组织方式，把咸嘉村的集体资产组织起来，使被征地和拆迁农民变成了“按股分红”的股民。

其次，长沙“咸嘉湖模式”是一种壮大新型集体经济力量、增强社会主义公有制主体地位的安置模式。长沙咸嘉湖“留地集中安置，综合开发建设”的安置模式，把留下的地和就业安置费集中起来，既安置了失地农民生产和生活，又壮大了集体经济力量；充分发挥了集体经济集中做大事的优势，既保证了大部分人就业安置，又能使个别能力差或情况特殊的人有生活保障。

最后，长沙“咸嘉湖模式”成功地解决了征地过程中政府、失地农民、开发商三者之间的矛盾。长沙“咸嘉湖模式”，由于征地由政府的派出机构——综合开发小区管委会出面和开发商打交道，避免建设单位直接与农民打交道，并且征地后还留有地，通过综合开发建设能够安居乐业，使征地过程中政府与征地农民、开发商三者之间的关系能够和谐，对推进工业化和城市化进程、促进经济健康发展、保证社会安宁与稳定以及构建和谐社会都具有重要意义。

2003 年 10 月，时任中共中央总书记、国家主席的胡锦涛来长沙视察，给予该街道“农民安置模式好、居民安居乐业好、社区环境好、文化氛围好”的高度评价。

【信息链接】

文章线索：

陈良钦．长沙“咸嘉湖模式”：失地农民安置模式的创新——湖南省长沙市岳麓区咸嘉湖村失地农民安置的调研报告［J］．企业家天地，2006（9）：9-11.

## 10.3 社会保障安置模式

### 湖南省长沙市

【案例摘要】

近年来，长沙市委、市政府高度重视征地补偿安置工作，先后采取及时调整补偿标准、优化安置保障模式、切实维护群众利益等举措，确保征地补偿安置。截至2014年9月，全市共实施长沙市103号令项目1339个，完成腾地244985.7亩，拆除房屋45071栋，约1350.28平方米，动迁152855人，为该市助推“三倍”、建成“三市”、落实6个“走在前列”打下了坚实基础，取得了较好的效果，对维护社会稳定、推进长沙城市化进程产生了积极作用。

【案例介绍】

湖南省省会长沙市是长江中游地区重要的中心城市，全国“两型社会”综合配套改革试验区，中国重要的粮食生产基地，长江中游城市群和长江经济带重要的节点城市，是综合交通枢纽，京广高铁、沪昆高铁、渝厦高铁在此交会。长沙市总面积11819平方千米；辖6个区、1个县，代管2个县级市；2017年，常住人口为791.81万，城镇化率为77.59%；2018年地区生产总值11003.41亿元。

“征地拆迁补偿是个老大难的问题，政府在开展工作中，既要讲政策，又要讲情理，稍有不慎，就会造成群众上访甚至出现群访，阻碍了地方经济发展，影响了企业和社会发展环境。”在长沙市召开的全市征地拆迁安置工作新闻发布会上，长沙市国土局副局长罗国良深有感触地说。

长沙市现行的征地补偿安置政策是2007年11月30日经湖南省第十届人大常委会第三十次会议批准的《长沙市征地补偿安置条例》（以下简称103号令），该政策于2008年4月1日起在长沙市执行，至今已有11年。11年来，长沙市严格按照党中央、国务院和省、市领导部门的要求，结合社会经济发展形势，对征地补偿标准进行动态调整，分别于2010年7月、2013年5月、

2013 年 10 月上调了集体土地征收补偿中的土地补偿、房屋补偿、青苗及地上附着物补偿标准，提高幅度达到 30%，切实保证政策补偿水平与时俱进。同时，长沙市对征地补偿政策逐步进行了完善，如出台《长沙市征地补偿监督暂行办法》等；明确了长沙市各相关职能部门对征地补偿、安置保障、就业培训、监督管理等各自应承担的职能职责，从政策层面为失地农民安置提供了长效保障机制。

这一政策转变了原 60 号令政策时期“留地安置”的做法，实行被征地农民“两转变一纳入”模式，即转变农民身份、转变安置房土地性质、将被征地农民纳入城镇居民社会保障体系，通过在国有土地上建设被征地农民保障性住房，从根本上杜绝新的“城中村”出现。被征地农民可以自主选择保障住房安置或货币安置，安置主体由村集体经济组织转变为区、县（市）人民政府。由区、县（市）人民政府提供保障住房，统筹被征地农民社会保障资金，实施货币补贴。城市规划区范围内的被征地农民全部转为城镇居民，被纳入社会保障体系；处于城市规划区外，但因征地已不具备生产生活条件的被征地农民也同样被纳入城镇居民社会保障体系。年满 60 岁的男性和年满 55 岁的女性当年即可享受 900~1000 元/月的养老费，同时被纳入城镇医保体系，享有大病医疗互助费、城镇基本医疗保险及个人医保费用等福利待遇。

此外，长沙市积极采取多种途径为被征地农民进行职业技能培训，对特别困难的农民给予民政救济，帮助他们不仅安居并且能够乐业。这一系列措施的施行确保了被征地农民“劳有所得、老有所养、病有所医、失有所补”。对在征地拆迁中存在的补偿不公正和违规现象，由市、区、县、督查室、监察局、征拆办督查督办整改，形成维护群众合法权益的长效机制。

2007 年，为实践铁路客货分离理念，落户雨花区黎托乡的武广客运专线长沙站场正式启动建设。此项目涉及雨花区 10 个行政村 11 平方千米区域，为保证该项目征地拆迁工作的顺利进行，长沙市在黎托新区率先试点实施“一纳入两转变三同步”的新模式，为长株潭两型社会建设综合配套改革做出了有益探索。

“一纳入两转变三同步”的新模式即将征地拆迁农民分年龄段纳入城市居民社保体系；集体土地转变为国有土地，农民转变为市民；征地拆迁、安置、社保同步启动。由区、县（市）人民政府提供经济保障住房，并统筹征地农民社会保障资金，确保被征地农民与城镇居民一样享受基本养老保险、基本医疗保险、养老生活保障、基本生活补助等社会保障待遇，提供免费职业培训、指导和职业介绍等一系列保障措施。由于实行社保新办法，黎托新区被征地农民在拆迁完毕后，即被纳入社会保障体系，每月可领取基本生活保障费用，保证了失地农民利益，确保了该项目的顺利推进。同时，也保证了“集体土地转变为国有土地、农民转变为市民”两个转变的快速推进。

**【社会评价】**

为被征地农民提供基本社会保障，是二元社会保障体系淡化的表现，有助于达到真正意义上的社会保障一体化的目标。为被征地农民提供社会保障的重要性还在于，在城市化推进中，通过基本社会保障把农民纳入城镇体系中，提高了农民保障的社会化程度，减少了安置后的遗留问题，加快了农民向市民的转换。

**【政策文件】**

《长沙市征地补偿安置有关问题的规定》。

### 长沙市征地补偿安置条例（节选）

…………

### 第四章　征地安置

第二十九条　征地安置对象为被征地的农村集体经济组织成员。

征地安置主要采取以下两种方式：

（一）货币安置；

（二）由农村集体经济组织统一安置。

对实行货币安置的人员，应当纳入城镇就业服务和社会保障体系。

第三十条　征收城市规划区内农民集体所有土地的，实行货币安置；但县（市）范围内不具备货币安置条件的，经市人民政府批准，可以由农村集体经济组织统一安置。

征收城市规划区外农民集体所有土地的，以农村集体经济组织统一安置为主要安置方式。农村集体经济组织应当通过利用农村集体机动地、依法收回的承包地、承包农户自愿交回的承包地和土地开发整理新增加的耕地等，使被征地农民有必要的耕作土地，继续从事农业生产。对不具备基本生产生活条件的农民，应当实行货币安置。

第三十一条　实行货币安置的人员，一律转为城镇居民，不再保留原农村集体经济组织成员身份，但仍然享有对原农村集体经济组织积累的财产权利。

实行货币安置的人员数，按照不低于被征地数量除以征地前被征地农村集体经济组织人均土地数量计算。实行货币安置的农村村民人口年龄结构应当与该农村集体经济组织的人口年龄结构一致。

第三十二条　农村集体经济组织或者村民委员会应当自征地公告之日起 30 日内召开村民会议或者村民代表会议，确定转为城镇居民的人员名单，经乡（镇）人民政府或者街道办事处会同当地公安部门和土地行政主管部门审核公示后报县（市）、区人民政府核准。农村集体经济组织或者村（居）民委员会应当为核准的人员到相关部门统一办理转户手续。

第三十三条　实行货币安置人员的社会保障资金，从省人民政府另行批准提高的安置补助费和用于被征地农户的土地补偿费中统一安排；两项费用尚不足以支付的，从国有土地有偿使用收入中解决。

前款规定中批准提高的安置补助费和用于被征地农户的土地补偿费，核算到被征地的农村集体经济组织、村民后直接进入社会保障资金账户。

第三十四条　市、县（市）、区人民政府应当将被征地农民就业培训纳入城镇就业服务体系。被征地农民的就业坚持市场调节就业、劳动者自主择业、政府促进就业的方针，就业培训资金由当地财政予以保障。

## 长沙市被征地农民就业培训和社会保障办法

## （长政发〔2014〕48 号）

### 第一章　总　则

第一条　为统筹城乡经济社会发展，推进城市化进程，妥善解决被征地农民的长远生计和社会保障问题，根据《长沙市征地补偿安置条例》《长沙市征地补偿实施办法》（市政府令第 103 号）等规定，制定本办法。

第二条　征收城市规划区内农民集体所有土地，实行货币安置的被征地农民，其就业培训和社会保障适用本办法。

第三条　被征地农民就业培训和社会保障由市和区县（市）人民政府负责组织实施。

人力资源社会保障部门负责被征地农民的就业培训、基本养老保险、基本医疗保险、基本生活补助等社会保障工作。

国土资源部门负责社保用地的核定和相关手续的办理及社会保障资金的收取和解缴。

财政部门负责被征地农民就业培训资金和社会保障资金的筹集和管理。

公安部门负责被征地农民户口转换工作。

民政部门负责符合条件的被征地农民相关社会救助工作。

土地承包经营管理、建设、规划、审计、卫生、监察等有关行政管理部门按照各自职责，共同做好相关工作。

## 第二章　就业培训

第四条　被征地农民的就业坚持贯彻劳动者自主择业、市场调节就业、政府促进就业和鼓励创业的方针。

第五条　用地单位招用人员时，应当优先招用被征地农民。鼓励有条件的企业、集体经济组织吸纳被征地农民就业。

第六条　建立被征地农民就业失业登记制度。被征地农民的就业状况由户籍所在地街道（乡镇）人力资源社会保障服务站进行登记和统计。

第七条　将被征地农民纳入城镇就业服务体系，为其提供免费的职业指导、职业介绍等公共就业服务。对提供免费职业介绍服务的经人力资源社会保障部门认定的诚信民办职业介绍机构，按有关规定给予职业介绍补贴。

第八条　转户后的被征地农民自主创业的，可按规定享受开业指导、小额贷款担保和贴息等扶持政策。

第九条　经区县（市）人力资源社会保障部门认定的被征地农民中的就业困难对象，享受长沙市就业困难对象的扶持政策。

第十条　被征地农民在劳动年龄段内参加人力资源社会保障部门认定的定点培训机构举办的职业培训（含创业培训和就业技能培训）和职业技能鉴定，可享受一次职业培训和职业技能鉴定补贴，由人力资源社会保障部门、财政部门核拨。就业培训补贴标准和职业技能鉴定补贴标准按本市职业培训补贴的有关规定执行。

## 第三章　社会保障

第十一条　被征地农民纳入社会保障的时点以征地补偿安置方案实施公告（以下称实施公告）发布之日为准。同一征地项目的被征地农民纳入社会保障时点一致。

第十二条　根据确定的被征地农民纳入社会保障的时点，将被征地农民划分为以下四个年龄段：

（一）第一年龄段为不满 16 周岁；

（二）第二年龄段为女年满 16 周岁不满 45 周岁、男年满 16 周岁不满 50 周岁；

（三）第三年龄段为女年满 45 周岁不满 55 周岁、男年满 50 周岁不满 60 周岁；

（四）第四年龄段为女年满55周岁、男年满60周岁及其以上。

第十三条　农村集体经济组织或者村（居）民委员会应当自征地公告发布之日起30日内召开村（居）民会议或村（居）民代表会议，提出四个年龄段人员名单、出生年月，经乡镇（街道）会同区县（市）公安部门和国土资源部门审核并公示10日后，报区县（市）人民政府核准。名单、出生年月核准后，农村集体经济组织或村（居）民委员会按规定的时点到公安部门、人力资源社会保障部门统一办理转户和社会保障参保登记手续。公安部门应当在受理之日起60日内办理完毕。

从2008年4月1日起，根据区县（市）人民政府核准的人员名单和出生年月所计算的被征地农民社会保障待遇不得变更。

第十四条　第一年龄段人员，实行一次性基本生活补助。年满7周岁不满8周岁发给每人一次性8000元的基本生活补助费，每减少一周岁或增加一周岁，减少或增加500元。年满16周岁后，按城镇新成长劳动力进行管理，并按规定纳入城镇社会保障范围。

第十五条　第二、三年龄段的人员，按城镇灵活就业人员统一政策规定参加城镇职工基本养老保险，一次性补缴相应年限的基本养老保险费。

（一）缴纳标准：缴费基数为纳入社会保障时全省上年度在岗职工月平均工资的100%，缴费比例为20%。

（二）补缴年限：按纳入社会保障时实际从事农业生产劳动时间，每2年缴纳1年基本养老保险费（不满1年的部分按1年缴纳）。其中：女年满16周岁不满36周岁、男年满16周岁不满41周岁的人员，一次性缴纳最多不超过10年；女年满36周岁、男年满41周岁的人员，且从事农业生产时间女满20年、男满25年的，一次性缴纳为11年，农业生产劳动时间每增加2年增缴1年的基本养老保险费，最多缴纳不超过15年。

（三）参加基本养老保险的被征地农民，达到退休年龄（女年满55周岁，男年满60周岁，下同），符合养老金领取条件的，享受相应的养老保险待遇。

第十六条　第二、三年龄段人员一次性缴纳基本养老保险费后，在用人单位就业的，由用人单位和个人按规定缴纳基本养老保险费；成为无雇工的个体工商户或灵活就业的，可由个人按照城镇灵活就业人员基本养老保险政策规定，继续缴纳基本养老保险费。继续缴费的年限与被征地时一次性缴纳基本养老保险费的年限合并计算。尚未就业的，可以参加城乡居民基本养老保险。

第十七条　第四年龄段人员，按城镇灵活就业人员统一政策规定参加城镇职工基本养老保险，一次性补缴15年的基本养老保险费。缴纳标准：缴费基数为纳入社会保障时全省上年度在岗职工月平均工资的100%，缴费比例为20%。缴费后按照城镇职工基本养老保险统一政策规定，享受相应的养老保险待遇。

第十八条　被征地农民中的退役军人，在《中华人民共和国军人保险法》实施前，服现役年限视同城镇职工基本养老保险缴费年限，现已领取养老金而未计算视同缴费年限的，从修改视同缴费年限的次月起发放调整后的待遇。该法实施后，将军人退役养老保险关系和相应资金转入当地社会保险经办机构，办理相应手续后，服现役年限与入伍前和退出现役后参加城镇职工基本养老保险的缴费年限合并计算，不再计算视同缴费年限。

第十九条　原已参加城乡居民基本养老保险的被征地农民，未达到退休年龄的，其城乡居民基本养老保险与城镇职工基本养老保险的衔接按国家统一政策办理；已达到退休年龄的，从享受城镇职工基本养老保险金当月起，其城乡居民基本养老保险个人账户资金余额一次性退还给本人，终止城乡居民基本养老保险关系。

第二十条　原已参加城镇职工基本养老保险未达到退休年龄的被征地农民按规定缴纳养老保险费，其重复缴费期内的养老保险关系按城镇职工基本养老保险统一政策规定办理。

从2008年4月1日起，原已参加城镇职工基本养老保险并达到退休年龄享受城镇职工养老金的被征地农民，不再参加养老保险，可参照同项目同年龄段被征地农民补缴养老保险费的同期个人账户规模标准，享受一次性养老保险补偿金。

第二十一条　第一年龄段人员，按纳入社会保障时城乡居民基本医疗保险个人缴费标准，发给1年的医疗保险补偿金。

第二十二条　第二、三年龄段人员，按灵活就业人员统一政策规定参加职工基本医疗保险，一次性补缴一定年限的基本医疗保险费和大病医疗互助费，从补缴的次月起按规定享受相应的医疗保险待遇。

补缴年限：年满16周岁不满47周岁的，缴纳1年；47周岁以上（含47周岁）的，年龄每增加1周岁，缴纳年限相应增加1年。

第二十三条　第二、三年龄段人员一次性缴纳基本医疗保险费和大病医疗互助费后，在用人单位就业的，由用人单位和个人按规定缴纳基本医疗保险费和大病医疗互助费，接续医疗保险关系；成为无雇工的个体工商户、未在用人单位参加职工基本医疗保险的非全日制从业人员及其他灵活就业人员可由个人按灵活就业人员参保政策规定参加职工基本医疗保险，接续医疗保险关系；尚未就业的，可以参加城乡居民基本医疗保险。

第二十四条　第四年龄段人员，以纳入社会保障时全省上年度在岗职工月平均工资为缴费基数，以单位参保人员缴费比例（用人单位和个人之和），一次性补缴 15 年基本医疗保险费和大病医疗互助费，从补缴的次月起按规定享受相应的医疗保险待遇。

第二十五条　被征地农民的视同基本医疗保险缴费年限，按征地前实际从事农业生产劳动时间，每 2 年视同 1 年基本医疗保险缴费年限（不满 1 年的部分按 1 年视同）。其中：女年满 16 周岁不满 36 周岁、男年满 16 周岁不满 41 周岁的人员，最多视同不超过 10 年；女年满 36 周岁、男年满 41 周岁的人员，且从事农业生产时间女满 20 年、男满 25 年的，视同 11 年，农业生产劳动时间每增加 2 年增加 1 年的基本医疗保险视同缴费年限，最多视同不超过 15 年。征地前的视同缴费年限和征地期间以及征地后按规定参加职工基本医疗保险的实际缴费年限合并计算。

第二十六条　军人服现役年限视同职工基本医疗保险缴费年限，不计算为职工基本医疗保险实际缴费年限。

第二十七条　在校学生学习期间不能视同从事农业生产劳动时间。

依法被判处拘役、有期徒刑并被收监执行期间，不能视同从事农业生产劳动时间。

第二十八条　第二、三年龄段人员，未就业的，参照同期长沙市失业保险金标准，按月领取基本生活补助费，期限不超过 2 年。

第二十九条　回原籍的非转农人员原为机关事业单位正式工作人员和城镇企业职工已享受养老（退休、退职）金待遇的，不纳入被征地农民社会保障范围。

## 第四章　资金来源和管理

第三十条　被征地农民社会保险补贴资金、就业扶持资金和职业培训、职业技能鉴定补贴等资金由各区县（市）财政纳入预算。符合有关政策规定的，经市人力资源社会保障、财政部门审核，可在上级就业补助资金中予以补贴。

第三十一条　被征地农民社会保障资金实行区县（市）人民政府统筹，

其来源包括:

(一) 城区按征地面积收取每平方米 90 元的被征地农民社保费;望城区、长沙县、浏阳市、宁乡市在不低于每平方米 30 元的基础上,结合本地实际制定收取标准。

(二) 在征地补偿费(土地补偿费和安置补助费两项之和)中提取 10%作为社保资金。

(三) 被征地农民社会保障资金的利息及其增值收入。

(四) 其他可用于被征地农民社会保障的资金。

以上资金尚不足支付被征地农民社会保障费用的,由区县(市)财政兜底解决。

第三十二条　被征地农民社会保障资金的开支项目:

(一) 一次性缴纳的基本养老保险费;

(二) 一次性缴纳的基本医疗保险费和大病医疗互助费;

(三) 基本生活补助费;

(四) 养老、医疗保险补偿金。

第三十三条　被征地农民社会保障资金实行收支两条线管理,社保经办机构按照规定开设被征地农民社会保障资金收入户、支出户,财政部门按照规定开设被征地农民社会保障资金财政专户。

在用地手续报批前,由国土资源和人力资源社会保障部门根据征地面积按不少于每平方米 30 元的标准共同核定的被征地农民社会保障费,应足额缴纳至市非税收入管理局。市非税收入管理局每月 20 日前,将上月代收被征地农民社保资金拨付各区财政局被征地农民社保资金专户,并提供相应缴费明细。国土资源部门在实施公告发布前,按城区每平方米 60 元收取的社会保障费拨入区社保经办机构被征地农民社会保障资金收入专户,按 10%收取的征地补偿费应在实施公告发布之日起 3 个月内拨入区社保经办机构被征地农民社会保障资金收入专户,并提供相应缴费明细。

区社保经办机构应及时将收入专户社会保障资金划入同级财政专户,根据每月分类应支付的社会保障资金向同级财政申报,经同级财政审核后拨付到支出户;在每月月底前与国土资源部门、财政部门对账,明确资金项目,建立资金台账,确保项目账务清晰。

望城区、长沙县、浏阳市、宁乡市参照上述程序执行。

第三十四条　被征地农民社会保障资金应在实施公告发布前足额存入国

土资源部门在财政开设的征地补偿专用账户，未足额存入的，国土资源部门不得发布实施公告。

第三十五条　被征地农民社会保障资金实行专款专用、专户储存，任何单位和个人不得挤占、挪用、截留、转借或擅自将资金用于任何形式的直接投资。国土资源、人力资源社会保障、财政、审计部门每年要对被征地农民社会保障资金落实、使用情况进行审查，凡挤占、挪用、截留、转借被征地农民社会保障资金的，按照有关法律、法规处理。

第三十六条　国土资源、人力资源社会保障、民政、财政、卫生、公安等有关管理部门不依法履行职责的，由其上级主管部门责令限期改正，逾期不改正的，依法追究主管责任人员和其他直接责任人员的行政责任。

第三十七条　伪造证件或以其他手段骗取、虚领、冒领本办法规定的有关就业和社会保障资金的，由管理机构负责追回；构成犯罪的，依法追究刑事责任。

**第五章　附　则**

第三十八条　本办法从 2015 年 1 月 1 日起施行。本办法颁布前已发布实施公告的按原规定办理。

**【信息链接】**

媒体线索：

长沙市多举措抓征地补偿安置［EB/OL］. 法律教育网，http：//www. chinalawedu. com/web/2800/wl1510208695. shtml.

长沙市征地补偿实施办法［EB/OL］. 长沙市人民政府，http：//www. changsha. gov. cn/xxgk/yqhkfqxxgkml/jxjkq/fggw _4993/flfg _4994/200912/t20091229_81820. html.

长沙市征地补偿安置条例［EB/OL］. 长沙市人民政府，http：//www. changsha. gov. cn/xxgk/qsxxxgkml/kfq/qt_4647/201105/t20110509_49823. html.

长沙市人民政府关于印发《长沙市被征地农民就业培训和社会保障办法》的通知［EB/OL］. 长沙市人民政府，http：//www. changsha. gov. cn/xxgk/gfxwj/srmzf/201411/t20141125-668990. html.

长沙市征地补偿安置有关问题的规定［EB/OL］. 长沙市人民政府，http：//www. changsha. gov. cn/xxgk/gfxwj/srmzf/201510/t20151030 - 825798. html.

"两转变一纳入三同步"的成功实践［EB/OL］. 金锄头文库，https：//

www. jinchutou. com/p-40175998. html.
文章线索：
曾乐乎. 长沙市被征地农民安置模式的探讨［J］. 南方建筑，2006，7（8）：123-125.
张卫平. 长沙市征地补偿安置研究［D］. 长沙：湖南大学，2010.

## 10.4 就业安置模式

### 浙江省嘉兴市

**【案例摘要】**

随着嘉兴市第二、第三产业发展，土地流转承包（两分两换）将产生大量的失地农民。为统筹解决失地农民的再就业与社会保障问题，保持就业的新一轮新政的延续性，嘉兴市出台了相关新政策：失地农民中的“40、50”人员，如实现灵活就业的，可按城镇失业人员社保补贴。该政策规定只要失地农民自己灵活就业，并缴纳了社会保险的，就可到就业管理服务处申请办理享受补贴。另外，自谋职业的还可享受小额低息贷款、享受城镇失业人员的就业援助政策，还可免费参加各类职业技术培训和择业观念培训，免交工商等有关规费。

**【案例介绍】**

嘉兴市位于浙江省东北部、长江三角洲杭嘉湖平原腹心地带，是长江三角洲重要城市之一，处于江河湖海交汇之位，扼太湖南走廊之咽喉，与沪、杭、苏、湖等城市相距均不到百千米，在上海、杭州中间，区位优势明显。但嘉兴市要想有更好的经济发展，需要先解决城市化中农民因地失业的现状。

目前，嘉兴市有3900名以上“40、50”失业农民人员，在2000余家企业实现再就业并享受补贴，有1100多名“40、50”人员在政府开发的各类公益性岗位上实现了再就业。2009年，公益性岗位向失地农民开放适用年龄从原来的“40、50”调整为“45、55”。也就是说，自2009年起，招聘对象为女性45周岁、男性55周岁以上的就业困难人员。嘉兴市是嘉兴各县市中公益性岗位最多、补助最高的，甚至超过了嘉兴市本级。每年政府用于公益性岗位补助的资金超过1400万元。但有限的公益性岗位还是不能满足需求，甚至出现了招1个岗位10多人报名的情况。因此，市里决议把公益性岗位适用年龄往后推5年，以解决最困难的劳动年龄段。且该岗位扩大了享受面，增加了流动性，并便于用人单位管理。

政府还将继续开发岗位，能让更多的困难人员再就业。失地农民中的“45、55”人员可进入政府开发的公益性岗位就业，与城镇失业人员一样享受岗位补贴、社保补贴至法定退休年龄。

另外，在继续做好原城镇国有、集体企业失业人员中就业困难人员、失地农民、零就业家庭成员就业援助的基础上，再增加四类就业援助对象：

一是登记失业一年以上的，男性 50 周岁及以上、女性 40 周岁及以上的无地失业人员。

二是就业转失业的复员转业军人中登记失业 6 个月以上的，男性 50 周岁及以上、女性 40 周岁及以上的人员。

三是城乡低保边缘户失业人员中男性 50 周岁及以上、女性 40 周岁及以上的人员。

四是登记失业的赡养患有重大疾病的直系亲属中的一名人员。

符合条件的援助对象可到市就业管理服务处申请办理《就业援助证》，政府将为其就业提供更多的支持，这大大改善了因地失业农民的就业情况，增加了农民收入。

**【社会评价】**

嘉兴市对于失业农民采取就业安置的模式大有裨益。作为沿海地区经济较为发达的地区，嘉兴市对于失业农民再就业进行了培训，使其适应新经济发展的特点。一方面，就业培训提高了劳动者的素质；另一方面，为新的经济发展方式提供了人才储备。掌握一门技术，使之成为谋生的依靠远比体力劳动来得轻松。这不仅仅是对身体的解放，也是对精神的培养，对整个地区经济的发展有着重要意义。

**【政策文件】**

### 嘉兴市征地制度改革试点方案（节选）

随着我市经济社会事业的不断发展，城市化、工业化水平的不断提高，国家建设用地大量增加。2001 年全市新征用集体土地 4.6 万亩。在征地工作中，各级根据《土地管理法》的规定，正确处理国家、集体和个人的三者利益关系，切实保障建设用地，有力地促进了全市经济社会的持续健康发展。

但是，现行的征地制度还存在着不少缺陷，如征地补偿标准偏低、人员安置办法不完善、征地程序烦琐、征地周期长等。针对上述情况，结合本市实际，提出以下征地制度改革试点方案。

一、征地制度改革的指导思想

…………

三、征地制度改革的目标、内容

目标一：进一步完善被征地人员的安置办法，维护农民的合法权益，建立适应社会主义市场经济的社会保障体系。

…………

2. 不再向被征地村集体及农民直接支付安置补助费，而由市、县政府根据当地实际，区别被征地人员的不同情况，规定不同的具体安置补助标准，并将该费用划入劳动保障部门设立的“安置费”专户，实行封闭运行，真正落实到被安置人员个人。

…………

（二）具体办法

…………

第三，对在征地时男16~45周岁、女16~35周岁的被征地人员，户口“农转非”，安置方式可选择：（1）自谋职业加养老保险。一次性发给部分自谋职业费，并按其在农村劳动年限（16周岁起算），一次性缴纳养老保险统筹费，最高为15年，由本人继续参加基本养老保险和大病医疗保险。两年后没有职业的，可申领《失业证》。（2）自主择业。征地时发给《征地人员手册》（凭该手册可享受与城镇失业人员《失业证》同等待遇，即在市区范围内可享受招工、经商、税收等方面的各项优惠措施），直接进入劳动力市场，并按其农村劳动年限，每满两年为其购买一年养老保险统筹费，最高为15年。对未就业者每月发放生活补助费和医疗包干费，最长不超过两年。

第四，对在征地时16周岁以上的被征地人员，自愿办理自谋职业手续的，一次性发给全部自谋职业费，由本人继续参加基本养老保险和大病医疗保险。两年后没有职业的，可申领《失业证》。

第五，对在征地时未满16周岁的被征地人员或在校学生，给予办理“农转非”，当其进入劳动年龄或学习毕业后，发给《失业证》，进入劳动力市场。

**【信息链接】**

媒体线索：

根据《嘉兴市征地制度改革试点方案》，“两公告”改为“一公告”［EB/OL］. 嘉兴市国土资源局，http：//www. jxgtzy. gov. cn/tdsc/jsydsp/zdbcazfagg/201111/t20111124-339772. html.

嘉兴失土农民就业利好政策多［EB/OL］. 海宁日报，http：//hnrb. zj ol. com. cn/hnrb/html/2009-08/31/content_31846. html.

## 10.5　住房安置模式

### 10.5.1　江苏省南京市江宁区

**【案例摘要】**

江苏省南京市江宁区为推进城市规划发展顺利进行和推动本地区环境保护，决议在征收房屋的过程中维护市民的权益，依法整改和给予补助，成立联合确认组（由区征收办牵头法制办、审计机构、项目实施单位、项目建设单位以及项目所在街道（园区）等相关单位组成）。对有特殊原因或疑难复杂情况的补偿与安置，须联合确认组进行联合确认，并形成会议纪要。对涉及违法建设的，由项目实施单位牵头相关部门对违法建设作出认定，并适时组织拆除。

**【案例介绍】**

江宁区位于南京市中南部，是国家重要的科教中心和创新基地，国家东部地区重要的交通物流枢纽和空港枢纽。江宁区全区户籍户数 370074 户，实际控制面积为 15. 73 万公顷，其中农用地 11. 03 万公顷，包括耕地 5. 85 万公顷、园地 0. 25 万公顷、林地 2. 41 万公顷、其他农用地 2. 52 万公顷。江宁区的房屋拆迁主要有以下措施：

一是装修补偿。被征收房屋的装修补偿费可按联合确认面积给予不超过 500 元/平方米的装修统价补偿，具体标准根据不同项目、区位进行确定，由实施单位在项目实施方案中予以明确。被征收房屋联合确认面积的实际装修标准高于统价标准的，委托估价机构评估给予补偿。

二是特别困难补助。对患有重大疾病或经认定为特困户的被征收人，在签约期限内签约并搬迁的，由个人申请并提供相关证明材料，街道、社区提出特别困难补助方案，经联合确认公示后无异议的，给予特别困难补助。放弃申购征收安置房的，放弃部分按照不超过原房补偿款和购房补偿款 20%给予奖励。

三是被征收人没有新建房屋，在规定期限内签订协议并搬迁的，可给予不超过 10 万元每户的奖励，具体方式应在实施方案中明确。

针对企业房屋征收也拟定了以下相关措施：

一是被征收企业房屋面积。被征收企业持有房屋产权证或集体土地使用证、建设用地规划许可证、建设工程规划许可证，按照证载面积或批准的建筑面积进行认定。被征收企业的房屋建筑面积由街道、社区初步认定后，由区征收办牵头相关部门进行联合确认，并在项目所在地公示。

二是被征收企业、生产设备、装修及附着物的补偿与补助。被征收企业的房屋、装修及附着物的补偿标准，委托估价机构评估。对无法进行搬迁和再次安装使用的生产设备，经联合确认后，由估价机构评估或行业协会认证后给予补偿。补偿后的生产设备由项目征（用）地单位处置。

三是无权证企业房屋的处理。2011 年 10 月 1 日前，具有租地协议、营业执照、纳税证明且房屋实际用于生产的企业，在第一时间段内完成签约并搬迁的，可参照权证企业房屋标准给予补助；第二时间段内签约并搬迁的，给予标准的 80%补助；第三时间段内签约并搬迁的，给予标准的 50%补助。在规定期限内未签约搬迁的，涉及违法建设的，按违建房认定处理。奖励时间段由实施单位在项目实施方案中予以明确并在项目所在地公告。

**【社会评价】**

江宁区征地安置模式主要以补助和赔偿为主。这种做法很直接，居民因拆迁而得到相应的补偿，可以选择好的房屋开始更高水平的生活。但也存在着一些失业者因为有了一笔不菲的赔偿而产生浪费、赌博等不良行为。因此，这种补偿方式有利有弊，除了给予房屋补偿外，还可以采取就业培训等措施从技能和精神方面使居民有更好的发展。

**【政策文件】**

**南京市江宁区征收集体土地涉及房屋补偿安置实施办法（节选）**

…………

**第四章　补　偿**

第二十四条　实施单位在征收集体土地涉及房屋补偿安置前，应对征收集体土地涉及房屋及附属设施组织调查登记。

征收集体土地涉及房屋由有资质的机构进行测绘。

第二十五条　住宅房屋实行货币补偿的，其征收补偿款由原房补偿款和购房补偿款两部分组成。

原房补偿款由确定的评估机构进行评估。购房补偿款标准按照征收安置房安置价格的一定比例确定。征收安置房价格由征（用）地单位会同实施单位申报，由物价部门审批。征收安置房安置价格低于 4000 元每平方米的，按其价格的 80%确定；高于（含）4000 元低于 5000 元每平方米的，按其价格的 82%确定；高于（含）5000 元低于 6000 元每平方米的，按其价格的 84%确定；高于（含）6000 元每平方米按其价格的 86%确定。

住宅房屋放弃申购征收安置房的，应当在补偿安置协议中予以明确，协议公证后，方可领取货币补偿款。放弃申购部分，给予适当奖励，具体标准由实施单位在实施方案中明确。

第二十六条　被征收人持有宅基地集体土地使用证和房屋产权证（含建房许可证，下同）或建房手续齐全的，按照本实施办法给予补偿。补偿以前述两证所载的合法房屋建筑面积为依据。

被征收人原合法住宅房屋建筑面积超过 240 平方米的，超出部分只支付原房补偿款。

第二十七条　被征收人依法应享有“一户一宅”权益，但权证不齐全的，先由所在街道根据房屋建设时的相关法律法规及政策规定进行初步认定，再由区征收办牵头相关部门（单位）进行联合确认。

第二十八条　住宅房屋原则上实行货币补偿申购征收安置房。不具备货币补偿申购征收安置房条件的，可实行统拆自建，其征收补偿款由原房补偿款和建房补助款两部分组成。征（用）地单位在此基础上，应当缴纳公用设施配套费，由所在街道包干使用，专项用于公用设施配套建设。

实行统拆自建的新宅基地使用农用地的，征（用）地单位还应支付办理农用地转用手续等有关费用。新宅基地面积，具体控制标准按照《关于开展规划布点村规划管理工作的通知》（江宁政办发〔2015〕79 号）执行。

第二十九条　对用地与建设手续合法、具备工商营业执照、民办非企业单位法人登记证书或事业单位法人资格的非住宅房屋，按照下列规定进行货币补偿：

（一）非住宅房屋的原房补偿款由确定的评估机构进行评估。对拆除非住宅房屋后无法进行搬迁和再次安装使用的设备，由评估机构评估或区物价价格认证中心认定后确定。补偿后的生产设备由征（用）地单位处置。

（二）非住宅房屋中营业用房的设施搬迁费用给予不超过征收补偿款 2%的补偿，停业补偿费用给予不超过征收补偿款 8%的补偿；非营业用房的设备拆除、安装和搬迁费用给予不超过征收补偿款 8%的补偿，停业补偿费用给予不超过征收补偿款 5%的补偿。

非营业用房中非营利性的学校、医院、养老机构等，按照非住宅房屋征收补偿款标准1.5倍计算；上述单位确需复建的，按相关规定和程序，依据城乡规划建设。

（三）对特殊设备拆除、安装和搬运费，和被征收人协商同意后，可委托有资质的专门机构进行评估，按评估结果给予补偿。

（四）被征收人将房屋出租的，实施单位仅对被征收人进行补偿。承租人因停业、设备拆除、安装和搬迁造成的损失，按照出租协议的约定处理；双方未约定的，由被征收人与承租人根据实际情况协商解决。

第三十条　被征收人房屋用于营业的，须提供工商营业执照。联合确认后的营业面积部分，另增加其原房补偿款50%给予停业损失补偿。

第三十一条　住宅房屋实行货币补偿和统拆自建的，应向被征收人支付搬家费、过渡费及原房电话、空调、有线电视等设备拆移补偿费以及拆除管道煤气补助费和电增容工料费等费用，具体补偿标准按《南京市江宁区人民政府关于公布征收集体土地涉及房屋补偿标准通知》（江宁政规发〔2016〕3号）执行。

被征收人原房有装修和附着物的，可采取综合价补偿或评估后给予货币补偿，具体在实施方案中明确。

住宅房屋被征收人提前搬迁的，按照签约时间段给予适当奖励，由实施单位在实施方案中明确。

## 第五章　安　置

第三十二条　被征收人可按不超过证载面积或联合确认面积申购征收安置房。原则上同一项目按照协议签订的先后顺序确定选房顺序。

住宅房屋被征收人同一宅基地户籍家庭人口较多、住房特别困难等，可按人均45平方米申购征收安置房，申购面积超过证载面积或联合确认面积的，被征收人按原房补偿款价格购买，不足部分由征（用）地单位补足。

实施单位对征收安置房申购人的申请资料进行汇集和初审后，报区征收办审核。

第三十三条　征（用）地单位提供的征收安置房，应将房屋套型、建筑面积、结算方式在实施方案中明确。

## 南京市江宁区征收集体土地涉及房屋补偿安置实施细则
## （江宁政办发〔2016〕165号）

（一）被征收人的认定

1. 对持有房屋产权证、集体土地使用证或建房许可证的，根据证载登记的产权人认定为被征收人。

2. 一份产权登记上既有产权人又有共有人的，按产权人认定为被征收人。

3. 产权人已去世的，按共有人认定为被征收人；产权人（共有人）均去世的，按法定继承人认定为被征收人。

4. 世居房由街道、社区确认，经公示无异议后其所有人认定为被征收人。

5. 符合建房条件，未办理相关手续的住宅房屋，依据村镇房屋建设相关规定，经街道、社区初步认定，由区征收办牵头相关部门进行联合确认，并公示无异议后，其所有人认定为被征收人。

（二）被征收人家庭人口的认定

1. 被征收人及家庭成员为被征收区域常住户口，且为本集体经济组织成员。

2. 被征收人家庭成员中虽无常住户口，但属于下列情形之一的人员，经街道、社区确认并公示无异议后，可计入家庭人口。

① 原常住户口在征收区域内符合规定的现役士兵；

② 原常住户口在征收区域内符合规定的在校大、中专学生；

③ 原常住户口在征收区域内符合规定的服刑人员。

3. 被征收人配偶、父母及子女为原集体经济组织成员，在本项目征收区域内实际居住，其户口在本市范围内且无其他住房的，出具相关证明材料，经街道、社区确认并经公示无异议后，可计入家庭人口。

（三）被征收人家庭自然分户的原则

1. 被征收人的父母、已婚子女，符合家庭人口认定条件的，可自然分户。达到法定婚龄的未婚子女，可照顾分户。

2. 家庭分户应当在审定总面积中按自然间分割，分割面积原则上不少于 30 平方米。

3. 世居房、遗产继承的不予分户。

（四）单元套房的认定

经镇、街批准，统一在集体土地上建设出售的单元套房不予分户，货币补偿后可结合征收安置房套型进行申购。

（五）房屋认定的原则

房屋认定面积原则上一人户不超过 120 平方米；二人户不超过 180 平方米；三人及以上户按人均不超过 80 平方米认定。

（六）联合确认制度

1. 征收项目成立联合确认组，由区征收办牵头法制办、审计机构、项目实施单位、项目建设单位以及项目所在街道（园区）等相关单位组成。

2. 对有特殊原因或疑难复杂情况的补偿与安置，须联合确认组进行联合确认，并形成会议纪要。

**【信息链接】**

媒体线索：

南京市江宁区征收集体土地涉及房屋补偿安置实施办法［EB/OL］. 个人图书馆，http：//www.360 doc.com/content/18/0126/15/41102960-725284887.shtml.

南京市江宁区征收集体土地涉及房屋补偿安置实施细则［EB/OL］. 南京市江宁区人民政府，http：//www.jiangning.gov.cn/jnqrmzf/201810/t20181022_587863.html.

### 10.5.2 安徽省合肥市瑶海区

**【案例摘要】**

为完成合肥市瑶海区征收集体土地任务，落实相关政策，争取做到按标准合理进行补偿安置和完善家庭联产承包制度，以及完善相关土地产权，尤其是自有产权可以选择产权调换，也可以选择货币补偿。此项措施适用于合肥市瑶海区、庐阳区、蜀山区、包河区行政区域内（含高新技术产业开发区、经济技术开发区、新站高新技术产业开发区等）被征收集体土地上房屋补偿安置工作。

**【案例介绍】**

瑶海区隶属于安徽省合肥市，位于合肥市主城区东部，东接肥东县，西、南滨南淝河，北邻长丰县、新站区，辖 11 个街道、1 个镇、1 个开发区，主管区域面积 70 平方千米，2012 年常住人口 90 万人。为保护土地所有者的权益，实现土地利用效益最佳化，完善征收集体土地房屋补偿工作，主要措施如下：

1. 完善补偿安置规定

个人在宅基地上建设的房屋，按照住宅房屋认定。乡（镇）村公共设施、公益事业以及乡镇企业在集体建设用地上建设的房屋，按照非住宅房屋认定。征收集体土地涉及宅基地上房屋补偿，按照下列规定情形计算有效面积：房屋面积大于人均 60 平方米建筑面积的，按照人均 60 平方米建筑面积计算有效面积。房屋面积小于人均 60 平方米大于人均 30 平方米建筑面积的，按照人均实有面积计算有效面积。房屋面积小于人均 30 平方米建筑面积的，房屋安置对象可按 200 元/平方米申请补齐至人均 30 平方米建筑面积后计算有效面积。因私自交易等原因造成房屋面积小于人均 30 平方米建筑面积的，按照实有面积计算有效面积。

2. 计算有效面积的人员为符合本办法规定的房屋安置对象

乡（镇）村公共设施、公益事业以及乡镇企业的房屋应当依据县级（含）以上人民政府批准文件确定合法有效面积。已使用集体土地兴办乡（镇）村公共设施、公益事业或者乡镇企业，经所在农村集体经济组织同意，由乡（镇）人民政府审核后，可确定为有效面积。

3. 依法享有家庭联产承包土地，补偿房屋属于自有产权

国家和省级水利水电工程建设移民，经县级（含）以上人民政府批准落户的人员，可在迁入地认定为房屋安置对象。房屋安置对象的家庭户中，有属于直系亲属的，可视为房屋安置对象。但已在其他征地项目中获得房屋补偿安置或者已享受房改售房等住房福利政策的人口除外。

4. 原在当地享有承包土地，从征地范围迁出后在城市落户的人员本人

本人、房屋安置对象可以选择产权调换，也可以选择货币补偿。选择产权调换的，规定计算有效建筑面积后，对房屋安置对象按照人均 30 平方米建筑面积实行产权调换，产权调换后的剩余有效建筑面积按照单位平方米造价予以补偿。因交易等原因造成原房屋面积小于人均 30 平方米建筑面积的，按照交易后剩余面积实行产权调换。单位平方米造价按照市政府公布的标准执行。

**【社会评价】**

瑶海区的补偿方式具有较大的灵活性，居民可以选择产权调换或者货币补偿。另外，这种方案具有较大的普适性。这是对家庭联产承包责任制度的继承和新的发展。产权调换后居民可以选择出售或获得补偿，就两种方式对比而言，货币补偿具有直接性，但同时对社会和个人也具有更大的潜在的不利，有的人会用补偿做违法的事；产权的调换则具有一定的稳定性。为了推行这一项措施在多地区的顺利展开，需要政府加大对房屋征收补偿安置方案的宣传，遵循居民意愿，做到公开公正。

**【政策文件】**

### 合肥市被征收集体土地上房屋补偿安置办法（节选）

### 第一章　总　则

…………

第二条　本办法适用于本市瑶海区、庐阳区、蜀山区、包河区行政区域

内（含高新技术产业开发区、经济技术开发区、新站高新技术产业开发区，以下统称市区）被征收集体土地上房屋补偿安置工作。

第三条　市政府负责市区被征收集体土地上房屋补偿安置总体工作。

各区人民政府（含受市政府委托的高新技术产业开发区管委会、经济技术开发区管委会、新站高新技术产业开发区管委会，下同）负责本区域内被征收集体土地上房屋补偿安置工作。区人民政府组织落实本级有关部门和乡（镇）政府、街道办事处、开发区社区管委会作为实施单位，承担本区域内被征收集体土地上房屋补偿安置的具体工作。

市国土资源管理部门会同市城乡建设管理部门负责被征收集体土地上房屋补偿安置的管理和监督工作。

市农业、公安、监察、民政、财政、人社、审计、规划、房产、土地储备等单位按照各自职责分工，协同做好被征收集体土地上房屋补偿安置相关工作。

## 第二章　实施程序

第四条　征收集体土地涉及房屋补偿安置工作的，区人民政府应当在《征地补偿安置方案公告》公布后，拟定《被征收土地上房屋补偿安置方案》，并在征地范围内公开征求意见，征求意见时间不得少于15日。

征求意见后，区人民政府应当持下列材料，向市国土资源管理部门申请审核《被征收土地上房屋补偿安置方案》：

（一）征地批准文件及经核准的用地范围图；

（二）《被征收土地上房屋补偿安置方案》及公示材料、照片；

（三）补偿安置方案征求意见情况和修改情况；

（四）其他需要提交的材料。

市国土资源管理部门审核通过后，区人民政府应发布实施公告，内容包括实施单位、实施范围、实施期限、补偿安置方案等事项。

第五条　实施公告发布之日起，下列情形不作为补偿的依据：

（一）新建、扩建、改建房屋；

（二）改变房屋、土地用途；

（三）房屋析产、转让、租赁、抵押；

（四）迁入户口或者分户（因婚姻、出生、大中专毕业、退役军人、刑满释放等原因迁入户口的除外）；

（五）新申领的工商营业执照、民办非企业单位法人登记证书或事业单位法人资格；

（六）其他不当增加补偿利益的行为。

区人民政府应当将前款所列事项及时通知有关部门停止办理相关手续。

第六条　实施单位应当依照市相关规定将房屋补偿安置内容，在征地范围、区人民政府和市国土资源管理部门门户网站、《合肥晚报》或《合肥日报》进行公示。

## 第三章　补偿安置

第七条　个人在宅基地上建设的房屋，按照住宅房屋认定。乡（镇）村公共设施、公益事业以及乡镇企业在集体建设用地上建设的房屋，按照非住宅房屋认定。

征收集体土地涉及宅基地上房屋补偿，按照下列规定情形计算有效面积：

（一）房屋面积大于人均 60 平方米建筑面积的，按照人均 60 平方米建筑面积计算有效面积。若房屋已办理《建设工程规划许可证》或者《农房建筑执照》等合法证照且证载面积大于人均 60 平方米建筑面积的，按照证载面积计算有效面积。

（二）房屋面积小于人均 60 平方米大于人均 30 平方米建筑面积的，按照人均实有面积计算有效面积。

（三）房屋面积小于人均 30 平方米建筑面积的，房屋安置对象可按 200 元/平方米申请补齐至人均 30 平方米建筑面积后计算有效面积。因私自交易等原因造成房屋面积小于人均 30 平方米建筑面积的，按照实有面积计算有效面积。

计算有效面积的人员为符合本办法规定的房屋安置对象。

乡（镇）村公共设施、公益事业以及乡镇企业的房屋应当依据县级（含）以上人民政府批准文件确定合法有效面积。1987 年《土地管理法》实施前，已使用集体土地兴办乡（镇）村公共设施、公益事业或者乡镇企业，经所在农村集体经济组织同意，由乡（镇）人民政府审核后，可确定为有效面积。

第八条　征收集体土地涉及宅基地上房屋补偿安置的，对同时符合下列条件的人员认定为房屋安置对象，予以住宅房屋补偿安置。但已在其他征地项目中获得房屋补偿安置的，不得重复安置：

（一）依法享有家庭联产承包土地；

（二）补偿房屋属于自有产权；

（三）公告时属于征地范围内常住户籍人口（含全日制在读大中专学生、现役士兵、正在服刑人员和就地征地“农转非”人员）。

国家和省级水利水电工程建设移民，经县级（含）以上人民政府批准落户的人员，可在迁入地认定为房屋安置对象。

第九条　符合本办法第八条房屋安置对象的家庭户中，有属于下列情形的直系亲属，可视为房屋安置对象，但已在其他征地项目中获得房屋补偿安置或者已享受房改售房（含全额或差额集资建房、经济适用房）等住房福利政策的人口除外：

（一）本办法第八条规定人员的具有中国国籍的配偶及共同婚生子女，在公告前户籍已迁入征地范围内依法收养的子女。

（二）原在当地享有承包土地，从征地范围迁出后在城市落户的人员本人。本人、配偶及其共同生活的未初婚子女户籍在合肥市的，配偶、子女可按建筑安装综合成本价人均购买30平方米建筑面积。现役军官的补偿参照本项规定执行。

（三）符合计划生育政策的胎儿（其生母应当属于房屋安置对象，并且在实施公告前已怀孕）。

第十条　被征收集体土地上房屋补偿安置以实施公告发布之日作为界定房屋安置对象的截止时间。

第十一条　房屋安置对象可以选择产权调换，也可以选择货币补偿。

（一）选择产权调换的，原房屋依据本办法第七条规定计算有效建筑面积后，对房屋安置对象按照人均30平方米建筑面积实行产权调换，产权调换后的剩余有效建筑面积按照单位平方米造价予以补偿。因交易等原因造成原房屋面积小于人均30平方米建筑面积的，按照交易后剩余面积实行产权调换。单位平方米造价按照市政府公布的标准执行。

产权调换后，房屋安置对象可按800元/平方米人均申请增购15平方米建筑面积。

（二）选择货币补偿的，按对应安置房屋所在区域房地产市场评估基准价乘以应安置面积予以补偿。应安置面积依据本条第（一）项规定进行计算（含按800元/平方米人均申请增购15平方米建筑面积）。

依据第九条第（二）项规定按建筑安装综合成本价购买30平方米建筑面积的，应扣减未支付的建筑安装综合成本价款。

第十二条　对不符合本办法第八条、第九条规定房屋安置对象认定的人员，由各区人民政府结合项目和区域政策情况，妥善解决搬迁问题。

第十三条　征收集体土地涉及乡（镇）村公共设施、公益事业以及乡镇企业非住宅房屋，对合法有效面积按房屋造价评估结果予以补偿，不予房屋安置。

第十四条　房屋补偿涉及不可拆卸的附属物、构筑物，按照市政府公布的补偿标准协商补偿。协商不成的，按照公告之日市场评估价予以补偿。

第十五条　住宅房屋实行产权调换的，过渡期限由房屋安置对象与实施单位在补偿安置协议中约定。实际过渡期自房屋安置对象交房之月起，至实施单位发布房屋安置公告时止。实际过渡期内，房屋安置对象自行过渡的，实施单位应当按照以下方式计算支付临时安置费：

（一）过渡期限 18 个月以内按照规定标准支付；

（二）超过 18 个月不满 30 个月的，自第 19 个月起按照规定标准的 50% 增付临时安置费；

（三）超过 30 个月的，自第 31 个月起按照规定标准的 100% 增付临时安置费。

实行现房安置或者房屋安置对象选择货币补偿的，按照规定标准支付 3 个月临时安置费。

住宅房屋临时安置费，按照应安置房屋建筑面积（不含按建筑安装综合成本价购买的面积）计算。集体性质非住宅，不予临时安置费补偿。临时安置费按照市政府公布的标准执行。

第十六条　住宅房屋按规定支付 2 次搬迁费，搬迁费按照市政府公布的标准执行。

对公告时仍利用住宅房屋开展生产经营活动，并已取得工商营业执照且符合安全生产等规定的，可由实施单位委托有资质的资产评估机构对生产经营设施现值进行评估（已报废设施不予评估），经所在村（居）委会公示 5 个工作日且无异议后，可按照评估结果的 10% 一次性支付搬迁费。集体性质非住宅搬迁费，参照执行。

第十七条　房屋安置对象应当在实施公告确定的期限内按时搬迁，并与实施单位在签约期限内依照本办法就安置方式、安置人口、安置地点和应安置面积、补偿金额、搬迁费、过渡方式和过渡期限、临时安置费、搬迁期限等事项订立补偿安置协议。

第十八条　房屋安置对象按时搬迁的，实施单位可给予奖励。具体奖励标准由各区人民政府自行制定。

第十九条　房屋安置对象对补偿行为不服的，可以依法申请行政复议，也可以向法院提起诉讼。

第二十条　违反土地管理法律、法规规定，阻挠国家建设征收土地的，由区人民政府提请市国土资源管理部门责令交出土地；拒不交出土地的，由项目所在区人民政府提请市国土资源管理部门申请法院强制执行。实施强制执行前，区人民政府应当责成实施单位就申请执行房屋补偿的有关事项，向公证机关办理证据公证。

第二十一条　各级财政、审计部门应加强对房屋补偿安置资金管理使用情况的监督检查。

## 第四章　法律责任

第二十二条　实施单位及其工作人员、相关部门及其工作人员及房屋安置对象，应严格遵守本办法相关规定。违反本办法相关规定的，依照有关法律法规进行处理；构成犯罪的，依法追究刑事责任。

## 第五章　附　则

第二十三条　本办法涉及的房屋价格评估机构与市国有土地上房屋征收房地产价格评估机构名单共享。

第二十四条　肥东县、肥西县、长丰县、庐江县、巢湖市、合肥巢湖经济开发区可参照本办法执行。

第二十五条　本办法由市国土资源及城乡建设管理部门负责解释。

第二十六条　本办法施行前已启动但尚未结束的补偿安置项目，仍按原政策或项目补偿方案执行。

第二十七条　本办法自印发之日起施行，有效期2年。

**【信息链接】**

媒体线索：

合肥市房屋征收补偿安置方案及解读一览［EB/OL］. 每日财经网，http：//www. mrcjcn. com/n/262614. html.

合肥市被征收集体土地上房屋补偿安置办法［EB/OL］. 合肥市人民政府，http：//www. hefei. gov. cn/xxgk/17502/2018/dyh_31285/szfwj_31290/201801/t20180130_2472442. html.

## 10.6　移民安置模式

### 云南省怒江傈僳族自治州

**【案例摘要】**

水电移民是一项艰巨而复杂的社会系统工程，对怒江州而言，更是一项移民、扶贫、生态“三位一体”的复杂而庞大的系统工程。怒江州水能资源丰富，州委、州政府结合州情，审时度势，提出“三基地、一品牌”战略目标，制定了“二次跨越”发展战略。

**【案例介绍】**

怒江傈僳族自治州位于云南西北部，东连迪庆藏族自治州、大理白族自治州、丽江地区，西邻缅甸，南接保山地区，北靠西藏自治区察隅县，境内国境线长 449.46 千米，是全国唯一的傈僳族自治州。

围绕怒江、澜沧江干流水电开发的需要，全州水电移民安置工作始终以科学发展观为统领，坚持“电矿强州”的发展思路，以加快实现怒江“二次跨越”发展战略为目标，以服务“国家级水电基地建设”为己任，按照科学移民的要求，探索水电移民的“怒江模式”，破解水电移民难题，加快推进怒江、澜沧江流域水电开发进程，移民安置“怒江模式”初步形成，特别是在水电移民政策研究、基础设施建设、干部队伍培养上呈现良好势头。其做法主要有以下几个方面：

解放思想理思路。以解放思想大讨论为契机，把怒江水电开发放到事关国家能源安全、事关构建云南水电产业大省、事关怒江经济社会发展的大局中，进一步深化对世情、国情、州情的认识，通过广泛学习、汲取国际国内、省内省外关于水电移民的历史经验，及时开展本州境内两江干流规划的 11 座电站预可阶段的实物指标调查和移民安置规划设计工作，并在广泛调研的基础上，确定了怒江移民工作总体思路。

团结务实抓管理。一是实施“七型”移民干部队伍建设，围绕总体目标，按年度、分阶段、有步骤、有措施地落实队伍建设计划，着力打造一支学习进步型、服务奉献型、团结奋进型、务实高效型、开拓创新型、廉洁勤政型、诚信责任型的高素质移民干部队伍。二是围绕科学管理的要求，研究制定一系列制度机制，确保机关高效率。制定出台了《怒江州移民干部行为规范》《怒江州移民开发局工作守则》等一系列制度，建立了“三清三高一争创”

的工作机制。三是以实施四项制度为契机，通过开展法治政府、责任政府、阳光政府、效能政府等一系列制度举措，着力提升机关服务质量和效率。

学用结合强素质。学习是提高素质、增强能力的唯一渠道，是做好工作的必要前提。一是强化政治理论学习。二是加强业务学习。通过对移民政策法规、规程规范、规划报告等业务内容的认真学习，有效提升干部的业务素质。三是拓宽学习形式。坚持理论学习与实践相结合、边学边干、以干促学的原则，紧紧抓住一切学习机会提升素质。四是突出学习成效。把学习所得运用于工作，初步实现了干部队伍由外行向内行的转变，完成了《怒江干流水电站规划建设淹没及移民安置基本情况及 1∶25 万移民安置基本情况图》《水电建设移民知识 500 问》《怒江州水电建设移民开发安置学习手册》等 18 份专题报告。

开拓进取创模式。坚持以科学发展观为统领，遵循以人为本的原则，按照实事求是、可持续发展要求谋划移民工作。在广泛收集国内外、省内外大中型水电建设成功经验和认真研究水电移民政策，认真分析州情和移民特性的基础上，解放思想、实事求是、敢为人先，开展移民安置政策、模式的探索研究。

强化协调聚合力。做好协调配合，是确保移民这个复杂的社会系统工程得以顺利推进的重要保证。为此，州移民局始终把协调沟通联系作为一项重要工作。一是积极与省移民局进行沟通协调。二是积极与设计院、监理、项目业主等进行沟通协调。三是积极与涉及县的地方党委政府进行沟通协调，进一步统一思想，充分调动积极性。四是积极争取移民资金项目。

宣传动员聚民心。通过《怒江州移民工作简讯》等平台唱响怒江水电开发主旋律。怒江水电开发自 2005 年起被社会广泛关注，一些非政府组织和伪环保人士就移民和环保问题对其进行了舆论攻击。所以要充分利用《怒江州移民工作简讯》、怒江州移民局门户网站等平台，大力宣传水电作为清洁能源的优势和水电开发对国家省州的重要作用，及时报道移民工作进展情况。

真抓实干树形象。一是把“三个一”主线贯穿移民工作的始终。二是明确责任，狠抓落实。三是努力为移民工作创建优良的基础环境。

**【社会评价】**

贫困、地质环境条件恶劣和自然灾害是怒江傈僳族自治州（简称怒江州）发展的症结，恶劣的地理地质生态环境和频发的自然灾害导致边疆民族群众贫困，贫困又加剧生态环境恶化。由此形成恶性循环，成为长期制约怒江州发展的瓶颈。在新常态下，要实施怒江州生态移民，推进民族特色的山地小城镇发展安置移民，转变陡坡农垦生产方式，消除发展瓶颈，闯出一条跨越式发展的路子来，使怒江州实现云南省委、省政府提出的到 2020 年完全解决贫困的任务目标，率先建成云南“生态文明建设的排头兵，民族团结进步示范区”。

**【政策文件】**

**云南省人民政府办公厅关于印发云南省完善大中型水库移民后期扶持政策实施方案及相关暂行办法的通知**

**（云政办发〔2007〕8 号）（节选）**

一、大中型水库移民现状及落实后期扶持政策的指导思想、基本原则和总体目标

（一）我省水利水电工程移民的基本情况

在党中央、国务院的正确领导下，在国家有关部门的大力帮助和支持下，我省水利水电事业发展迅速，为全省经济社会发展奠定了重要基础。目前，我省建成和在建大中型水利水电工程共 194 件，其中水利工程 171 件、水电工程 23 件（含百色水利枢纽工程）。同时，还建成小（一）型水库 911 座，小（二）型水库 4283 座，小型水电站 754 座，其他各类水利工程 100 多万件，初步形成了供水、灌溉、防洪、排涝、发电等工程体系。与此同时，也形成了大量的水利水电工程移民，截至 2006 年 6 月 30 日，我省大中型水利水电工程农村移民现状人数为 32.19 万人，其中，水利移民 18.91 万人，水电移民（含百色水利枢纽工程）13.28 万人；另有小型水库农村移民现状人口 9.6 万人，小型水电农村移民现状人口 4.2 万人。大中型水利水电工程移民大多数非常贫困，其中有 68 件工程分布在 47 个国家级贫困县，核定农村移民 5.9806 万人，占 32%；全省大中型水库农村现状移民人均纯收入 924 元，仅为全省农民人均纯收入 2042 元的 45%；农村移民中大多数耕地较少，人均占有耕地 1.1 亩；移民安置区基础设施较差，有 1773 个移民村组不通机耕路，133 个移民村组不通电，10.5843 万移民存在饮水不安全问题，占农村现状移民人数的 56.21%。

（二）指导思想和基本原则

1. 指导思想。以邓小平理论和“三个代表”重要思想为指导，全面贯彻落实科学发展观，坚持以人为本，坚持开发性移民方针，完善后期扶持政策，加大扶持力度，与社会主义新农村建设和扶贫开发有机结合，针对各个时期

水库移民特点，采取相应措施，妥善处理历史遗留问题，改善移民生产生活条件，逐步建立促进库区和移民安置区经济发展、水库移民增收、生态环境保护、农村社会稳定的长效机制，实现库区和移民安置区经济社会可持续发展。

2. 基本原则。实施移民后期扶持政策要坚持6项原则：

——坚持前期补偿补助与后期扶持相结合的原则；

——坚持统筹兼顾水电和水利移民、新水库和老水库移民、中央直属水库与地方水库移民的原则；

——坚持国家帮扶与移民自力更生相结合的原则；

——坚持实事求是、分类指导的原则；

——坚持公开、公平、公正的原则；

——坚持维护库区和移民安置区社会稳定的原则。

（三）总体目标

1. 近期目标：2010年以前，解决现有水库移民总体温饱问题以及库区和移民安置区基础设施薄弱的突出问题，使移民人均经济纯收入达到温饱线以上，饮水、交通、生活用电、薪柴燃料、子女入学、看病就医等突出困难得到解决。

2. 中期目标：2015年以前，重点结合库区和移民安置区经济总体发展部署，帮助移民调整农业产业结构，使移民收入接近或达到当地农村平均水平，加强移民库区、安置区基础设施建设，为移民经济发展奠定基础。

3. 远期目标：2025年以前，加强库区和移民安置区基础设施和生态环境建设，为移民创造可持续发展的基本条件；使移民逐步融入当地社会，与安置区群众同步致富奔小康；改善移民生产生活条件，促进经济发展，增加移民收入，使移民人均收入达到或超过所在县农村平均水平。

**【信息链接】**

媒体线索：

怒江州：坚定不移加快推进“三站”移民安置各项工作［EB/OL］. 怒江傈傈族自治州人民政府，http：//www. nj. yn. gov. cn/nj/72340168526266368/20160122/276541. html.

移民安置的“怒江模式”［EB/OL］. 人民论坛网，http：//www. rmlt. com. cn/2012/0920/48666. shtml.

云南省人民政府办公厅关于印发《云南省完善大中型水库移民后期扶持

政策实施方案及相关暂行办法》的通知［EB/OL］. 云南省人民政府网站，http：//www. yn. gov. cn/yn_zwlanmu/qy/wj/yzbf/200808/t20080820_20330. html.

怒江傈僳族自治州大中型水利水电工程建设征地补偿和移民安置管理实施细则（试行）［EB/OL］. 百度文库，https：//wenku. baidu. com/view/0dbecccd0508763231121209. html.

文章线索：

蒋洪明，朱健. 创新怒江水电开发移民安置方式探讨［J］. 水力发电，2015，41（9）：60-63+66.

包广静. 怒江水电移民与区域发展关联分析［J］. 人民长江，2010，41（7）：97-101.

罗维有. 实施生态移民，推进少数民族地区跨越发展——以云南省怒江傈僳族自治州为例［J］. 楚雄师范学院学报，2015，30（8）：60-63+68.

# 第11章　结　语

中国渐进地推动土地政策转型，在以试验性探索为显著特征的政策调整和体制改革历程中，有自己一套独创性的东西，有自己的发展逻辑，需要对其进行系统的挖掘。本书立足于土地政策试点和地方创新实践的“真实世界”，汇集和提炼中国土地政策创新实践中的经验性知识。鉴于政策试验和本土化实践是开放和动态的，各地实践必定随着时代的发展而不断调整和完善。本书作为一项初始性的研究成果，以写作时间为节点，对土地政策方方面面的地方政策创新实践及其文本进行梳理，旨在为分析中国土地政策创新的过程与运作机制，以及其扩散路径提供扎实的实证基础。

“政策试点”和地方创新实践在中国治理实践中的普遍性和重要性有目共睹。“政策试点”和地方实践是中国治理实践中所特有的一种政策测试与创新机制。作为在中国“土生土长”起来的一项治国理政策略和政策方法论工具，已经在长期的实践沉淀中形成了自成体系的、有中国特色的政策制定方式。

土地政策涉及土地规划、土地储备、农村土地流转、土地税收、土地整治、土地节约集约利用、耕地保护、征地拆迁补偿等各个方面。实际上不同类别的土地政策之间是密切联系的，彼此相互呼应、衔接，如土地整治的目标之一是实现土地集约节约利用。本书为了研究之需，对土地政策的地方创新实践进行分类整理和分析，并根据现有文献的研究和各地实践的特点，总结出不同模式。需要说明的是，对不同模式的划分可能有着不同程度的重合，如不同的土地流转模式的划分体现了较明显的人为因素。一方面，分类为我们清晰地辨别各地实践中的显著特点以及进行横向比较，提供了合适的尺度；另一方面，不同模式之间的交错也体现了地方探索实践中彼此之间的学习借鉴，这本身就是实用主义治理策略的应有之义。

本书所构建的实证基础，从理论层面而言，对土地政策试点及推广这一政策过程中的“中国经验”进行了理论概括，从中探索出中国土地政策过程的内在逻辑，讲好土地政策过程的“中国故事”，讲透土地政策过程的“中国道理”，进而为与域外土地政策理论体系形成实质性对话这一长期学术使命提供了重要依据。

从实践层面而言，过去、现在和未来很长一段时间，土地仍是广大农民安身立命的基础。在供给侧结构性改革中，土地政策深刻影响着结构调整与要素质量提升。土地政策如何有效发挥作用，是一个需要深入思考的问题。而本书的案例研究，实则已经指出了一条可行路径。各地在实践过程中结合自身实际所发展出来的“模式”，正是现有条件下利用土地政策因地制宜的产物，因循着路径依赖，各地可以在自身的模式框架内进一步发展完善，进一步发挥政策红利。而将之置于更长远的时间轴上，则需要更多元的政策组合，从其他地方的实践中学习和借鉴，利用多种土地政策实践的叠加优势，充分发挥土地的效用。

# 参考文献

[1] BARRY NAUGHTON. Singularity and replicability in China's developmental experience [M]. Presentation at the American Economics Association Meetings, San Francisco, CA, January 3, 2009.

[2] 陈美球，马文娜. 城乡建设用地增减挂钩中农民利益保障对策研究——基于江西省《"增减挂钩"试点农民利益保障》专题调研 [J]. 中国土地科学，2012，26 (10)：9-14.

[3] 韩璐，孟鹏，蒋仁开，等. 新时代耕地占补平衡的逻辑根源、模式探索与管理创新——基于"新时代耕地占补平衡方式改进与管理创新研讨会"的思考 [J]. 中国土地科学，2018，32 (6)：90-96.

[4] 韩俊. 土地改革试点不能"抢跑" [J]. 党政视野，2014 (2)：44.

[5] 黄惠春，曹青，曲福田. 农村土地承包经营权可抵押性及其约束条件分析——以湖北与江苏的试点为例 [J]. 中国土地科学，2014，28 (6)：44-50.

[6] 黄宗智. 认识中国：走向从实践出发的社会科学 [J]. 中国社会科学，2005 (1)：83-93.

[7] 李太淼. 构建统筹利用城乡建设用地的土地制度 [J]. 甘肃社会科学，2017 (1)：192-199.

[8] 李迎生，吕朝华. 社会主要矛盾转变与社会政策创新发展 [J]. 国家行政学院学报，2018 (1)：67-73、150.

[9] 李元珍. 央地关系视阈下的软政策执行——基于成都市 L 区土地增减挂钩试点政策的实践分析 [J]. 公共管理学报，2013 (3)：14-21.

[10] 联合调研组. 农村土地确权试点调查 [J]. 政策，2015 (1)：44-46.

[11] 刘书畅，叶艳姝，靳相木. 家庭承包地"三权"分置的制度逻辑探究——基于制度需求与供给的视角 [J]. 中国土地科学，2018，32 (4)：30-35.

[12] 刘彦随，乔陆印. 中国新型城镇化背景下耕地保护制度与政策创新 [J]. 经济地理，2014，34 (4)：1-6.

[13] 毛泽东. 实践论 [M]. 北京：人民出版社，1975.

[14] 王学杰. 以人为本与公共政策创新 [J]. 中国行政管理，2005 (4)：43-47.

[15] 杨园园，刘彦随，张紫雯. 基于典型调查的精准扶贫政策创新及建议 [J]. 中国科学院院刊，2016，66 (3)：337-345.

［16］尹成杰. 新阶段“三农”工作理论和政策创新［J］. 中国农村经济，2005（4）：4-10.

［17］于丽红，兰庆高，武翔宇. 农村土地经营权抵押融资农户满意度分析——基于辽宁省试点县的调查［J］. 中国土地科学，2016，30（4）：79-87.

［18］张红宇. 乡村振兴与制度创新［J］. 农村经济，2018（3）：1-4.

［19］张清勇，刘青，魏彩雯，等. 2017 年土地科学研究重点进展评述及 2018 年展望——土地经济分报告［J］. 中国土地科学，2018，32（2）：72-80.

［20］郑文换. 地方试点与国家政策：以新农保为例［J］. 中国行政管理，2013（2）：16-20.

［21］周建，施国庆，李菁怡. 城市化与农村土地制度创新——对无锡市农村“双置换”政策的研究［J］. 城市发展研究，2011，18（10）：19-24.

［22］周望. 政策试点是如何进行的？——对于试点一般过程的描述性分析［J］. 当代中国政治研究报告，2013（00）：83-97.

［23］周望. 中国“政策试点”研究［D］. 天津：南开大学，2012.

［24］周毅. 论政府信息增值服务的政策创新及其路径［J］. 情报理论与实践，2009，32（2）：1-5.

［25］郭林涛. 我国土地规划管理制度创新研究［J］. 中州学刊，2017（9）：41-46.

［26］林坚，许超诣. 土地发展权、空间管制与规划协同［J］. 城市规划，2014，38（1）：26-34.

［27］吕维娟，殷毅. 土地规划管理与城乡规划实施的关系探讨［J］. 城市规划，2013（10）：34-38.

［28］单卫东，胡月明，贺灿飞，等. 土地规划的自然过程基础与大数据时代的方法探索［J］. 地理科学，2016，36（12）：1912-1919.

［29］孙田，陈龙乾. 浅谈城市规划与土地规划的衔接［J］. 农村经济与科技，2011，22（1）：61-62.

［30］陈江龙，曲福田. 土地储备与城市土地市场运行［J］. 现代经济探讨，2002（4）：28-31.

［31］宫玉泉. 土地储备制度的功能定位［J］. 中国土地，2006（1）：14-15，27.

［32］郭立芳，陈利根. 土地储备量影响因素分析［J］. 中国土地，2003（11）：23-24.

［33］吴次芳，谭永忠. 我国城市土地储备的几个问题［J］. 城市问题，2002（5）：62-65.

［34］夏方舟，严金明. 土地储备、入市影响与集体建设用地未来路径［J］. 改革，2015（3）：48-55.

［35］谷树忠，王兴杰，鲁金萍，等. 农村土地流转模式及其效应与创新［J］. 中国

农业资源与区划，2009，30（1）：1-8.

［36］黄贤金，方鹏. 我国农村土地流转的形成机理、运行方式及制度规范研究［J］. 江苏社会科学，2002（2）：48-54.

［37］许恒周，曲福田. 农村土地流转与农民权益保障［J］. 农村经济，2007（4）：29-31.

［38］路春城，张莉. 论土地税在土地资源管理中的作用及其完善［J］. 国土资源情报，2006（2）：35-41.

［39］孙钢. 对土地税收制度的初步研究［J］. 经济研究参考，1997（60）：2-20.

［40］谢经荣，刘维新. 土地税收的性质、原则及我国未来土地税收的模式［J］. 经济科学，1995（3）：48-53.

［41］龙花楼. 论土地整治与乡村空间重构［J］. 地理学报，2013，68（8）：1019-1028.

［42］王军，余莉，罗明，等. 土地整理研究综述［J］. 地域研究与开发，2003（2）：8-11.

［43］王万茂. 土地整理与可持续发展［J］. 国土经济，2002（12）：4-7.

［44］戴必蓉，杨子生. 土地节约与集约利用的概念和内涵探析［J］. 全国商情（理论研究），2010（7）：119-120.

［45］帅文波，杜新波. 土地节约集约利用内涵及机制研究［J］. 生态经济，2013（4）：52-57.

［46］王小兵. 土地资源节约集约利用研究综述［J］. 中国市场，2014（33）：126-128.

［47］刘国凤. 中国最严格耕地保护制度研究［D］. 吉林：吉林大学，2011.

［48］史丹丹. 基于系统动力学的耕地保护政策研究［D］. 杭州：浙江大学，2013.

［49］单嘉铭，吴宇哲. 国内外耕地保护对比及启示［J］. 浙江国土资源，2018（7）：21-24.

［50］孙忠伟. 中国耕地保护政策研究［D］. 吉林：吉林大学，2014.

［51］蒲怡欣. 农村征地拆迁中的风险管理研究［D］. 重庆：西南政法大学，2017.

［52］谢美杰. 征地拆迁引发的群体性事件治理研究［D］. 福州：福建师范大学，2016.

［53］董凤梅. 我国农村土地征收补偿问题研究［D］. 北京：中国政法大学，2005.

［54］柯燕燕. 我国征地补偿标准现状与改进研究［D］. 重庆：重庆大学，2006.

［55］田德勇. 浅论我国土地征收补偿制度［D］. 苏州：苏州大学，2010.

［56］郁枫. 以土地换保障政策分析［D］. 上海：复旦大学，2009.

［57］马志雄，张银银，丁士军. 农村征地补偿安置政策的路径与选择［J］. 农村经济，2016（12）：34-40.

［58］贾艳杰，宋洋，侯巧莲. 农地征收补偿与增值收益分配关系探讨［J］. 天津师范大学学报（社会科学版），2018（6）：75-80.

［59］汪奎，杨胜，刘焕永，等. 水利水电与其他行业征地补偿及移民安置政策对比［J］. 水力发电，2016，42（7）：16-19.

［60］汪奎，卓诗杰，刘焕永，等. “三权分置”对征地补偿移民安置影响探究［J］. 中国人口·资源与环境，2018，28（S2）：59-62.